Калмыцкие сказки

칼미크인 이야기

<지식을만드는지식 소설선집>은
인류의 유산으로 남을 만한 작품만을 선정합니다.
오랜 시간 그 작품을 연구한 전문가가
정확한 번역, 전문적인 해설, 풍부한 작가 소개, 친절한 주석을 제공하는
고급 소설 선집입니다.

지식을만드는지식 소설선집

시베리아 설화집

Калмыцкие сказки

칼미크인 이야기

작자 미상

박미령 옮김

대한민국, 서울, 지식을만드는지식, 2019

편집자 일러두기

- 이 책은 ≪Калмыцкие сказки≫[Егоров В.(сост.), Элиста: Калмыцкое книжное издательство, 1978], ≪казание о просторе≫[Чунер Таксами(сост.), Лениздат, 1988]를 원전으로 옮긴이가 가려 뽑아 번역했습니다.
- 주석은 모두 옮긴이가 단 것입니다.
- 외래어 표기는 현행 한글어문규정의 외래어표기법을 따랐습니다.

차 례

칼미크인 이야기

착한 오브셰

샘들이 봇물처럼 터져 나와 끓어오르며 암사슴들이 소리치고 꽃들이 활짝 폈다. 초원에는 초록이 흐드러지고 가느다란 목소리를 내는 뻐꾸기들이 뻐꾹뻐꾹 울어 댔으며 바람이 가지를 들어 올릴 힘이 없는 백단향 나무들을 흔들어 댄다. 매와 황금독수리들이 소리치고 관목들은 그 사이에서 뒤섞여 있었으며 푸른 잔디가 푹신했다.

파란 연기가 피어오르고 비둘기는 구구거리며 낙엽송은 아름다워졌다. 자연과 사람들이 기뻐했다.

즐거운 때에 착한 용사 오브셰가 지상에 태어났다. 그의 아버지는 엔케-멘케(평온과 영원성)이며 어머니는 예르데니-지르갈(소중함과 기쁨)이었다.

그들은 아이의 등을 쓰다듬었지만 구부릴 수 있는 척추가 없었다. 갈비 사이를 만졌지만 악한이 칼을 꽂을 수 있는 자리가 없었다. 조개처럼 이빨은 하얗고 핑크색을 띠고 있었으며 시력은 너무 좋아서 백 베르스타[1] 거리에 있는 개미를 볼 정도였다.

---

1) 1베르스타는 1067미터.

훌륭한 용사는 그렇게 태어났고 남성 중의 남성인 오브셰가 그렇게 태어났다.

사람들은 오브셰에게 아름다운 하얀 평원 튤큐르(샘)에 아름답고 신기한 천막집을 세워 주었다. 천막집의 창문을 순금으로 만들어 주었다.

일흔다섯 개의 지주 위에 천막집이 세워졌다. 천막집에는 스물네 개의 벽 덮개가 드리워졌으며 스물네 개의 줄로 연결되었다. 지붕의 앞쪽 덮개는 사슴 가죽으로 만들어졌으며 위쪽은 하얀 실크로 만들어졌다. 넓은 덮개는 아름다운 무지개 색의 실크로 만들어졌으며 모든 장막은 다채로운 아름다운 실로 만들어졌다.

천막집의 출입구에는 공중으로 마구 치솟는 가루다(새와 비슷한 마법의 존재)가 거만한 모습으로 그려져 있으며 문설주에는 개 바사르와 하사르(경비견과 사냥견의 별명)가 그려져 있었고 위의 문설주에는 앵무새가 표현되어 있었다. 지붕의 창문과 장대에는 서로 뿔을 부딪치는 염소들이 조각되어 있었고 지주에는 사자와 호랑이들이 조각되어 있었다.

오브셰는 빠르게 성장했다. 사람들은 그런 훌륭한 용사를 오랫동안 본 적이 없었다.

오브셰와 동시에 기이한 말인 아란잘이 태어났다. 그 말의 등에는 굽어 있는 척추가 없었으며 갈비 사이에 악한의 날카로운 칼이 들어갈 공간이 전혀 없었다. 아란잘은 눈보라처럼 지상과 하늘을 뛰어다녔으며 자신이 좋아하는 주인 오브셰를 태우고 다녔다.

오브셰가 자신의 민족을 도울 때가, 용사의 힘과 용기, 지혜와 불굴의 의지를 보여 줄 때가 도래했다.

잔인하고 무시무시한 만가드하이[2] 괴물들이 불쌍한 사람들을 공격했다. 만가드하이 괴물들에게는 우두머리가 있었다. 싸움에서 그는 그 누구도 두려워하지 않았다. 그는 비교할 수 없을 정도의 힘을 지니고 있었다. 그런 힘 앞에서는 용사 오브셰도 약한 소년으로 보였다.

만가드하이 괴물들은 불쌍한 사람들의 가축을 쫓고 그들의 마을을 파괴하고 대적하는 사람들을 죽이며 아이들을 인질로 잡아가 노예로 삼았다.

사람들이 오브셰에게 보호해 달라고, 만가드하이 괴물들을 무찌르는 것을 도와 달라고, 그들의 나쁜 두목을 무찔러 달라고 찾아왔다.

오브셰는 오래 생각하지도 않았다. 그는 순식간에 떠날

---

2) 설화에 등장하는 머리 여럿 달린 인간 형상의 괴물, 무자비하고 복수심이 강하다.

채비를 했다. 아란잘에게 뛰어가서 사람들과 작별 인사를 나눴다.

다양한 민족의 유목민들은 오브셰에게 안녕을 빌어 주었다.

길을 떠나 있는 동안
행복하기를!
하는 일이
성공하기를!

오브셰는 떠났다. 여러 날을 달렸다. 만가드하이 괴물들의 흔적은 없었다.

오브셰는 쉬기로 결정했다. 그 자신도 피곤했으며 말도 지쳤다. 오브셰는 나무 밑에 눕고 자기 옆에서 말이 풀을 뜯게 풀어 주었다.

아침에 눈을 뜨자 말이 없었다.

오브셰는 그 힘센 말을 누가 데리고 갔는지 곧 알아챘다.

그는 목동처럼 옷을 입고 말의 흔적을 쫓아갔다. 거대한 발자국은 만가드하이 괴물 우두머리의 말의 것이었고 조금 작은 것은 아란잘의 발자국이었다.

오브셰는 조금 후 만가드하이 괴물들을 따라잡았다. 오

브셰는 만가드하이가 그보다 힘이 더 세다는 것을 알았다. 그는 신중하면서도 용기 있게 행동하기로 마음먹었다.

"나는 목동이다. 가련한 고아다. 네가 내 주인의 말을 데리고 갔다. 만약 내가 말을 데리고 가지 않고 혼자 집으로 돌아가면 주인이 나를 죽일 것이다. 말을 내놓아라." 오브셰가 말했다.

만가드하이가 큰 소리로 대답했다.

"그래, 만약 죽인다면 너의 말을 타고 가라. 다만 너의 주인에게로 가는 것이 아니라 나에게 와라. 내 곁에 살면서 나를 위해 일해라!"

그리고 그런 말 때문에 웅성거리더니
오래된 대지가 떨고 있네.

만가드하이는 아란잠의 고삐를 잡고 말에 채찍질을 하고 길을 떠났다. 어쩔 수가 없었다. 오브셰는 만가드하이와 함께 갔다.

도착하자 만가드하이는 식사부터 했다. 한 번 손을 뻗을 때마다 수천 개의 양 넓적다리를 먹어 치웠고 샘 두 개의 양에 해당하는 요구르트를 다 마시고 아르자[3]를 우물 세 개만큼의 양을 다 마셨으며 호르자[4]를 우물 네 개만큼의 양을 마셨고 호론[5]을 다섯 우물만큼의 양을 마셨다.

만가드하이가 만족하자 분위기가 좋아졌다.

"그럼, 용사들이 어떻게 너의 민족을 살리는지, 이런 너무나 하찮은 놈들이 무엇을 할 수 있는지를 말해 보아라." 만가드하이가 오브셰에게 말했다.

오브셰가 대답했다.

"우리 용사들은 순식간에 녹은 주철이 담긴 큰 솥 하나를 통째로 마시고 눈 하나 깜박하지 않아!"

만가드하이가 웃었다. 녹은 주철이 담긴 솥을 열 개 가지고 오라고 명령했다. 그는 계속해서 그것을 마셨고 아무렇지도 않은 채로 웃기만 했다.

오브셰는 그의 꾀가 통하지 않은 것을 알았다.

"너의 불쌍한 용사들은 또 뭘 할 수 있느냐?" 만가드하이가 물었다.

"우리 용사들은 겨울에도 물속에 가슴 깊이까지 들어가서 물이 얼 때까지 서 있을 수 있어. 그러나 얼음이 강을 덮으면 지푸라기처럼 얼음을 깨고서 물에서 아무렇지도 않게

---

3) 젖술이나 우유로 만든 두 번 증류한 술.

4) 발효 우유로 만든 세 번 증류한 술.

5) 몇 번 증류한 술.

나와."

"나와 가자." 만가드하이가 말했다. 그들은 말을 타고 겨울이 기승을 떠는 나라로 달려갔다.

만가드하이는 가슴까지 물속으로 들어가 강이 얼음으로 덮일 때까지 기다렸다가 손으로 쳤다. 얼음은 잘게 부서졌다. 만가드하이는 물속에서 나왔다.

"멈춰!" 오브셰가 그에게 소리쳤다. "그게 다가 아니야. 내가 사실 물이 가슴까지 와야 한다고 말한 건 잘못된 거야. 물이 입에까지 와야 하며 발끝이 강바닥에 겨우 닿을 정도로 서 있어야 해."

만가드하이는 깊은 곳으로 들어갔다. 물이 입까지 닿았고 얼음으로 덮였다.

"이제 나와!" 오브셰가 소리쳤다.

만가드하이가 애를 써도 기어 나올 힘이 없었다. 화가 나 시 씩씩거렸고 이마에는 핏줄이 밧줄처럼 부풀어 올랐지만 얼음을 깰 수가 없었다.

오브셰는 기뻐했다. 자신의 날카로운 다이아몬드 칼을 잡고 만가드하이에게로 달려들었다. 소용없는 짓이야! 만가드하이는 오브셰를 향해 입김을 불었다. 오브셰는 그의 입김 때문에 백 베르스타나 날아갔으며 공중에서 수천 번 공중제비를 하고 겨우 목숨을 부지했다.

그때 오브셰는 강 건너 저쪽에서 만가드하이의 얼어붙은 머리 뒤쪽으로 다가가 그에게 말했다.

"악한 용사여! 바로 지금 너의 최후가 왔다. 더 이상 사람들을 괴롭히지 못할 것이다. 이제 우리 용사들도 어떤 능력이 있는지 알았겠지."

만가드하이가 한숨을 내쉬며 말했다.

"한 가지 후회되는 것은 내가 너에게 입김을 불었다는 거야. 난 공기를 들이마시고 있어야 했는데. 너는 오래전부터 이미 내 배 속에 들어앉아 있었군."

오브셰는 날카로운 검으로 그의 머리를 내리쳤다. 그 머리에서 작은 머리가 여럿 튀어나왔다. 오브셰는 그 머리들을 베어 아란잘의 안장에 단단히 묶어 집으로 달려갔다.

만가드하이들은 자신의 두목이 죽은 것을 알고는 뿔뿔이 흩어졌다. 만가드하이의 아내는 오브셰를 뒤쫓았다. 그녀의 마차 바퀴는 흙에 빠지면 깊은 골짜기를 만들 정도로 크기가 컸다. 황소들이 이 산의 정기를 받고 성장한 힘으로 땅을 뿔로 팠다. 빠른 아란잘을 탄 오브셰를 따라잡을 수 없었다.

3년 걸릴 거리를
그는 3일을 달려갔네.

바람처럼 날아가면서
자신의 집에 도착했네.

그렇게 착한 용사 오브셰는 악한 만가드하이의 두목을 무찔렀다.

용감한 마잔

오래전에 있었던 일이다. 화자인 나도, 독자인 당신들도, 우리 아버지들도 세상에 존재하지 않았던 때다.

어느 유목민 마을에 가난한 칼미크인이 살았다. 그는 병약하여 오래 살지 못하고 죽었다. 그가 죽은 후 아내와 작은 아이가 남았다.

칼미크인이 죽고 그의 아내는 아이를 데리고 남편의 삼촌인 마음씨 좋은 노인에게로 갔다. 그녀가 도착하자 거의 시력을 잃은 노인은 새로 태어난 어린아이의 손을 잡고 만지며 그를 오랫동안 세심하게 바라보았다.

"아이의 이름이 무엇이냐?"

"마잔입니다."

"얘야, 네 자식은 평범한 아이가 아니다. 자라서 훌륭한 사람이 될 거야. 그를 잘 키우고 잘 보살펴라." 노인이 말했다.

마잔이 성장했다.

어머니는 종종 아들에 대한 노인의 말을 떠올렸다. 그런 말은 잊히지 않는 법이었다. 마잔은 못생기고 아둔한 아이로 자랐다. 염소처럼 그의 머리는 컸다. 배는 공을 닮았고 다리는 젓가락처럼 가늘었다. 한 가지 위안은 마잔이 착하고 사랑스러운 소년이라는 점이다.

모두들 마잔을 운이 없는 아이라고 여겼으며 어머니는 그렇게 형편없는 외아들을 둔 것이 속상했다.

마잔의 어머니는 밤마다 여러 차례 울었다. 잠든 소년을 쓰다듬으며 소리 죽여 서러운 눈물을 흘렸다.

한 노인만 자기 생각을 굽히지 않았다. 그는 늙었고 전혀 앞을 보지 못했다. 그러나 그는 마잔을 귀여워해서 말라 빠진 손으로 소년의 머리를 쓰다듬으면서 말했다.

"나는 잘못하지 않았어. 너의 아이는 그런 아이가 되지는 않을 거야. 그의 시대가 아직 도래하지 않았어. 아들을 생명보다 더 소중히 여기고 그를 잘 보살펴서 키우거라."

그렇게 세월은 흘러갔다. 마잔은 자라 청년이 되었다.

어느 날 마잔은 우물가에 있는 말떼지기들과 함께 물을 마시러 갔다.

우물가에 도착해서 그 우물 주위에 카라반[6]이 쉬고 있는 것을 보았다. 카라반은 먼 곳에서 왔다. 사방에 낙타, 말, 천막과 수레가 있었다.

마잔은 마차 한 대에 활과 화살이 실려 있는 것을 보았다.

---

6) 사막의 대상(隊商).

소년의 눈이 반짝이기 시작했다. 그는 마차로 가서 활을 살펴보고 손으로 만졌지만 잡는 법을 몰랐다.

여행객 중 한 사람이 이를 알아차렸다. 그는 약하고 몰골이 흉한 모습의 소년을 보고 그를 놀려 주기로 했다.

"뭐야, 활을 보고 잡을 줄은 몰라? 활을 골라서 쏘아 봐."

"그래도 돼요?" 마잔이 물었다.

"물론, 그래도 되지. 어떤 활이든 쏘도록 허락하마."

마잔이 활을 어떻게 쏠지 보려고 마차 주위로 사람들이 모였다. 그러나 마잔은 가장 큰 화살을 골랐다. 청년이 드는 것이 아니라 성인, 장사가 드는 그런 활이었으며 장사도 활시위를 잡아당길 수 없었다.

마잔이 활을 잡아 화살을 메기고 시위를 순식간에 잡아당기자 활 끝이 만나더니 화살은 멀리 날아갔다.

주위의 모두가 감탄사를 내뱉었다. 가장 힘센 사람들이 나와 그 활로 시도를 해 보았지만 활시위를 1 베르쇼크[7)]도 당기지 못했다.

마잔은 쏘았던 활을 그에게 팔라고 요청했다. 여행객은 활을 가지는 대가로 이 말 떼를 요구했다.

"받아들이겠는가?" 여행객이 물었다.

---

7) 대략 4.445센티미터.

"받아들이겠습니다." 마잔이 말하고 말지기들에게 말 떼를 내주라고 명령했다.

말지기들은 마잔의 아버지의 아저씨, 노쇠한 노인에게 달려가서 청년에 대해 불평하고 그가 활을 어떻게 쏘았고 지금 여행객들이 마지막 말 떼를 활의 대가로 내놓으라고 한다고 설명했다.

노인은 미소를 지으며 기뻐했다.

"반대하지 마라. 나의 말들을 여행객들에게 내주고 마잔이 튼튼한 활을 사도록 내버려 두어라. 내가 잘못 보지 않은 듯하구나. 나는 오랫동안 마잔이 다른 사람들보다 더 강해져서 자신의 민중을 보호하게 될 것을 기다렸다. 바로 이것을 보기 위해 살아왔던 거야"라고 말했다.

곧 마잔에 대한 소문이 온 유목민 마을에 퍼졌다. 마잔은 아침부터 밤까지 활을 쏘았다. 그의 화살은 수백 베르스타나 날아갔으며 한 번도 목표를 맞히지 않은 적이 없었다. 그 어떤 화살도 마잔의 것과 비교할 수 없었다. 그 어떤 위험도 그를 위협할 수 없었다. 그는 지혜로워졌고 민첩했으며 용감했다. 이제 그 누구도 품위 있고 힘센 젊은이 마잔 안에 병약하고 볼품없는 어린아이가 있었다는 사실을 알 수가 없었다.

마잔은 자신의 민중을 너무나도 사랑했다. 그는 정의로

웠으며 그 누구라도 불쌍하고 정직한 사람들을 보호했고 누가 되었든 지켜 주었다. 민중도 마잔을 사랑하고 그 안에 있는 새로운 용사를 보았다.

어느 날 아침 마잔은 커다란 소음에 잠이 깼다. 남자들이 소리치고 여자와 아이들이 우는 소리가 들렸다. 마잔은 벌떡 일어나 빨리 옷을 입고 천막집에서 나갔다. 살펴보니 용사 바이흐탄-에레틴이 다가오는 것이 보였다. 무적의 용사가 나타난 그곳에서 모든 가축들이 옮겨지고 있었다. 세상에는 바이흐탄-에레틴보다 강한 자는 없었다.

마잔도 바이흐탄-에레틴에 맞설 수 없었으며 그 누구도 바이흐탄-에레틴을 힘으로 잡을 수 없었다. 마잔은 힘이 아니라 지혜와 용기로 그에게 행동해야 한다는 것을 알고 있었다. 그는 조용히 일어나 기다렸다.

바이흐탄-에레틴이 다가와 사람들을 쫓아냈으며 마잔 곁을 지나면서 그를 비웃었다. 모든 가축, 마지막 염소와 말까지 바이흐탄-에레틴이 몰아갔다.

사람들은 마잔에게 자신들을 도와 달라 부탁하며 울고 그에게 빌었다. 마잔은 말없이 서서 한 발짝도 움직이지 않았다.

바이흐탄-에레틴이 떠났다.

마잔은 그때 천막집으로 들어가 그에게 쏠 활과 화살을

잡았다. 그에게는 화살 중에 가장 좋아하는 화살 아민소문(영혼의 화살)이 있었다. 이 화살촉은 독이 발라져 있었다. 화살이 날아갈 때 기이한 노랫소리가 들렸다.

마잔은 바이흐탄-에레틴을 쫓아 출발했다.

마잔은 이 불사신 용사는 검으로도 화살로도 죽일 수 없다는 것을 알았다. 바이흐탄-에레틴에게는 약점이 한 곳 있었다. 그를 죽이기 위해서는 무기가 그의 목을 관통해야 했다. 그 누구도 이것을 해내지 못했다. 바이흐탄-에레틴은 강철로 된 높은 깃을 달고 다니며 머리를 항상 아래로 숙였다.

젊은 용사는 바이흐탄-에레틴을 발견할 때까지 오랫동안 헤매 다녔다.

용사들이 마주쳤다.

바이흐탄-에레틴은 마잔을 보자 날카로운 검을 꺼내 흑미에 채찍질을 하고 마잔에게로 달려갔다. 흑마는 바람보다 더 빨리 달렸고 바이흐탄-에레틴의 방패와 갑옷은 햇빛을 받아 빛났다. 곧 그는 마잔의 코앞에 올 것이다.

마잔은 떨지 않고 피하지도 않았다. 그는 좋아하는 화살을 침착하게 잡고 마치 화살이 위로 가기를 원하듯 머리 위로 활을 들고 시위를 당겼다. 그 자신은 바이흐탄-에레틴에게서 눈을 떼지 않았다.

바이흐탄-에레틴이 놀랐다. 그는 용사들이 그렇게 자신을 제압하는 것을 한 번도 보지 못했다. '이게 무슨 일이지. 내가 그를 죽이려 하는데 그는 하늘을 향해 화살을 쏘아 올리려 하고 있어. 칼미크 용사는 어리석군! 그는 어디를 맞히려는 걸까?'라고 그는 생각했다.

바이흐탄-에레틴은 호기심을 참을 수가 없었다. 그가 머리를 위로 들자 마잔은 즉시 그의 목을 향해 화살을 쏘았다.

마잔은 빠르고 정확하게 화살을 쏘았다. 바이흐탄-에레틴은 화살이 철단추가 풀려져 있는 깃 위를 맞힐 때 머리를 숙일 여유가 없었다.

화살은 넓고 날카로웠다. 바이흐탄-에레틴의 머리가 어깨로 굴렀다.

바이흐탄-에레틴은 강하고 막강했다. 그는 머리 없이 말을 계속 달렸다. 마잔과 나란히 되었을 때 전속력으로 달리면서 칼을 휘둘러 하마터면 마잔을 반쪽 낼 뻔했다.

바이흐탄-에레틴은 높지 않은 언덕으로 올라가서 말에서 내려와 말의 다리를 묶고 안장을 벗기고 자신의 외투를 펴고 검을 땅에 깊이 찔러 넣고 손잡이를 놓지 않은 채 외투 위에 누워서 다리를 뻗고 움직이지 않았다.

마잔이 다가갔을 때 바이흐탄-에레틴은 이미 죽어 있었다.

마잔이 가축을 몰아 사람들에게 돌려주었다.

바로 이것이 용감한 용사 마잔이 어떤 사람인지를 보여주는 일화다.

다만 그는 오래 살지 못했다.

바이흐탄-에레틴에게는 두 아들이 있었다. 그들은 아버지의 죽음을 알게 되면서 마잔에게 복수할 것을 맹세했다.

어느 날 그들 둘은 마잔이 초원을 지나가고 있을 때 그를 습격했다. 그들은 뒤로 몰래 가서 날카로운 단검으로 그를 찔렀으며 깊은 우물에 시체를 던졌다.

그들은 마잔이 살았던 천막집 옆을 지나갈 때 마잔을 어떻게 죽였는지 자랑했다.

사람들은 그들을 비웃었다.

"소용없는 짓이야. 시간 낭비를 했군. 쓸데없이 단검을 썼어 마잔 용사는 하늘에 별이 나타나는 밤에 모든 상처가 아물고 살아나지. 그러므로 '마산이, 오치르의 아들아, 별이 하늘에 완전히 나타날 때 살아나는 자여'라고 그를 부르는 소리를 그가 듣게 되는 거야. 그는 곧 우물에서 기어 나올 거야. 처음에는 갓 태어난 낙타 새끼처럼 아주 허약하겠지. 한 시간이 지나면 용사의 힘을 되찾게 돼. 그러면 정정당당하게 겨루는 싸움에서 너희는 곤란을 겪게 될 거야. 빨리 저 멀리 꺼지는 것이 좋을 거야"라고 사람들이 그들에게 말했다.

형제들은 떠났다. 그들은 상의한 후 제 갈 길을 갔다.

밤이 왔다. 하늘에는 밝은 별들이 빛났다. 형제들은 우물 쪽으로 다가가서 마잔이 살아서 아직 강해지지 않은 채로 우물에서 기어 나오는 것을 보았다.

형제들은 달려들어 마잔을 붙잡아 다시 죽이고 토막 내어 그의 육체를 여러 장소에 버렸다.

그렇게 용감한 용사 마잔은 죽었다.

연꽃

그래 여러 해가 지나고 수많은 세월이 흘렀다. 그 누구도 결코 세월이 빠르게 지나가는 것을 막을 수 없었다. 마치 나의 주름진 손이 강하고 젊었던 때가 그리 오래되지 않은 듯하다. 투메니 사원 안에 누워 있는 그녀도 젊었었다.

산가지의 딸 예를레는 이른 봄처럼 젊고 아름다웠다. 그녀를 보면서 여러 사람의 심장이 두근거렸고 밤처럼 까만 그녀의 눈은 정신을 잃게 만들었다.

예를레는 봄의 여명의 첫 광채처럼 아름다웠다. 사려 깊은 작은 호수 옆에 자라는 높은 풀 속에서 즐겁고 건강하고 유연한 그녀는 무더운 나날을 보내고 있었다. 그녀는 새 울음소리를 따라 하고 이 둔덕에서 저 둔덕으로 폴짝 뛰기도 하고 스텝 늪의 생활에 따라 살고 그들의 가장 소중한 비밀을 알고 있었다.

예를레는 성장했다. 산가지는 넓은 볼가강 근처와, 조용한 아흐투바강[8]을 따라 유목 생활을 했다. 시간이 빠르게

---

8) 아흐투바강은 하얀 언덕이라는 의미를 지녔으며 볼가강의 왼쪽 지류다.

흘렀고 유목민이 늘었다. 페르시아와 인도에서 상인도 적지 않게 왔고 자신의 딸을 위해 부유한 산가지는 그들에게서 좋은 것을 많이 샀다.

튼실한 낙타의 긴 행렬이 종종 그의 천막집 옆에서 쉬었으며 노예들은 매번 햇빛에 넘실거리는 값비싼 색색깔의 실크를 산가지에게로 넘겨주었다.

부유하고 화려한 옷을 입은 유명한 중매쟁이들은 열다섯 걸음 떨어진 곳에서 말에서 내려 땅에 엎드린 채 산가지에게로 기어갔다.

달이 비치는 여름밤은 수천 송이의 꽃으로 덮인 물기를 머금은 땅의 증발로 숨을 쉬었고 고요 속에서 낙타들이 호흡을 했으며 양들이 기침을 하고 모기들이 노래하고 귀뚜라미들이 소리를 내고 매들이 신음 소리를 내고 어떤 새는 졸린 목소리로 소리쳤다. 스텝의 여자 마법사는 즐겁게 살고 있었다. 그녀는 미녀 예를레에게 신비로운 여자의 꿈을 불어넣었다. 그녀는 미소를 짓고 거무스름한 손을 뻗쳐 값비싼 부하라 카펫[9] 위에 누웠다. 그러나 그녀의 어머니, 나이 든 불군은 깊은 산속에서 눈물로 가득 찬 눈을 하고 그녀의

9) 부하라는 현재 우즈베키스탄의 지역으로 이 지역에서 나오는 카펫은 고대부터 인기가 있었다.

침대 머리맡에 앉아 있었다.

'왜 밤 도요새가 이렇게 울부짖는 거지? 왜 버드나무들이 개울 위에서 슬프게 소리를 내는 것일까? 산가지는 부유한 중매쟁이와 함께 이웃 천막집에서 무엇에 대해 속닥거리는 것일까? 나의 사랑스러운 예를레! 내가 심장 아래에 너를 품고 다닐 때 나는 지금보다 더 행복했고 그 누구도 나에게서 너를 빼앗아 갈 수 없었단다'라고 그녀는 생각했다.

그러나 그때 산가지는 유명한 중매쟁이에게 말했다.

"나는 그녀가 세상에서 가장 소중하기 때문에 나의 예를레에 대해 바라는 것이 아무것도 없습니다. 나에게 구혼자와 잠시 얘기 나눌 수 있게 해 주세요. 나는 그가 얼마나 지혜로운지 알고 싶어요. 그리고 예를레 본인이 자기의 소원을 그에게 말하도록 할 거예요."

중매쟁이는 기뻐하며 안장 위로 펄쩍 뛰어올라 우두머리 튜멘에게로 달려갔고 그에게 곧 예를레를 안장에 태워 젊은 벰베에게 데리고 오게 될 것 같다고 말했다.

나이 든 불군은 딸의 머리맡에서 울었다. 산가지는 다리를 꼬고 앉아 슬프게 예를레를 바라보았다.

"그런데 왜 이 아이는 이렇게 빨리 자란 걸까?" 산가지는 중얼거렸다. "왜 우두머리 튜멘의 어떤 아들이 우리에게서 봄 개울처럼, 태양의 첫 해살처럼 명랑한 예를레를 빼앗아

가야 하는 걸까?"

여러 날이 지나갔으며 아흐투바강 분지의 수분이 많은 풀을 따라 동물 무리들이 돌아다녔다. 낙타 혹, 그리고 양의 꼬리에 지방이 모였다. 어머니와 아버지는 슬퍼했고 예를레만 예전처럼 꽃이 만발한 스텝에서 즐거워했다. 밤마다 딸은 어머니의 희어진 머리를 손으로 땋아 주었으며 어머니에게서 빨리 떠나지 않을 것이며 노인들을 남겨 두는 것은 그녀에게 아직 이르고 난폭한 우두머리 튜멘의 분노를 두려워하지 않는다고 부드럽게 속삭였다.

두 줄기 강이 모이는 곳에서 중매쟁이들이 우두머리 튜멘와 그의 아들 벰베를 따라잡았다.

벰베는 예를레를 걱정시키지 않기로 했으며 건조한 물줄기의 저쪽 기슭 위에 천막을 펼쳐 묵고 갈 것을 명령했다.

벰베는 잠을 자지 않았다. 산가지도 잠을 자지 않았다. 불군의 눈은 눈물을 흘려 빨개졌다.

중매쟁이들의 형형색색의 화려한 복장은 아침 햇살을 받아 무지개처럼 빛났다. 제일 앞에 이름만 들어도 스텝 전체를 공포에 떨게 만드는 무자비하고 난폭한 우두머리 튜멘의 아들 벰베가 타고 갔다.

"예를레 본인이 너에게 조건을 말하게 하라." 갓냉이가 낙타에게 필요한 것처럼, 작은 호수가 오리에게 필요한 것처럼, 대지에게 햇살이 필요한 것처럼 벰베에게 예를레가 필요하다는 것을 밝힐 때 산가지가 말했다.

스텝은 더 큰 소리로 말을 걸었고 강의 파도가 노래하고 갈대가 더 높이 머리를 들고 미녀 예를레가 손님으로 방문할 때 낙타들이 다정하게 바라보았다.

높은 산에서 일리강과 깊은 호수 발하시의 분지까지 벰베가 말을 타고 달렸고 그는 아름다운 여성을 수없이 보았지만 예를레처럼 그런 여자는 한 번도 본 적이 없었다.

"원하는 모든 것을 말해 봐요." 그는 그녀에게 말했다. "동의만 해 주오."

예를레가 미소를 지으며 말했다.

"고귀한 우두머리의 아들, 벰베여, 나는 당신을 만나 기뻐요. 당신이 우리 스텝뿐만 아니라 전 세계에 없는 아름다운 꽃을 나에게 찾아 준다면 당신과 영원히 함께하겠어요. 그 꽃을 다음 봄까지 기다릴게요. 당신이 이 자리에서 나를 발견해서 꽃을 가지고 온다면 나는 당신의 아내가 되어 줄 거예요. 안녕히 가세요."

우두머리 튜멘은 우두머리들과 씨족의 장로들을 모아서 그들에게 말했다.

"그런 꽃을 알고 있는 사람은 두려워하지 말고 오면 커다란 보상을 하겠다고 온 국민에게 공포하시오."

튜멘의 명령은 바람보다 더 빨리 스텝을 휩쓸고 갔다.

어느 날 밤 우두머리의 천막집으로 먼지를 일으키며 말을 탄 사람이 다가왔다. 그는 천막집으로 들어가 우두머리에게 말했다.

"나는 당신의 미녀 예를레가 원하는 꽃이 자라는 곳을 알고 있어요."

그는 인도라고 부르고 높은 산 저 멀리에 펼쳐 있는 신기한 나라에 대해 이야기해 주었다. 거기에 꽃이 있고 사람들은 그 꽃을 성스러운 연꽃이라고 부르며 신처럼 그 꽃을 섬기고 있다. 만약 우두머리가 몇 사람을 내준다면 그는 연꽃을 가지고 올 것이며 아름다운 예를레는 벰베의 아내가 될 것이다.

다음 날 기사 여섯이 길을 떠났다.

산가지가 추운 겨울에 어떻게 살았는지 말하는 것은 지루한 일이다. 북동풍은 가축을 울타리 안으로 몰아넣었으며 그 자신은 며칠 동안 누워서 스텝 눈보라의 구슬픈 노래가 흙집 밖에서 울려 퍼지는 소리를 듣고 있었다. 명랑한 예를레조차도 태양을 그리워하며 봄을 기다렸다. 그녀는 언젠가 무서운 벰베가 돌아올 것에 대해 거의 생각하지 않았다. 그러는 동안 여섯 기사는 동쪽으로 가서 일리강의 분지에 도달했다. 그들은 말을 탄 채 잠을 자고 먹을 것을 먹었다. 벰베는 그들을 재촉했고 사냥을 해 먹을거리를 얻기 위해서만 지체했다.

신비한 인도에 도달할 때까지 그들은 많은 손해를 감수해야 했다. 그들은 도중에 야생의 스텝, 높은 산과 거친 강을 만났지만 꿋꿋하게 앞으로 나아갔다.

마침내 그들은 인도에 도착해서 신비한 연꽃을 보았다. 그러나 감히 그 누구도 그 꽃을 꺾을 생각을 못 했다. 모두 신의 분노가 자신에게 닥칠까 봐 두려워했다. 그때 나이 든 사제가 그들을 도와주었다. 그는 연꽃을 꺾어 벰베에게 다음과 같이 말하며 건네주었다.

"기억하세요. 당신은 아름다운 꽃을 얻었지만 더 아름다운 뭔가를 잃게 될 것이라는 것을요."

벰베는 그의 말에 귀를 기울이지 않고 연꽃을 가지고 왔던 길을 돌아가도록 빨리 말을 몰라고 명령했다. 난폭한 바람이 점점 잦아들었으며 태양은 하늘에 더 오래 머물렀다. 봄이 가까워졌고 창백하고 여위어 가던 예를레는 봄을 기다렸다.

치료사들이 그녀의 아버지 흙집으로 헛걸음을 했고 그녀에게 여러 가지 약초를 먹였지만 소용이 없었으며 매일 예를레는 눈이 햇볕에 녹듯이 녹아내렸다. 불군은 더 이상 울 수도 없었다. 그녀는 넋이 나간 눈으로 영원히 자신에게서 떠나 버린 딸을 바라보았다.

그러나 새들이 노래하고 스텝이 꽃을 피울 때 예를레는 이미 일어날 수가 없었다. 그녀는 마른 손으로 슬픔 때문에 정신이 나간 어머니를 쓰다듬었고 그녀의 눈은 예전처럼 조용히 그리고 부드럽게 웃었다.

만약 새들이 말을 할 수 있었다면 그 새들은 벰베에게 말을 더 빨리 몰라고 재촉했을 것이다. 왜냐하면 예를레의 심장이 곧 멈출 것이기 때문이다. 그러나 그렇지 않아도 벰베는 서둘렀다. 이미 얼마 남지 않았다. 지친 말들은 눈에서 피를 흘리고 넘어졌으며 지쳐서 넘어지기 일보 직전이었다.

고귀한 중매쟁이들은 벰베를 맞으러 나왔다.

"서두르세요, 벰베!" 그들이 소리쳤다. "당신의 아름다운 예를레가 죽어 가고 있습니다."

산가지의 천막집이 나타났을 때 모두 물러서서 그녀에게서 어머니와 아버지가 나오는 것을 보았다. 기사들은 예를레가 죽었다는 것을 알았다. 벰베는 슬퍼하면서 고삐를 내려놓았다. 그는 살아 있는 아름다운 예를레를 보지 못하고 예를레도 그녀 본인처럼 아름다운 꽃을 보지 못했다.

볼가강 기슭에 그녀를 묻고 예를레를 기념하기 위해 벰베는 사원을 세웠다.

어두운 밤에 벰베는 하구에 있는 갈대숲으로 가서 신비

한 연꽃을 그곳에 심었다.

지금까지 거기에 아름다운 이 꽃이 자라고 있다.

마법의 돌

옛날 옛적에 어느 농부에게 아들이 하나 있었다. 그는 자신의 밭을 팔아 3사젠[10] 길이의 아마포를 사서 다른 고장으로 물건을 팔러 다녔다.

그는 도중에 쥐를 끈에 묶어 물에 던졌다가 꺼내는 아이들 무리를 만났다. 그는 아이들에게 쥐를 불쌍히 여겨 풀어주라고 부탁했다. 그러나 아이들은 다음과 같이 어이없는 대꾸를 했다.

"무슨 상관이세요? 풀어 주지 않을 거예요!"

그러자 그는 그들에게 아마포를 1사젠 주었고 그들은 쥐를 놓아주었다.

거기를 떠나 다른 아이들 무리를 만났다. 이 아이들은 어린 원숭이를 잡아서 그 원숭이를 무자비하게 때리고 다음과 같이 명령했다.

"뛰어! 잘 뛰어 봐!"

그러나 어린 원숭이는 이미 더 이상 움직일 힘이 없었고 다만 얼굴을 찡그리고 있을 뿐이었다.

---

10) 길이의 단위. 1사젠은 2.134미터다.

그는 원숭이를 쓰다듬었다. 원숭이를 풀어 주고 싶었다. 그러나 아이들은 받아들이지 않았다. 그는 그들에게 다시 아마포를 1사젠 주었다. 그들은 원숭이를 풀어 주었다.

계속 길을 가다 길에서 어린 곰을 데리고 있는 아이들 무리를 만났다. 그들은 그 곰을 쫓으며 때리고 곰 위에 올라탔다. 그때 그는 마지막 남은 아마포 1사젠을 새끼 곰을 숲에 풀어 달라고 아이들에게 부탁하기 위해서 써야 했다.

그는 팔 물건이 아무것도 없게 되었고 먹을 것이 아무것도 없었다. '난 이제 뭘 해야 하지?'

그는 계속 생각하며 길을 갔다. 갑자기 갈대밭에 황금이 수놓아진 비단 조각이 있는 것이 보였다. 매우 값비싸 보였다. '하늘이 너의 착한 마음에 보답하기 위해 아마포 대신에 보내 준 거야'라고 그는 스스로에게 말했다. 그러나 모든 것이 곧 다른 식으로 흘러갔다.

사람들이 그에게 다가와 비단을 보고 물었다.

"이 값비싼 비단이 어디서 난 거요? 이 천은 다른 물건과 함께 칸의 보물창고에서 도둑맞았어요. 그런데 마침내 도둑을 찾았군! 나머지는 어디에 감춘 거요?"

그들은 그를 칸에게 데리고 갔고 칸은 그에게 말했다.

"나는 너를 커다란 상자에 넣어 나무 자물쇠를 걸고 빵 두 개와 물을 주라고 명령하겠다."

사람들은 그렇게 했다. 그러나 상자는 기슭으로 떠내려가 멈췄다. 상자 안의 공기는 숨이 막힐 듯했으며 가엾은 청년은 숨을 헐떡거렸다. 갑자기 누군가가 상자를 긁어 소리를 내며 그에게 소리쳤다.

"지금 지붕 쪽으로 조금 기대세요."

그는 지붕 쪽에 기댔다. 지붕이 열렸고 신선한 공기를 들이마셨다. 그런데 그가 놓아주었던 쥐가 틈새로 보였다.

쥐는 그에게 말했다.

"잠깐만 기다리세요. 제가 친구들을 불러올게요, 저 혼자 할 수는 없어요."

쥐는 곧 원숭이와 곰과 함께 돌아왔다. 원숭이는 곰이 발을 집어넣어서 상자를 부술 수 있도록 틈을 벌렸다. 청년은 강 한가운데 있는 섬의 잔디밭으로 나왔다. 짐승들은 그에게 과실과 여러 가지 먹을거리를 가져다주었다.

다음 날 아침에 그는 기슭에서 뭔가가 반짝거리는 것을 보고 원숭이를 보냈다.

원숭이는 그에게 빛나는 돌을 가지고 왔다. 이 작은 돌은 마법의 돌이었다.

청년이 궁전을 가지고 싶어 하자 곧 커다란 광장 가운데 화려한 장식물 속에 온갖 편의 시설, 부속물들이 들어 있는 궁전이 세워졌다. 그리고 그 주변에는 나무들이 꽃을 피웠고 대리석 분수에서는 크리스털처럼 맑은 물이 졸졸 소리를 내며 떨어졌다. 그는 이 궁전에 들어가 살며 짐승들과 함께 머물렀다.

조금 지나자 이 나라의 상인들이 왔다. 그들은 아연실색하며 물었다.

"이 궁전은 어디에서 생긴 겁니까? 전에 여기는 빈 공간이었는데!"

그들은 청년에게 물었고 그는 마법 돌을 보여 주며 자신에게 무슨 일이 일어났는지 전부 말해 주었다.

여기서 그들 중 한 사람이 말했다.

"우리가 가진 전부를 가지십시오. 그리고 우리에게 마법 돌을 주십시오."

청년은 돌을 아까워하지 않고 그들에게 선물했고 그 어떤 대가도 받지 않았다.

"나는 너무 행복해요." 그는 말했다. "내가 가진 것으로도 충분합니다."

상인들은 짐승들처럼 고마워하지 않았다. 왜냐하면 그들은 상인이었고 고귀한 신분인 그들은 청년을 어리석다고만 여겼다.

다음 날 아침 잠이 깨자 청년은 다시 잔디밭에 누워 있었고 모든 부가 사라졌다는 것을 알게 되었다. 그는 풀이 죽어 앉아 있었다. 짐승들이 그에게로 다가와서 물었다.

"무슨 일이 생긴 거예요?"

그는 그들에게 모두 말해 주었다.

그들이 말했다.

"당신이 불쌍해요. 상인이 당신 돌을 가지고 어디로 갔는지 말해 줘요. 우리가 찾아올 테니."

그들은 상인에게 갔다. 거기서 원숭이와 곰은 쥐에게 말했다.

"그러니까, 쥐야, 여기저기 쑤셔 봐, 돌이 어디에 있는지 찾아."

쥐는 모든 틈을 뒤지기 시작했으며 마법 돌을 얻은 상인이 자고 있는 화려하게 장식된 방으로 들어갔다. 돌이 화살촉에 매달려 있는데 화살은 쌀더미에 박혀 있었으며 쌀더미 근처에 고양이 두 마리가 묶여 있었다. 쥐는 다가갈 용기가 없어서 다른 두 친구에게 전부 말했다.

곰은 게으르지만 순박했다. 그는 이것을 듣고 말했다.

"그럼 아무것도 할 수 없다는 거니까 돌아가자."

원숭이가 그를 가로막더니 말했다.

"잠깐만, 좀 더 생각해 보자. 쥐야! 상인에게 가서 그의 머리카락 몇 올을 뽑아 와, 다음 날 밤에 그의 베개 근처 침대 머리맡에 누가 묶여 있을지 봐."

아침에 상인은 그의 머리카락을 쥐가 갉아먹는 것을 보았으며 그날 저녁 자신의 베개 근처에 고양이를 묶었다.

그러자 쥐는 다시 돌까지 갈 수 없었다.

"그럼" 곰이 말했다. "이제 할 수 있는 게 아무것도 없는 거네. 돌아가자."

원숭이가 말했다.

"잠깐만, 다시 생각해 보자. 너는 우리를 설득하지 마. 쥐야! 가서 화살이 떨어지게 쌀을 갉아 먹어. 그리고 돌을 물고 가지고 와."

쥐는 굴까지 돌을 가지고 왔지만 커다란 돌은 그 굴로 들어가지 않았다. 쥐는 슬퍼하며 다시 친구들에게 왔다.

"그럼" 곰이 말했다. "이제 모든 것이 끝났어. 집으로 돌아가자. 원숭이와 우리는 쥐의 굴을 지나갈 수가 없잖아."

그러나 원숭이는 굴을 파서 쥐가 그 굴로 돌을 들고 지나가도록 했다.

그들은 돌아갔고 강에 도착했다. 그들은 피곤해져 쥐가 곰의 귀에 올라타고 원숭이가 곰 등에 기어 올라갔으며 돌은 입에 물고 있었다. 강을 헤엄쳐 건너면서 곰 역시 뭔가를 했다고 자랑하려 했다.

"내가 너희 모두를, 원숭이, 쥐, 마법의 돌을 내 등에 태워 건너갈 수 있다니 다행이야. 그러니까 내가 너희 모두보다 더 힘이 센 거야."

짐승들은 대꾸하지 않았다. 곰은 정말 화를 내며 말했다.

"대꾸하지 않으면 너희를 물에 던져 버릴 거야."

"참아, 진정하라고." 원숭이가 말하다가 입에서 돌이 빠져 물속으로 떨어졌다.

그들은 강을 건넜고 원숭이도 투덜거렸다.

"곰, 이 멍텅구리야."

쥐가 정신을 차리고 물었다.

"무슨 일이야?"

원숭이는 있었던 일을 모두 말했다.

"물속에서 돌을 꺼내는 것보다 더 힘든 일은 없어. 이제 우리는 헤어지는 일밖에 더 이상 아무것도 할 수 없어."

그러자 쥐가 말했다.

"그럼 내가 돌을 꺼내 오도록 해 볼게. 좀 더 앞으로 가 보자."

쥐는 마치 뭔가 걱정거리가 있는 것처럼 기슭을 따라 이리저리 뛰어다니기 시작했다. 갑자기 물속에서 물에 사는 동물들이 나와서 말했다.

"쥐야, 무슨 일이니?"

쥐가 그들에게 대답했다.

"너희는 커다란 군대가 모여서 물속에 사는 동물들 전부를 물에서 쫓아내려고 한다는 얘기를 정말 못 들은 거야?"

"우리에게 그런 불행이 닥치다니." 물속에 사는 동물들이 놀랐다. "우리가 지금 어떻게 해야 하는지 말해 줘."

"지금 물속에 있는 돌을 모두 밖으로 던져 그 돌로 기슭에 둑을 만드는 일 외에는 더 이상 할 수 있는 게 없어."

강바닥에서 돌을 꺼내는 방법을 말할 수 없었다. 그리고 결국 커다란 개구리가 마법의 돌을 가지고 와서 말했다.

"이런 물건은 가벼운 것이 아니야."

"잘했어, 쥐야." 돌을 보고 원숭이가 말했다.

그들은 청년에게 갔고 청년은 그들을 계속 기다리고 있었다. 그들은 그에게 돌을 건네주고 이전과 같은 궁전을 가지라고 했다.

그때부터 청년은 결코 마법의 돌을 잃어버리지 않았고 세 마리의 충직한 친구들을 자신의 곁에 살게 했다. 곰은 먹고 자는 일만 했고 원숭이는 먹고 춤을 췄으며 쥐는 먹고 굴과 틈을 구석구석 돌아다녔다. 청년은 결코 궁전에서 한 마리의 고양이도 키우지 않았다.

난형난제

여러 해 전에 과부가 살았다. 그녀에게는 세 아들과 딸 하나, 이렇게 네 아이가 있었다. 아들들도 훌륭했지만 딸은 더 뛰어났다. 그런 미녀는 주변 수천 미터 내에서 찾아볼 수 없었다. 이 아가씨를 한 번이라도 본 사람은 평생 그녀의 아름다움을 잊지 못했다.

어머니도 오빠들도 그녀를 너무 사랑해서 자신의 생명보다 더 그녀를 소중히 여겼으며 눈에 넣어도 안 아플 정도로 아꼈다.

사냥꾼인 오빠들은 강하고 용감했으며 시력이 좋았고 민첩했으며 결코 소득 없이 집으로 돌아오는 법이 없었다.

어느 날 오빠들은 멀리 사냥하러 떠나려고 했다. 그들은 고기를 저장하고 다양한 짐승을 잡아 어머니와 누이에게 겨울을 날 모피를 만들어 주기로 결심했다. 아이리크(발효 우유)를 마신 후 양 대퇴부를 챙겨 어머니와 누이에게 작별 인사를 하고 길을 떠났다.

어머니와 딸만 남았다.

저녁 무렵 어머니는 천막집에서 나왔다. 노파가 살림을 하는 동안 오르코(천막집의 연기 구멍)로 무서운 만구스(사람을 잡아먹는 환상의 괴물)가 날아 들어와서 미녀를 데리고 갔다.

어머니가 들어와 보니 천막집이 비어 있었다. 딸이 없어진 것이다. 그녀는 여기저기 찾아보았지만 찾을 수 없었다. 어머니는 무슨 일인지 짐작이 갔다. 그녀는 땅에 쓰러져 울었다. 밤은 길었다. 노파는 눈을 붙이지 못하고 쓰디쓴 눈물을 흘렸다.

아침에 오빠들이 만족스럽고 즐거운 기분으로 사냥에서 돌아왔다. 어머니는 천막집 입구에서 아들들을 맞이했다. 불행에 대해 어떻게 말을 하지? 노파는 그들과 인사를 나누고 말했다.

"나의 사랑하는 아들들아! 너희 아버지처럼 너희는 용감하고 힘이 세며 민첩하고 선의와 정직함을 저버리지 않는다! 좋은 사람들에게도 불행이 닥칠 수 있는 거야. 엄마는 너희가 만약 너희 혈육에게 도움을 주어야 할 일이 생긴다면 각자 무엇을 할 수 있는지 알고 싶구나."

장남이 말했다.

"이 세상에서 제가 찾지 못할 물건은 없습니다. 스텝에서 바늘도 볼 수 있고 바다 밑바닥에 있는 바늘귀도 찾을 수 있습니다. 돌 벽 너머 일곱 겹의 자물쇠로 빗장이 쳐진 상자 속에 든 날카로운 핀 끝도 찾을 수 있어요."

"저는 어떤 높이에 있는 어떤 새라도 화살 하나면 죽일 수 있어요. 구름 아래 빗방울을 맞히고 화살 하나로 토끼 열 마리를 한 번에 잡을 수 있어요." 둘째 아들이 어머니에게 말했다.

막내아들도 형들에게 지지 않았다.

"저는 손으로 모든 것을 잡고 쥘 수 있어요. 산에서 돌을 잡고 날아다니는 바위를 잡을 수 있어요. 만약 하늘에서 커다랗고 무거운 산이 떨어져도 온전히, 흙 알갱이 하나라도 떨어지지 않게 잡을 수 있을 거예요"라고 말했다.

어머니는 아들들을 차례로 안고 그들에게 불행에 대해 고백했다.

"나에게는 더 이상 딸이 없고 너희에게는 누이가 없게 되었구나. 나의 아들들아, 우리는 슬픈 일을 당했어! 빨리 너희의 사랑하는 누이를 찾아라, 단 하나뿐인 딸을 지키지 못했던 늙은 나를 용서해 다오."

오빠들의 손에서 사냥 무기와 포획물이 땅으로 떨어졌다. 누이가 없어지다니….

장남이 맨 먼저 말했다.

"그럼 어쩔 수 없군! 지체할 시간이 없어. 어머니와 작별 인사를 하고 누이를 찾으러 온 세상을 돌아다니자. 찾지 못하면 집에 있을 수 없어. 만구스가 우리 누이를 먹어 치우기 전에 찾아야 해.”

그들은 길을 떠났다.

장남이 만구스가 숨어 있던 구름을 찾는 데 하루가 채 걸리지 않았다.

둘째가 조준하고 활시위를 당겼다. 그렇게 활의 끝이 만나자 화살이 소리를 내며 위로 쏘아 올려졌다. 만구스의 심장을 곧장 관통했으며 악한 괴물은 죽을 정도의 충격을 받았다. 만구스는 아가씨를 놓았다. 하얀 돌처럼 누이는 아래로 떨어졌다. 땅에 거의 다다랐을 때 막내가 누이를 잡고 안전하게 땅에 내려놓았다. 오빠들이 자신의 누이를 끔찍한 불행에서 구하고 만구스에게서도 구했다는 소문이 온 세상에 퍼졌다.

여러 유목민 마을에서 나이 든 이야기꾼들이 모여 그녀를 위해서 가장 큰 일을 한 오빠에게 상을 주기로 결정했다.

“둘째가 상을 받아야 해. 그는 만구스를 죽였잖아.” 어떤 이가 말했다.

“죽이기만 했잖아! 만약 장남이 만구스를 찾지 않았다면 둘째가 그 만구스에게 화살을 쏠 수 없었겠지.” 다른 이들이 단호하게 말했다.

“막내가 더 큰 일을 했어.” 또 다른 이들이 주장했다. “만약 그가 아니었다면 아가씨는 죽었을 거야. 장남도 둘째도 도와줄 수 있는 일이 아니잖아."

"장남과 둘째가 아니었으면 막내는 잡을 일이 없었겠지. 만구스가 오래전에 아가씨를 이미 잡아먹었을 거야. 그러면 막내는 평생 죽을 때까지 누이를 찾아다녔겠지." 몇몇 사람이 반박했다.

그렇게 오늘날까지 이야기꾼들은 언쟁을 하고 있다. 오빠들 중에 누구에게 상을 주어야 할지 아무리 해도 결정할 수 없었다.

그런데 너는 어떻게 생각해? 모든 이야기를 들었잖아. 네가 오빠들 중에 누가 상을 받아야 하는지 결정하는 데 도움을 줘.

세 사람 모두? 결코 안 돼. 관례가 아니야. 이야기꾼들은 반대할 거야. 셋 중에 누구에게 줄까? 누구야?

변신하는 겔룽과 일꾼

옛날 옛적에 노파가 살았다. 그녀에게는 세 아들이 있었다. 두 아들은 고집이 셌고 막내는 착하고 마음이 여리며 영리했다. 죽음을 앞두고 노파는 아들들을 불러 말했다.

"나는 곧 죽을 거야. 얘들아 사이좋게 살아 다오. 겔룽[11]과 왕래해서는 안 된다는 걸 명심해라."

어머니인 노파는 죽었고 구멍투성이인 천막집과 더러운 염소 한 마리를 그들에게 유산으로 남겨 주었다. 형제들은 어떻게든 겨울을 났다.

"일자리를 찾아갈 거야." 큰형이 말하고 길을 떠났다.

그는 바람이 부는 곳으로 걸어갔다. 계속 걸어가니 스텝에 밤이 왔다. 그는 무덤 위에서 잠을 잤다. 아침 일찍 계속 걸어갔다. 세 노파가 길가에 앉아 날이 긴 땅을 꿰매고 있는 것이 보였다. "아이쿠, 할머님!" 장남이 말했다. "소용없는 일을 하고 계시네요."

"청년, 자네 계획도 이루어지지 않을걸세." 그들이 대답했다.

---

11) 칼미크 불교 승려.

장남은 계속 걸어갔다. 갑자기 그는 겔륭과 마주쳤다.

"청년, 어디로 가는가?" 그가 물었다.

"자리를 찾고 있습니다. 일꾼으로 고용되고 싶어서요."

"나에게 오게."

"무슨 일자리인데요?"

"말에게 풀을 먹이고 부엌에서 요리하는 거야."

"좋아요." 청년은 동의하고 겔륭과 같이 갔다.

새 일꾼이 주인의 절을 둘러보는 동안 겔륭은 양을 자르라고 지시했다.

"청년, 난로에 불을 피우고 고기를 끓이게."

일꾼은 장작을 쪼개 난로에 불을 지피고 고기를 끓이려고 올려놓았다. 그는 일을 척척 해 냈다.

그는 고기에 간을 하고 싶었다. 소금이 주변에 보이지 않았다. 일꾼은 고기를 냄비에서 꺼내 주인을 기다렸다. 겔륭이 왔다.

"어떻게 됐지? 고기는 다 됐어?"

"준비됐습니다."

"그런데 간을 했어?"

"아뇨."

"그러면 지금 내가 소금을 가지고 오겠네." 겔륭이 말했다. 그는 부엌에서 나와 붉은 개로 변했다. 일꾼은 창문가에

서서 마당에서 아이들이 놀고 있는 것을 보았다. 그는 개가 부엌에서 뛰어나가 고기를 씹어 먹는 것을 똑똑히 보았다.

"고기는 어디 있지?" 그는 일꾼에게 물었다.

"개가 먹어 치웠어요."

"배고픈 채로 가축 떼를 방목하러 가게."

일꾼은 허리띠를 더 단단히 졸라매고 말을 방목했다.

밤이 왔다. 겔륭은 늑대로 변해 가축 떼에게로 달려가서 좋은 말을 먹어 치웠다. 일꾼은 숲으로 달려가는 회색 늑대를 똑똑히 보았다. 늑대를 뒤쫓아 가기에는 늦었다. 아침이 왔다. 일꾼은 겔륭에게로 왔다.

"안 좋은 일이 일어났습니다." 그가 말했다.

"안 좋은 일이 무엇인가?"

"밤에 회색 늑대가 좋은 말을 먹어 치웠습니다."

"대가를 치러야 하지 않겠어." 겔륭이 소리치고 일꾼을 죽였다.

형제들이 근형을 계속 기다렸다. 그러나 끝까지 기다리지 못했다.

"일자리를 찾으러 가야겠어." 둘째 형이 말하고 일자리를 찾으러 떠났다.

그는 도중에 세 노파가 길가에 앉아 벌어진 땅을 꿰매고 있는 것을 보았다.

"아이쿠, 할머님! 소용없는 일을 하고 계시네요." 그가 말했다.

"청년 너의 계획도 잘되지 않을 거야." 그들이 대답했다.

둘째 형은 계속 길을 갔다. 그는 겔륭을 만났다.

"청년, 어디로 가는가?" 겔륭이 물었다.

"주인을 찾고 있어요."

"말을 방목하는 일을 줄 테니 나에게 오게."

"좋습니다." 둘째 형이 동의했다.

그들은 도착했고 겔륭은 양을 잡아 고기를 끓이라고 명령했다. 새로운 일꾼은 고기를 끓인 다음 냄비에서 꺼냈다. 그가 창밖을 보니 개가 양고기를 모두 먹어 치웠다.

"벌로 배고픈 채로 말을 방목하러 가게." 주인이 말했다.

이전처럼 밤에 그는 회색 늑대로 변해서 말 떼 사이로 기어 들어가 좋은 암말을 먹어 치웠다. 아침에 둘째 형은 겔륭에게 가서 말했다.

"불행한 일이 생겼어요. 좋은 암말을 늑대가 먹어 치웠어요."

"대가를 치러야지." 겔륭이 소리치더니 둘째 형을 죽였다.

막내가 형제들을 계속 기다렸다. 많은 시간이 흘렀고 그들은 나타나지 않았다. 그는 길을 떠나기로 했다. 스텝을 따라가다가 길가에서 세 노파가 앉아 벌어진 땅을 꿰매고 있는 것을 보았다.

"할머님, 하시는 일이 잘되겠어요." 그가 말했다.

"자네의 계획도 잘될 거야." 세 노파가 대답하고 곧바로 말했다. "청년, 여기서 가다가 자네는 겔릉을 만나게 될 거야. 그는 자네를 일꾼으로 삼을 거야. 겔릉은 집으로 가서 양을 죽이고 고기를 끓이라고 시킬 거야. 그리고 자네가 고기를 끓일 때 '고기를 꺼내, 그러면 내가 소금을 가지고 올게'라고 겔릉이 말할걸세. 그리고 그가 나갈 거야. 그러면 고기를 꺼내고 자네 가까이에 채찍을 두게나. 변신하는 겔릉이 붉은 개가 되어 부엌으로 뛰어 들어올 거야. 그가 고기를 먹어 치우려고 할 테니 자네는 있는 힘을 다해 채찍으로 그 개를 때리게. 그 개가 도망가면 조금 기다려. 그러면 겔릉이 부엌에 나타날 거야. 겔릉이 고기를 나누고 식사를 하게 될 거야. 밤에 그는 말 떼를 지키라고 자네를 보낼 거야. 자네는 밤에 잠을 자지 말게나. 그가 회색 늑대가 되어 말 떼 안으로 들어올 거야. 계곡을 따라 살금살금 갈 거야. 자네는 늑대를 잡아서 가죽을 벗겨 놓아두게. 자네가 그의 집에 도착하는 아침이면 겔릉이 살갗이 벗겨진 채 침대에 누워 있는 것을 보게 될걸세. 그는 '왜 왔어?' 하고 물을 거야. 그러면 그에게 '밤에 늑대를 잡아 가죽을 벗겼어요. 그 가죽을 어떻게 할까요?'라고 말하게."

막내는 노파들에게 감사 인사를 하고 계속 길을 갔다. 도중에 겔룽을 만났다.

"청년, 어디로 가는가?" 그가 물었다.

"일자리를 얻고 싶어서요."

"나의 집에 일꾼으로 일하러 오게."

"알겠습니다." 막내는 말하고 겔룽을 따라갔다.

그들이 도착했다. 겔룽은 양을 잘라 고기를 끓이라고 그에게 명령했다. 새로운 일꾼은 난로에 불을 지피고 고기를 끓이자마자 냄비에서 꺼내 식탁에 놓았다.

"고기는 다 됐는가?"

"다 됐습니다."

"간을 했는가?"

"아니요."

"지금 소금을 가지고 오겠네." 겔룽이 말하고 나갔다. 그러자 세 번째 일꾼인 막내는 자기 옆에 채찍을 놓고 서서 창문을 보고 있는 척을 했다. 붉은 개가 부엌으로 뛰어 들어와서 고기 쪽으로 달려갔다. 일꾼은 채찍으로 개를 때렸다. 그러자 그 개는 겨우 자기 발로 나갔다. 막내는 채찍을 놓을 시간이 없었다. 변신하는 겔룽이 바로 나타났다. 코는 망가지고 눈은 부었으며 턱수염이 군데군데 뽑혀 있었다.

"무슨 일이 있었습니까?" 일꾼이 주인에게 물었다.

"아무 일도 아니야. 문지방에 부딪쳤어."

그들은 식사를 했다. 겔릉이 말했다.

"청년, 말을 돌보러 가게나."

밤이 왔다. 말들은 풀을 뜯어 먹고 있었다. 일꾼은 늑대가 말 떼 쪽으로 몰래 다가오는 것을 눈치채고 채찍을 들고 그에게 달려갔다.

늑대는 스텝으로 갔고 일꾼은 그를 뒤쫓았다. 한참을 쫓아갔다. 따라잡아서 늑대 입에 모자를 쑤셔 넣고 회색 늑대를 채찍으로 때렸다. 때리면서 말했다. "이것은 큰형의 몫이고 이것은 작은형의 몫이야. 이것은 내 몫이고!"

계속해서 때리자 회색 늑대는 자신의 가죽에서 튀어나오며 기뻐했다.

가죽은 관심도 없었다. 그때도 겨우 제 발로 갈 수 있었다.

아침이 왔다. 일꾼은 겔릉에게 갔다. 보니 그는 향냄새를 맡고 있었다.

"무슨 일이야." 겔릉이 신음 소리를 냈다.

"제가 늑대를 잡았는데 늑대가 가죽을 내버려 두고 도망갔습니다. 가죽을 어떻게 할까요?"

"자네는…." 겔릉은 무슨 말인가를 하고 싶었지만 할 수가 없었다. 죽어 버렸기 때문이다.

고향에 대한 이야기

인간에게 그가 태어난 곳보다, 그가 자란 고장보다, 그가 그 밑에서 살았던 하늘보다 더 소중한 것은 아무것도 없다. 인간뿐만 아니라 짐승과 새들, 태양 아래 살아 있는 모든 것은 고향을 그리워한다.

칼미크인들이 아직 중국에 살고 있었던 옛날 옛적에 그들은 중국 황제에게 신기한 새를 선물했다. 그 새는 하늘 저 꼭대기에서 태양이 그 새의 노래를 들으면서 천천히 움직일 정도로 노래를 잘 불렀다.

황제는 새를 위해 황금 새장을 만들어서 어린 백조의 솜털을 그 새장에 깔아 주고 황제의 음식을 먹이라고 명령했다. 황제는 제1 장관에게 말했다.

"새가 여기서 그 어디에서도 결코 느껴 보지 못할 정도로 최상의 기분이 되도록 하라. 그 새가 아름다운 것을 갈망하는 우리의 귀를 즐겁게 해 주도록 하게."

모든 것이 엄한 주군의 명령에 따라 이루어졌다.

아침마다 황제는 새의 노래를 기다렸다. 그러나 새는 노래를 부르지 않았다. '자유로운 창공에 익숙한 새에게 궁전 안은 답답할 거야.' 황제는 그렇게 생각하고 새장을 정원으로 갖다 놓으라고 명령했다.

황제의 정원은 아름답기로 하면 세계에서 제일이었다. 거대한 나무들이 투명할 정도로 푸르고 색이 선명한 잎사귀들이 살랑거렸고 진기한 꽃들이 생기 넘치게 향기를 풍기고 있었으며 대지는 온갖 빛깔로 넘쳐났다. 그러나 새는 예전처럼 노래를 부르지 않았다. '지금도 충분하지 않은 걸까? 나의 집에 있는 것이 정말 싫은 걸까? 왜 노래하지 않지?'라고 황제는 생각했다.

황제는 모든 현자들을 초대해 고견을 듣고자 했다. 어떤 이들은 새가 병이 나서 소리를 잃은 것 같다고 했고 다른 이들은 새가 그런 새가 아니라고 했으며 또 다른 이들은 새가 노래하지 못하는 것 같다고 했다. 가장 존경받는 백 살 된 현인은 사람들이 내뿜는 공기가 새를 괴롭혀서 새가 노래하지 않는 것이라고 했다. 황제는 모든 이들의 말을 주의 깊게 듣고 나서 야생림으로 새장을 옮겨 놓으라고 명령했다.

그러나 숲에서도 새는 노래하지 않았다. 날개는 바닥까지 늘어져 있고 눈에서 진주 같은 눈물이 흘러나왔다.

그때 황제는 포로로 잡혀 온 현자를 데리고 오라고 명령했다.

"만약 우리에게 좋은 조언을 해 주고 새가 노래를 한다면 너는 풀려날 것이다." 황제가 그에게 말했다.

포로로 잡혀 온 현인이 일주일 동안 생각하더니 말했다.

"새를 방방곡곡으로 데리고 다니십시오. 아마도 노래할 겁니다."

황제는 새를 데리고 자신의 영토를 3년 동안 돌아다녔다. 마침내 그들이 어느 늪지에 도달했다. 주위에는 시들어 가는 수풀이 자라고 있었고 더 앞에는 누르스름한 모래톱이 펼쳐져 있었다. 악취를 풍기는 증기가 늪에서 올라왔고 귀찮게 하는 작은 곤충들이 무리 지어 날아다녔다. 마른 삭사울[12] 가지 위에 새장을 올려놓았다. 경비대를 세워 놓고 모두들 잠자리에 들었다.

하늘에 여명이 밝아 오고 선홍빛이 넓디넓게 퍼지자 새가 갑자기 날개를 퍼득거리며 날개를 곧게 펴고 서둘러 부리로 깃털을 하나하나 깨끗하게 다듬기 시작했다.

새의 이상한 행동을 눈치챈 경비대는 황제를 깨웠다.

영원한 하늘이 자신의 선홍색 볏을 드리니자 새가 열정적으로 날아올라 황금 철장에 부딪치며 바닥에 떨어졌다. 새는 슬프게 주위를 보며 조용히 노래했다. 108곡의 슬픈 노래를 불렀고 기쁨의 노래를 시작할 때 그 새와 같은 새 수천 마리가 사방에서 날아와 그 새의 노래를 찬양했다. 사람들

12) 사막에 자라는 나무.

은 새들이 떠오르는 해의 햇살 아래서 노래한 것이 아니라 아름다운 것을 그리워하는 새들의 영혼이 노래한 것으로 여겼다.

"바로 여기가 우리 새가 온 곳이었군. 이곳이 새의 고향이었어." 황제는 생각에 잠겨 중얼거렸고 그가 3년 동안 가지 못했던 자신의 소중한 베이징을 떠올렸다.

"새장의 문을 열고 새를 놓아주어라." 황제가 명령했다.

그러자 모든 새들이 고향을 찬양하는 수많은 노래를 불렀고 자유를 찬양하는 수많은 노래를 불렀다.

바로 이것이 고향과 자유가 의미하는 것이며 생명을 얻은 그곳에서만 노래할 수 있다.

미해결 소송

옛날 옛적에 어느 칸이 살았다. 유목 생활을 해야 했을 때 그는 알라마스[13]로부터 거주지를 정화하기 위해서 자신의 새 거주지에 영양 뿔을 세워 놓았다.

어느 날 어떤 사냥꾼이 칸에게 백조를 선물할 생각에 호수로 가서 거기에 누워 소총을 장전한 후 백조를 기다렸다. 백조 일곱 마리가 호수에 날아왔다. 사냥꾼은 일곱 마리 백조 모두가 한 줄로 늘어섰을 때 쏘려고 했다. 그가 이 순간을 기다릴 때 다른 사냥꾼이 백조 한 마리를 쏘아 즉사시켰다. 그는 죽은 백조를 붉은 실크 실로 허리띠에 묶고 칸에게 선물로 가지고 갔다. 첫 번째 사냥꾼도 칸에게 와서 말했다.

"전능하신 칸이시여, 저는 호숫가에 누워 일곱 마리 백조 모두가 한 줄로 늘어서는 순간을 기다렸습니다. 한 발에 모두 죽이고 당신에게 선물로 바치려고요. 그러나 그 순간에 다른 사냥꾼이 나타나 백조 중 한 마리를 쏘아서 가지고 왔습니다. 나머지 백조들은 총소리에 놀라서 날아가 버렸습니다. 청하건대, 칸이시여, 공정한 재판을 열어 저 사냥꾼이 일

13) 악마.

곱 마리 백조의 가격을 저에게 지불하도록 판결 내려 주십시오."

칸은 이에 대답했다.

"첫째, 네가 백조 일곱 마리를 총알 한 발로 죽일 수 있는지 아직 알 수 없다. 둘째, 네가 불만을 가지고 있는 사냥꾼은 너보다 먼저 나에게 왔으며 너처럼 빈손이 아니라 백조 한 마리를 들고 왔다. 그래서 나는 너의 소송을 채택하기를 거부한다."

그렇게 이 소송은 허락되지 않았다.

칸의 영지에는 부유한 겔룽이 살고 있었다. 이 겔룽의 무리들은 물 보급지를 쫓아다닐 때, 방해받지 않기 위해 도중에 모든 거주민을 다른 장소로 미리 옮겨야만 했다.

그런데 어느 날 무리가 가는 길의 모든 거주민이 이주했는데 아내가 출산하는 한 가난한 자의 천막집만이 남았다.

겔룽의 무리가 물 보급지로 갔을 때 가난한 자의 갓 태어난 아이가 죽을 정도의 소음이 일었다. 다음 날 가난한 자는 칸에게 고소하러 왔다.

"칸이시여, 어제 겔룽 가방의 무리들이 물 보급지로 왔을 때 저의 아내가 아이를 출산했으며 갓 태어난 아이가 무리의 소음 때문에 죽었습니다. 칸이시여, 청컨대, 이 소송을 허락하시어 죄인을 벌하여 주소서."

"정말 무리들이 너의 천막집을 지나가면서 아들을 압사시켰느냐?" 칸이 미소 지으면서 물었다.

"아닙니다. 무리들은 저의 천막집을 지나간 것이 아니라 그 옆으로 지나갔습니다. 그렇지만 만약 그들이 천막집 옆을 지나가지 않았다면 저의 아이는 죽지 않았을 겁니다." 가난한 자가 단호하게 말했다.

'무리들이 천막집 옆을 지나 물 보급지로 갔고 비록 아이가 죽었지만 천막집은 해를 입지 않았다.' 칸은 그렇게 생각하고 가난한 자에게 말했다.

"아니다. 나는 이 일에 대한 결정을 내릴 수가 없다."

그렇게 두 번째 소송도 해결되지 못했다.

홀어머니 슬하의 어떤 소년이 송아지를 방목하고 칸의 아이들과 놀며 그들의 논쟁을 해결하라고 칸에게 고용되었다. 칸의 아이들은 항상 이 소년의 말에 따랐다.

어느 날 소년은 뭔가를 너무나 먹고 싶었지만 먹을 것이 아무것도 없었다. 그때 소년은 칸의 아이들에게 송아지를 자르라고 지시했다.

결정된 대로 되었다. 송아지를 잘라 고기를 끓이고 다 먹어 치웠다.

저녁에 소들이 집으로 왔고 송아지만 없었다. 사람들이 찾으면서 묻기 시작했다. 칸의 아이들은 선동한 소년에게 주었다고 자백했다.

칸은 소년을 불러 물었다.

"왜, 어떤 식으로 너는 우리의 송아지를 잘랐느냐?"

"너무 배가 고파서요." 그가 대답했다.

소년을 심문하고 나서 칸은 그를 처형하기로 결정했다. 소년의 어머니는 이를 알고 나서 곧장 칸에게 달려가 그에게 질문하기 시작했다.

"칸이시여, 저의 아들을 처형하지 마십시오. 그는 사실 평범한 아이가 아닙니다."

칸은 소년에게 흥미가 가기 시작했고 그를 불렀다.

"미해결 소송이 두 건 있다. 만약 그것들을 해결하면 내가 너를 용서해 주겠다." 칸이 말했다.

"해결할 수 있습니다. 다만 어떤 소송인지 말씀해 주세요." 소년이 대답했다.

칸은 곧 사냥꾼을 데리러 심부름꾼을 보냈다. 사냥꾼이 도착했다. 소년은 그에게 물었다.

"당신은 총알 한 발로 즉시 일곱 마리의 백조를 죽이고 싶어 한 당사자인가요?"

"그렇소. 내가 바로 그 사람이오." 사냥꾼이 대답했다.

"백조는 당신에게서 얼마나 떨어져 있었죠?"

"백 걸음 이상 정도의 거리요."

"당신은 아이가 있나요?" 소년이 물었다.

"두 살짜리 아들이 있소."

"만약 당신이 정말 솜씨 좋은 사수라면 당신 아들을 잠자리에 누이고 그의 머리 위에 백조 알을 놓고 백 걸음 이상 떨어진 거리에서 총알 한 발로 그 알을 관통해 보십시오. 그러면 당신이 한 발로 일곱 마리 백조를 모두 죽일 수 있다고 확신할 수 있을 겁니다." 소년이 말했다.

사냥꾼은 동의했다. 여기서 모두가 보는 앞에서 그는 자신의 아들을 잠자리에 누이고 그의 머리 위에 백조 알을 놓고 백 걸음 이상 떨어진 거리에서 한 발로 알을 관통했다. 그러나 아들은 아무런 해도 입지 않았다.

그렇게 첫 소송은 해결되었다. 사냥꾼은 손해를 보상받았다.

"또 한 건의 소송이 있다." 칸이 말했다. "겔룽 가방의 무리가 물 보급지로 갈 때 그들의 길목에 한 가난한 자의 천막집이 있었고 그 아내가 막 아이를 출산했다. 무리가 천막집을 통과하지는 않았지만 그 옆을 지나갔고 갓 태어난 아이는 소음에 놀라서 죽었다. 이 아이의 아버지는 겔룽 가방의 무리 주인을 심판해 줄 것을 요구했다. 이 시끄러운 소송을 해결하라." 칸은 소년에게 말했다.

"가능합니다. 다만 커다란 솥에 양 젖을 가득 채우십시오. 그리고 그것을 끓인 후 손해를 본 가난한 자의 천막집 안에 놓으십시오." 소년이 말했다.

곧 양의 젖을 짜서 큰 솥을 채우고 끓여서 밤새 가난한 자의 천막집 안에 놓았다. 다음 날 겔룽 가방의 무리는 우유가 든 솥이 있는 그 천막집 옆을 지나 물 보급지로 쫓아갔다. 진동과 소음 때문에 우유 위에 형성된 막이 네 부분으로 갈라졌다.

"갓 태어난 아이의 뇌는 우유의 막과 같습니다. 겔룽 가방의 무리가 소음을 내며 천막집을 지나 물 보급지로 갔을 때 아이의 뇌가 진동했습니다. 그리고 그는 죽었습니다." 소년이 말했다.

겔룽 가방은 처벌받았다.

그렇게 두 번째 소송도 해결되었다.

칸은 소년의 처형을 취소하고 그를 자신의 재판관으로 삼았다.

칸의 왼쪽 눈

어느 칸의 유목민 캠프 지역에 언젠가 노인이 살았다. 그에게는 세 딸이 있었다. 코오쿠라는 이름의 막내딸은 아름다울 뿐만 아니라 지혜롭기까지 했다.

어느 날 노인은 가축을 팔기 위해 칸의 시장을 쫓아다녀야겠다는 생각을 하고 딸들에게 어떤 선물을 가져다주면 좋을지 솔직히 말하라고 했다.

위의 두 딸은 아버지에게 여러 가지 의복을 사다 달라고 요청했고 현명하고 아름다운 코오쿠는 그녀가 바라는 선물은 얻기가 힘들고 위험하다고 말하면서 선물을 거절했다. 그러나 아버지는 두 언니보다 그녀를 사랑해서 비록 그의 생명을 바쳐야 할지라도 그녀의 소원을 틀림없이 이뤄 주겠다고 맹세했다.

"만약 그렇다면 다음과 같이 해 주셔야 해요. 모든 가축을 팔고 나서 꼬리가 잘린 황소 한 마리를 남겨서 돈을 얼마를 준다 해도 누구에게도 팔지 마세요. 그리고 칸의 왼쪽 눈을 그 황소의 대가로 요구하세요." 코오쿠가 대답했다.

노인은 즉시 자신이 난감한 상황에 처한 것을 알아차렸다. 그는 거절하고 싶었지만 자신의 맹세를 기억해 내고 딸의 지혜를 생각하고는 그녀의 소원을 실행하기로 결심했다.

노인은 시장에 도착해서 자신의 가축을 모두 팔았고 남겨 둔 꼬리가 잘린 황소의 대가로 칸의 왼쪽 눈을 요구하기 시작했다.

그런 이상하고 대담한 노인의 요구에 대한 소문이 곧 칸의 부하들 귀에까지 들어갔다. 그들은 노인을 붙잡아 칸에게 데리고 갔다.

노인은 칸의 발아래 쓰러져 막내딸이 왼쪽 눈을 요구하라고 가르쳤으며 무엇 때문인지는 모른다고 자백했다.

칸은 그런 이상한 요구에는 반드시 어떤 비밀이 숨겨져 있을 것이라고 생각하고 노인이 딸을 그에게 빨리 보여 준다는 조건으로 노인을 풀어 주었다.

코오쿠가 모습을 드러냈다.

칸은 무엇 때문에 아버지에게 칸의 왼쪽 눈을 요구하라고 했는지 그녀에게 엄중하게 물었다.

"칸이시여, 당신이 그렇게 이상한 요구를 듣고서 호기심 때문에 나를 보고 싶어 하도록 하기 위해섭니다." 코오쿠가 대답했다.

"너는 나를 볼 이유가 있는 것이냐?"

"저는 당신을 위해서 당신 국민을 위해서 한 가지 중요하고 유익한 진실을 말하고자 합니다." 아가씨가 대답했다.

"어떤 것이냐?"

"칸이시여, 당신의 재판에서는 흔히 저명하고 부자인 자가 오른편에 서고 가난한 자가 왼편에 섭니다. 더구나 제가 저의 촌구석에서 들은 것처럼 당신은 저명한 부자의 편을 듭니다. 바로 그것이 제가 당신의 왼쪽 눈을 요구하라고 아버지를 설득한 이유입니다. 왜냐하면 당신의 왼쪽 눈은 쓸모가 없기 때문이죠. 당신은 가난하고 무방비인 그들을 보지 못하기 때문입니다." 코오쿠가 대답했다.

칸은 그런 대답에 매우 화를 내고 즉시 부하들에게 그녀의 무례함을 심판하는 일을 맡겼다.

재판이 시작되었다. 의장으로 선출된 최고 라마승은 그녀가 그런 무례한 행위를 한 것이 원한 때문인지 현명함에서 기인한 것인지를 시험할 것을 제안했다.

바로 그때 무엇보다도 우선 재판관들은 코오쿠에게 사방이 고르게 손질된 나무를 보여 주고 그 나무의 꼭대기는 어디고 뿌리가 어딘지를 알아내라고 명령했다.

코오쿠는 나무를 물에 던졌다. 뿌리는 가라앉고 꼭대기는 떠올랐다. 코오쿠는 그렇게 첫 번째 과제를 해결했다.

그런 다음 재판관은 그녀에게 뱀 두 마리를 보냈다. 두 마리 중에 암컷과 수컷을 골라내라는 것이다.

현명한 코오쿠는 두 마리의 뱀을 누비 솜에 올려놓고 그들 중 하나가 공처럼 몸을 말고 다른 하나는 기어가는 것을 알아채고는 후자가 수컷이고 전자가 암컷이라고 말했다.

그러나 만족스럽지 못한 칸은 더욱더 힘든 문제로 코오쿠를 난처하게 만들고 그녀가 지혜롭지 않다는 것을 증명하기로 결심했다.

칸은 코오쿠를 불러서 물었다.

"만약 사과를 모으라고 처녀들을 숲으로 보낸다면 어떤 아가씨가 어떤 방법으로 사과를 더 많이 모으겠느냐?"

"사과나무에 기어 올라가지 않고 익어서 큰 가지가 흔들려 떨어지는 사과를 땅에서 주워 담으려고 남아 있는 여자입니다." 코오쿠가 대답했다.

"그러면 질퍽질퍽한 늪을 건너는 더 편한 방법은 어떤 것이 있느냐?" 칸이 물었다.

"곧장 건너는 것입니다. 그렇지만 둘러 가는 것이 더 가깝습니다." 코오쿠가 대답했다.

칸은 여자가 모든 질문에 현명하고 침착하게 대답하는 것을 보고서 매우 화가 나 오래 고심을 한 후 다음 질문들을 더 했다.

"대다수의 유명한 사람이 되기 위한 올바른 방법이 무엇이냐?"

"다수의 잘 알려지지 않은 사람들에게 도움을 주는 것입니다."

"누가 지혜로운 사람인가?"

"스스로 그렇다고 여기지 않는 사람입니다."

칸은 아름다운 코오쿠의 지혜에 놀랐지만 그가 올바른 판단을 내리지 못한 것을 비난한 그녀에게 화가 나서 그녀를 죽이고 싶었다.

며칠 동안 그는 그에 가장 적합한 방법을 생각했다.

마침내 그는 코오쿠를 불러 그의 보물의 진정한 가치를 알아낼 것을 지시했다. 이 이후에는 그녀가 그의 올바르지 못한 재판에 대해 정말 악의가 있어서가 아니라 현명한 여자로서 그에게 경고하고 싶어서 말한 것이라고 선언하겠다고 약속했다.

아가씨는 기꺼이 이에 동의했지만 칸이 4일간 그녀의 말에 복종할 것을 약속한다는 조건하에서였다.

코오쿠는 4일 동안 먹지 말라고 칸에게 요구했다.

마지막 날 아가씨는 칸 앞에 고기 넣은 음식을 놓고 말했다.

"칸이시여, 당신의 모든 보물은 고기 한 조각의 가치도 없다고 고백하십시오."

그녀의 말이 지닌 진실에 설득당한 칸은 그녀가 그의 보물의 가치를 알아냈다고 하며 그녀의 지혜를 알렸고 자신의 아들과 결혼시켰다.

어리석은 노인에 대해서

이 일은 아주 오래된 시절에 있었던 일이다. 노인과 노파가 살았다. 그들에게는 소가 세 마리 있었다. 두 마리는 어린 소고 한 마리는 늙은 소였다. 그들은 소를 팔기로 결심했다. 그 소는 우유를 거의 만들지 못했다. 노인은 시장으로 갔다. 그는 소를 몰면서 노래를 불렀다. 적갈색 말을 탄 청년이 마주 오고 있었다.

"안녕하세요, 아저씨!"

"안녕, 젊은이!"

"멀리서 오시는 거요?"

"시장에서요."

"거기에는 소 가격이 어떻게 되나?"

"뿔이 없는 가축은 비싸요." 청년이 대납하고 계속 갔다.

노인은 잠시 생각하더니 칼을 꺼내 소의 뿔을 잘랐다. 그는 소를 몰면서 노래를 불렀다. 청년이 옆으로 길을 돌아 다시 그와 마주쳤다.

"안녕하세요, 아저씨!"

"안녕, 젊은이!"

"어디서 오는 거요?"

"시장에서 오는 길이에요."

"소는 얼마 하는가?"

"뿔과 귀 없는 가축은 높은 가격을 받아요." 청년이 대답하고 떠났다.

노인은 잠시 생각하더니 소의 귀를 자르고 앞으로 몰고 갔다. 그는 소를 몰면서 노래를 불렀다. 청년은 언덕에 숨어 있다가 말을 돌려 주위를 돌았다. 조금 후 다시 노인에게로 다가갔다.

"안녕하세요, 아저씨!"

"안녕, 젊은이!"

"소를 어디로 몰고 가세요?"

"시장으로. 자네는 어디서 와서 어디로 가는가?"

"저는 시장에서 오는 길이에요."

"소 가격은 얼마요?"

"뿔도 없고, 귀도 없고 꼬리도 없는 가축은 높은 가격을 받아요." 청년이 대답하고 앞으로 갔다.

노인은 소의 꼬리를 잘랐다. 그는 소를 몰고 노래를 불렀다. 노인은 목적지에 도착해서 소를 살 사람을 기다렸다.

사람들은 소를 보고 비웃었다.

"뭘 보시는 거요?" 노인이 그들에게 말했다. "사세요, 지금 이런 가축은 가치가 충분하니까요."

"노인 양반, 이런 가축을 어디서 가져온 거요?"

"아저씨, 이런 가축은 아무런 필요도 없어요. 가축을 집으로 가지고 가요. 창피하게 하지 마시고요!" 군중에서 사람들이 소리쳤다.

그는 소를 데리고 시장에서 한참을 서 있었지만 살 사람을 찾지 못했다. 그는 개가 그의 소 쪽으로 달려와서 그 주위를 돌더니 냄새를 맡는 것을 보았다.

'이 개가 소를 사고 싶은 모양이군. 이 개에게 물어봐야겠어.' 노인이 생각하더니 그 개에게로 갔다.

개는 이빨을 드러내고 으르렁거리더니 저리로 달려갔다. 노인은 화가 나서 소를 때리고 수레 근처에 버렸다. 그는 시장을 돌아다니며 당밀 과자를 1코페이카[14]에 사서 먹고 집으로 갔다. 걸어가면서 생각했다. '돈은 없고 소도 없고 마누라에게 무슨 말을 해야 하지?'

그는 묘수를 떠올렸다. '시집간 딸을 방문해야겠군.'

딸은 아버지가 오는 것을 기뻐했으며 그를 위해 맛있는 불무크(칼미크 민족 음식으로 크림과 우유로 만든 가루 죽)를 준비했다. 노인은 숨도 쉬지 못할 만큼 먹었다.

"딸아, 이 음식 이름은 뭐냐?"

---

14) 화폐의 단위이며 1/100 루블이다.

"불무크예요."

"음식다운 음식이구나. 집에 가서 마누라에게 끓여 달라고 말해야지."

이 말을 잊지 않으려고 노인은 가는 내내 '불무크, 불무크' 하고 되뇌었다.

그는 늪이 많은 계곡을 건너가야 했다. 더러운 곳에 빠지자 그는 '불무크'라는 말을 잊어버렸다.

'계곡에서 잃어버린 게 있어.' 그는 생각했다. 그는 더러운 곳으로 기어들어가 '불무크'란 말을 찾아야 했다. 그때 두 청년이 계곡을 건너갔다.

"아저씨, 무엇을 찾으세요?" 그들 중 한 명이 물었다.

"혼기가 꽉 찬 딸이 있어요. 황금 반지를 그녀에게 사 주었죠. 그런데 여기서 떨어뜨렸어요."

청년들은 늪으로 기어 들어가서 노인과 찾기 시작했다. 기어 들어갔지만 아무것도 찾지 못했다.

"이제 반지를 찾을 수가 없어요." 그들 중 누군가가 말했다. "불무크처럼 더러운 것 같아요."

"네네, 불무크, 불무크예요!" 노인이 소리치고 집으로 서둘러 갔다.

청년들은 노인이 그들을 속인 것을 알고 그를 때렸다. 그들은 그를 때리고 갈 길을 갔다. 노인은 아픈 옆구리를 감싸고 '불무크'란 말을 계속 떠올렸지만 기억이 나지 않았다.

그는 집에 와서 노파에게 말했다.

"할멈, 바로 이런 것… 나에게 끓여 줘. 그게 뭐더라?"

"소는 팔았어요?"

"늑대들이 잡아먹었어. 바로 이거… 끓여 줘. 그러니까…."

"부단(밀가루와 고기를 조금 넣은 수프)요?" 노파가 물었다.

"아니."

"뭘 끓이란 거예요?"

노인은 화를 내고 그녀를 때리기 시작했다. 이웃 여자가 그들의 천막집을 방문했는데 노인들이 서로 치고받고 하는 것을 보았다.

"왜 싸우고 있는 거예요?" 그녀가 물었다. "당신 둘은 불무크 같군요."

노인이 '불무크'란 말을 듣고 기뻐했다.

"할멈, 불무크 끓여 줘!" 그가 화를 냈다.

그녀는 그에게 불무크를 끓여 주었다. 노인은 아파서 죽을 정도로 배가 불렀다. 그때부터 다음과 같은 속담이 생겼다. '죽을 때까지 불무크를 먹다.'

계절의 변화

어느 칸이 국민의 지혜를 알아보고 싶어서 방을 붙였다.

"자신이 현자라고 생각하는 사람은 모두 일주일 안에 나에게 와야 한다."

칸의 방은 번개보다 빠른 속도로 저 벽지에 있는 마을과 천막집에까지 퍼져 나갔다.

칸의 방에 세 명의 노인이 반응했다.

세 노인은 의식에 따라 칸의 연회에 착석했다. 칸은 세 명의 노인이 그에게 왔다는 것을 안 후 연회장으로 들어왔다. 그는 노인들을 보고 나서 첫 번째 노인의 머리가 삭발이고 두 번째 노인의 머리는 백발이며 콧수염은 검고 세 번째 노인은 콧수염이 없다는 것을 알아챘다.

"연세가 어떻게 되시는지요?" 그는 첫 번째 노인에게 물었다.

"쉰 살입니다."

"연세가 어떻게 되시는지요?" 그는 두 번째 노인에게 물었다.

"쉰 살입니다."

"어떻게 되세요?" 그는 세 번째 노인에게 물었다.

"쉰 살입니다."

"그러니까 모두 동갑이시네요?"

"네." 노인들이 대답했다.

"모두 동갑이란 말이죠." 칸이 첫 번째 노인에게 말했다. "왜 머리카락이 하나도 없습니까?"

"저는 평생 나쁜 것과 좋은 것을 많이 보았습니다. 머리카락이 한 올도 남지 않을 정도로 사람들이 어떻게 하면 더 나은 삶을 살 수 있을지 생각하다 보니 그렇게 되었습니다."

"당신은 저들과 동갑이신데 왜 머리는 백발이고 콧수염은 검은색이죠?" 칸이 두 번째 노인에게 물었다.

"저의 머리카락은 저와 나이가 같습니다. 머리카락은 제가 막 태어났을 때부터 있었지만 콧수염은 제가 스물다섯 살 때 자랐어요. 머리카락은 콧수염보다 스물다섯 살이 더 많죠. 그러므로 머리카락은 백발이고 늙었지만 콧수염은 젊고 검은색입니다."

"당신은 저들과 동갑이신데 왜 콧수염이 전혀 없죠?" 세 번째 노인에게 칸이 물었다.

"저는 저의 부모의 유일한 자손입니다. 그러므로 아버지를 모욕하지 않기 위해서 저는 남자로 태어났고 어머니를 모욕하지 않기 위해서 저는 콧수염이 없이 태어난 겁니다."

칸은 노인들의 지혜에 대한 대가로 그들에게 금 한 자루를 선물로 주었다. 노인들은 칸에게 감사 인사를 하고 서둘러 나갔다.

칸의 한 측근이 그들이 황금 자루를 들고 가는 것을 보고 나서 생각했다. '아이고 우리 칸은 어리석군. 왜 이런 한심한 인간들에게 황금 한 자루를 준 것일까? 그들이 정말 나보다도 더 지혜롭단 말이야? 아니야! 나와 같은 인간은 세상에 더는 없어! 저의 집에 머물러 주십시오! 제가 당신들에게 세 가지 질문을 할 것입니다. 궁지에 모는 거야! 대답하지 못하겠지. 그러면 당신들은 끝입니다. 여기에 금을 내려놓으세요.' 이런 생각을 하면서 그는 노인들을 쫓아가려 했다.

첫 번째 노인은 회오리바람처럼 날아갈 듯 말을 타고 가는 사람을 보았다. 그리고 말했다.

"이봐요, 그가 우리 뒤를 쫓아오고 있어요. 당신들은 금을 들고 계속 길을 가세요. 제가 젊은이가 무슨 말을 하는지 기다려 보죠."

그들이 동의하고 길을 떠났다.

칸의 측근은 달려온 후 말 위에서 곧장 물었다.

"당신이 현자요?"

"네, 현자입니다."

"그럼 나의 질문에 대답해 보시오. 세상이 무엇인가요?"

"그건 낮과 밤입니다. 우리는 낮에 일하고 밤에 쉽니다."

"땅이 무엇이고 물은 무엇이오?"

"땅은 인간과 동물의 어머니요, 물은 물고기의 어머니입니다."

"계절의 변화는 무엇이오?"

이 질문에 노인은 당황해하면서 말했다.

"아이고 이 무슨 난감한 일인가! 이 질문의 대답은 제가 저 노인들에게 두고 왔습니다. 나에게 잠시 당신의 말을 빌려주십시오. 지금 대답을 가지고 오겠습니다."

'걸려들었군, 나쁜 놈! 바로 지금이 내가 너의 목을 쥘 때다!'

"가지고 가!"

노인은 말에 타고서 말했다.

"당신에게 말이 있었지만 저에게 없었습니다. 당신은 말에 타고 저는 땅에 서 있었습니다. 당신은 이제 땅 위에 있고 제가 말 위에 있습니다. 이것이 계절의 변화죠. 감사합니다!" 이 말을 남기고 노인은 말을 타고 달렸다.

칸의 측근에게는 황금도 없을 뿐만 아니라 자신의 말도 남지 않았다.

현자와 겔룽

노부부가 살았다. 그들에게는 아들 하나만 있었다. 그들은 가난하게 살았다. 노인은 병이 들어 죽었다. 노인을 감싸 장례를 치를 것이 아무것도 없었다. 아들은 아버지를 아무것도 없이 땅에 묻는 것이 안타까웠다. 그는 누빈 코트를 찢어서 아버지의 시신을 감싸 묻었다.

시간이 흘러 불행은 소년에게 가는 길을 잊지 않았다. 어머니마저 병이 들어 죽었다. 그는 천애 고아가 되었다. 아들은 어머니를 맨몸으로 묻는 것이 안타까웠다. 자신의 셔츠를 벗어 찢어서 어머니의 시신을 감싸 묻었다.

풀로 엮은 천막집에 혼자 남았다. 만들어 먹을 것이 아무것도 없었다. 천애 고아는 천막집에서 나와 만나는 첫 번째 길을 따라갔다.

바람이 부는 곳으로 가면서 자신도 왜 걸어가고 있는지 알지 못했다. 천애 고아는 피곤해져 힘이 없었다. 그때 말을 타고 허벅다리를 손바닥으로 때리면서 달렸다. 또 한 번 손바닥으로 허벅다리를 때리니 더 즐거운 생각이 들어 피곤함이 달아난 듯했다.

천애 고아가 보니 말을 타고 겔룽이 마주 오고 있었다.

겔룽이 다가와서 물었다.

"어디로 가는 거냐?"

"일하면서 말을 타고 다니는 거기로요." 천애 고아가 대답했다. 겔룽에게 자신의 불행에 대해 설명했다.

'저 아이, 쓸모가 있겠군.' 겔룽은 생각하고 말했다.

"뒤 안장에 타거라, 내가 너에게 일자리와 먹을 것을 주겠다."

고아는 안장 뒤에 타고 겔룽과 함께 갔다.

스텝을 따라가다가 그들은 학들이 날아가면서 소리치는 것을 보았다. 겔룽이 말했다.

"학은 고귀한 새지. 저 새들은 스텝에서 향이 좋고 즙이 많은 풀만 쪼아 먹지. 그래서 저 새들도 저렇게 기분 좋아 즐거워서 소리치는 거야, 꾸룩, 꾸룩, 꾸룩 하고 말이야!"

고아는 대답했다.

"학은 즙이 많은 풀 같은 건 쪼아 먹지 않아요. 학은 더러운 늪을 걸어 다니며 개구리를 먹어요. 그래서 저 새들은 저렇게 꾸륵, 꾸륵 하고 소리치는 거예요!"

겔룽은 소년에게 화를 냈다. 이 고아가 감히 겔룽인 그의 말에 반박하다니! 그는 말에서 뛰어내려 고아를 때렸다. 고아는 참지 못하고 겔룽에게 덤벼들었다. 서로 치고받다가 화해하고 계속 갔다.

그들이 호수에 다가갔을 때 호수에서 오리들이 헤엄치고 있었다. 겔륭이 또 말을 했다.

"오리는 고귀한 새지. 신은 그들에게 좋은 비단결 같은 솜털과 넓은 물갈퀴를 주셨지. 그래서 그들은 그 어떤 동물보다 헤엄을 잘 칠 수 있는 거야."

고아는 겔륭의 말에 반박했다.

"율모기는 실크 같은 솜털도 넓은 물갈퀴도 없어요. 율모기는 막대기처럼 둥글지만 당신 오리보다 더 빨리 헤엄쳐요."

겔륭은 씩씩거렸다. 감히 고아인 주제에 그의 말에 반박하다니! 겔륭은 뛰어내려 고아를 때렸다. 고아는 참지 못하고 겔륭에게 덤벼들었다. 서로 치고받다가 화해하고 계속 길을 갔다. 겔륭이 고아와 함께 칸의 궁전으로 갔다. 겔륭은 칸의 처남이었다. 겔륭은 칸의 아내에게 고아에 대해 불평해 댔다.

"나는 이 고아를 불쌍히 여겨서 데리고 왔는데 이 아이는 나를 때렸어. 그를 벌하라고 해 줘."

칸의 아내는 사악해서 고아를 처형하라고 명령했다. 소년이 보니 사태가 심각했다. 그는 말했다.

"당신은 자비심이 없군요. 당신은 칸 아내의 염소 머리가 당신 왕국의 통치에 관여할 수 없다는 것을 모릅니다. 이를 위해서 양의 머리가 있어요. 바로 지금 칸이 올 겁니다. 그가 사형을 지시하도록 하세요. 저는 당신으로부터 죽음을 받아들일 수 없습니다."

칸의 아내는 씩씩거렸다. 고아가 자신의 의사를 거스르게 내버려 둘 수 없었다.

칸이 와서 무례한 고아에 대해 듣고 그를 부르라고 명령했다.

"네가 감히 겔릉을 때리고 칸의 아내를 모욕했느냐?" 칸이 말했다.

고아는 칸에게 자신이 왜 겔릉과 싸우고 칸의 아내를 모욕했는지를 말했다.

"칸이시여, 당신도 저처럼 그렇게 했을 겁니다." 고아가 말을 끝냈다.

칸은 고아의 현명한 대답이 마음에 들어서 그를 자신의 궁전에 머무르게 해야겠다고 결심했나.

어느 날 칸은 자신의 현자들을 모두 불러들였다. 고아도 왔다. 칸은 각 현자에게 양을 주고 명령했다.

"이 양들의 비계가 보이지 않도록 양에게 먹이를 주세요. 그렇지만 아주 기름져야 합니다."

고아는 양을 데리고 집으로 가서 늑대 가죽을 발견하고 그 안에 짚을 넣고 꿰맸다. 양을 배불리 먹인 다음 고아는 짚으로 만든 늑대를 양에게 보여 주었다. 양은 공포 때문에 몸에 있는 기름기가 모두 빠졌다.

시간이 지나서 칸은 현자들을 불러 모았다. 현자들이 자신의 양을 데리고 왔다. 현자들은 자신의 양을 잘랐다. 각각의 양에게는 비계가 손바닥 넓이로 매달려 있었다. 고아는 자신의 양을 잘랐다. 조금의 비계도 보이지 않았다. 고아가 키운 양을 끓이기 시작했다. 냄비는 기름기로 가득 찼다.

다음번에 칸은 모든 현자들을 불러 모아 각자에게 개를 주었다. 고아도 개를 얻었다.

"각각의 현자는 자신의 개에게 말하는 법을 가르쳐야 한다." 무분별한 칸이 말했다.

고아는 집으로 와서 개에게 말하는 법을 가르치기 시작했다. 개 앞에 음식을 놓고 그 개에게 먹게 하지 않고 계속 '케다, 케다(언제, 언제)'라고 반복했다. 고아는 오랫동안 가르쳤다. 개는 배가 고파서 말라 갔으며 말을 하지 않았다. 결국 개는 알아듣고 짖었다.

"케다, 케다." 그때 고아는 개에게 음식을 주었다.

시간이 지나서 칸은 현자들을 불러들였다. 현자들이 개를 데리고 왔다. 모든 현자의 개는 살이 쪘고 사나웠으며 사람들에게 달려들고 짖었지만 아무런 말도 하지 않았다. 칸은 고아의 개가 등뼈가 그대로 드러나 보일 정도로 말라 있는 것을 보았다.

"너는 네 개를 제대로 먹이지 않은 듯하구나."

"칸이시여, 아닙니다. 저는 제 개를 잘 먹였습니다." 고아가 대답하고 조용히 주머니에서 음식을 개에게 보여 주었다.

"케댜, 케댜!" 개가 소리쳤다.

칸과 현자들이 고아가 개에게 말하는 법을 가르친 것에 놀라워했다.

그때부터 고아는 스텝에서 가장 유명한 현자가 되었다.

겔륭과 동자승

한 칼미크인의 어머니가 죽었다. 칼미크인은 겔륭에게 어머니의 영혼이 극락으로 갈 수 있도록 기도해 달라고 요청했다.

겔륭은 동자승을 데리고 칼미크인 천막집으로 갔다. 그는 돈을 좀 더 많이 받기를 원했다. 이 일을 위해 그는 가는 도중에 스텝의 작은 쥐를 집아서 동자승에게 주고 그들이 노파의 영혼을 내쫓는 기도를 할 때 동자승이 쥐를 놓아주어야 한다고 명령했다. 칼미크인은 노파의 영혼을 위해 쥐를 받고 좀 더 많은 돈을 지불할 것이다. 교활한 겔륭은 이렇게 생각했다.

그들이 도착했다. 겔륭은 기도를 했고 동자승은 그를 보조하는 기도를 올렸다. 바로 그때 겔륭이 기도 대신에 다음과 같이 노래했다.

"쥐를 놓아주어라, 쥐를 놓아주어라!"

그러자 동자승은 그의 노래에 화답했다.

"저는 쥐를 압사시켰어요. 저는 쥐를 압사시켰어요!"

겔륭이 화를 내며 기도 대신에 다음과 같이 노래했다.

"아이고, 개새끼, 아이고, 개새끼! 여기서 나가기만 해

봐. 네 목을 없애 버릴 테다!"

그러자 동자승은 겁내지 않고 노래했다.

"나를 건드리기만 해 보세요. 당신이 교활한 짓으로 속이려 했다고 모든 칼미크인들에게 말할 테니."

칼미크인은 기도 대신에 겔룽과 동자승이 부르는 것을 알아듣고 천막집에서 그들을 내쫓았다.

인색한 부자

한 노인이 마을에서 나와 청년을 만났다. 청년은 그에게 물었다.

"이 마을은 누구의 마을입니까?"

노인은 대답했다.

"이 마을은 어느 인색한 부자의 마을이라네."

청년이 놀라며 다시 물었다.

"왜 그를 인색하다고 합니까?"

"왜냐하면 내가 이 마을에서 수년간 살았지만 부자가 낮에 뭔가를 먹는 것을 본 적이 없기 때문이야. 그와 함께 사는 사람 중 아무도 그가 언제 무엇을 먹는지 몰라."

"그럴 리가요."

"아냐. 맞아. 이게 거짓이면 내 목숨을 내놓지."

그때 청년이 말했다.

"제가 탐욕스러운 부자에게 어떤 음식이 있는지 알아볼 뿐만 아니라 그의 딸을 아내로 삼겠어요."

"자네는 아무것도 얻지 못할걸세. 한 남자도 그걸 해내지 못하고 맨손으로 떠났는데, 자네 역시 할 수 없을 거야." 노인이 대답했다.

"아니요. 전 할 수 있어요." 청년이 말하고 마을로 갔다.

저녁 늦게 그는 인색한 부자의 천막집 뒷벽 쪽으로 몰래 다가가서 거기에 누웠다. 그는 한참을 누워 있었다. 마을 사람들은 이미 모두 잠이 들었지만 인색한 부자만이 잠들지 않았고 그의 천막집에는 불이 켜져 있었다.

청년이 틈새를 들여다보니 노인이 양의 뒷다리를 불에 굽고 있었고 그의 딸은 맛있는 쿠키를 굽고 있었다. 그가 보다가 천막집으로 갔다.

노인은 발소리를 듣고 양의 다리를 셔츠 밑에 숨기고 딸은 쿠키를 스커트 아래에 감췄다.

청년이 천막집으로 들어가 말했다.

"제가 당신 마을에 오다 도중에 피에 굶주린 뱀을 벽에서 보았습니다. 그게 꼭 노인의 셔츠 아래에 있는 양 다리와 꼭 닮았더군요. 돌을 집어 뱀을 쳤습니다. 그러자 뱀이 날아서 따님 치마 아래에 있는 쿠키와 쏙 닮은 꼴이 되었습니다."

부자는 놀라서 말문이 막혔지만 그래도 양 다리는 보여주지 않았다.

그러자 청년은 밤에 갈 곳이 없으니 여기서 하룻밤을 지내야겠다고 말했다. 하는 수 없이 부자는 동의해야 했다.

청년은 누웠고 부자는 잠자리에 들지 않았다. 부자는 청년이 잠들었다고 생각하고 아내에게 말했다.

"이 청년을 쫓아 버려야 해. 그러지 않으면 우리에 대해 떠들고 다닐 거야. 아침이 오기 전에 나는 그의 장화를 태우고 그의 말을 우물에 빠뜨릴 거야. 지금 나에게 쿠키 하나를 만들어 줘. 마당에 나가 먹게. 그렇지 않으면 이 악마가 조용히 먹게 내버려 두지 않을 거야. 어디서 우리한테 이런 게 왔는지!"

부자가 아직 자고 있는 새벽에 청년은 일어나 자신의 장화를 부자의 장화 놓는 자리에 두고 그의 장화는 자신에게 갖다 놓고 천막집에서 나와 부자의 검은 말을 데리고 가 밀가루를 뒤집어씌우고 자신의 백말은 검은색을 칠해 놓았다. 이렇게 한 다음 천막집으로 돌아와 잠자리에 들었다.

부자가 깨어나 장화를 들었지만 자기 장화였다. 그런 다음 자신의 말을 데리고 가서 우물에 빠뜨렸다. 그런데 타인의 말을 빠뜨렸다고 생각했다.

이른 아침에 부자는 청년을 깨워 소리쳤다.

"이봐, 너의 장화에 불이 붙었어!"

청년은 일어나 말했다.

"제 장화는 불타지 않았어요. 바로 저기 있는걸요. 저는 제 장화를 단번에 알아볼 수 있어요, 닮았거든요."

그리고 자신의 장화를 가지고 와 신었다. 부자는 장화 없이 있게 되었다. 부자는 다시 소리쳤다.

"이봐, 네 말이 물에 빠졌어!"

그러자 청년은 침착하게 대답했다.

"제 말은 영리하죠. 제 말은 우물에 빠지지 않을 정도로 영리해요. 노인 양반, 당신이 잘못 아신 것 같은데요."

"아니야, 나는 실수하지 않았어. 보러 가자."

그들은 천막집에서 나왔다. 청년은 자신의 말을 물로 씻겼고 말은 다시 하얗게 되었다.

"보십시오. 제 말은 백마이고 당신 말은 흑마잖아요. 그러니까, 이 말은 제 말입니다."

그렇게 부자는 할 말을 잃었다. 그는 집으로 빨리 달려가 아내에게 말했다.

"실패했어. 나에게 빨리 쿠키를 만들어 줘. 가지고 가서 스텝에서 먹을 거야. 그렇지 않으면 이 악마가 가만히 먹게 내버려 두지 않을 거야."

아내는 쿠키를 내주었고 노인은 주머니에 넣으려고 했지만 그럴 시간이 없었다.

청년이 천막집에 들어와 물었다.

"노인장, 어디 가시려고요?"

"일하러 간다네."

"그럼 안녕히 가세요." 그리고 노인에게 손을 내밀었다. 노인은 어쩔 수 없었다. 그는 화가 나서 쿠키를 던지고 낫을 잡고 천막집에서 나갔다.

청년은 쿠키를 들고 먹어 치웠으며 그런 다음 노인 뒤를 따랐다. 스텝에서 그를 따라잡고는 말했다.

"노인장, 당신 딸이 제 누비 코트를 가지고 있는데 아무리 해도 내놓지 않는군요. 전 오래전에 이 마을을 떠나려고 했는데."

노인은 화가 났고 청년이 지금 그의 딸에 대해 모두에게 떠벌릴 것이 두려웠다.

"이 악마야, 네 누비 코트를 가지고 가, 내 딸도 함께."

청년은 천막집으로 돌아가 말했다.

"노인이 저에게 당신 딸을 아내로 주겠다고 허락했습니다. 만약 믿지 못하겠다면 그에게 직접 물어보세요."

노파는 소리치고 욕하면서 딸을 내주지 않았다. 노인이 도착했고 청년이 그에게 말했다.

"노인장, 아주머니께서 저에게 딸을 내주시지 않는군요."

"할멈, 내줘." 욕심 많은 부자가 말했다. "이 악마가 여기서 사라지게 해."

청년은 부자의 딸을 아내로 맞았으며 그녀와 행복하게 살았다.

노부부

옛날 옛적 노부부가 살았다. 노인은 장작을 구하러 가서 돌아오는 길에 바늘을 발견했고 그 바늘을 장작 묶음에 끼워 놓았다. 그는 이 일에 대해 자기 아내에게 말했고 아내는 바늘은 모자에 꽂아야 한다고 말했다.

노인은 장작을 구하러 갔고 돌아오는 길에 도끼를 발견했다. 그는 자신의 모자를 찢어서 거기에 도끼를 넣고 아내에게 가지고 갔다. 그러자 아내는 도끼는 허리띠에 가지고 다녀야 한다고 말했다.

노인이 장작을 구하러 갔는데 돌아오는 길에 강아지를 발견하고 강아지를 허리춤에 쑤셔 넣고 아내에게 가지고 갔다. 그러자 아내는 강아지는 "쭈, 쭈" 하고 부르며 따라오게 해야 한다고 말했다.

노인이 장작을 구하러 갔는데 돌아오는 길에 젤룡들을 만났고 그가 그들을 "쭈, 쭈" 하고 부르자 그들은 그에게서 더욱더 멀리 가 버렸다. 그는 젤룡에 대해 자기 아내에게 말했고 아내는 젤룡은 집에 초대해서 대접해야 한다고 말했다.

노인이 장작을 구하러 갔고 그는 늑대 가족을 만났으며

그들을 대접하기 위해 자신의 집에 초대했다. 늑대들은 다가와 노인을 먹어 버렸다.

수탉과 공작

멀고 먼 옛날 수탉과 공작이 서로 이웃하며 살았다. 수탉은 아름답고 화려했다. 깃털은 황금색을 띠었고 눈이 부실 정도였으며 햇빛을 충만하게 받았다. 모든 새들은 수탉을 부러워했다. 그들 중 대부분은 나무 위에 앉아서 불평해 대고 있었다. 왜 그들은 수탉처럼 그런 아름다운 복장을 가지지 못했을까? 수탉은 거만하고 우쭐했다. 그는 공작 외에 누구와도 말을 하지 않았다. 그는 거만한 걸음걸이로 걸었고 씨앗도 거만하게 쪼았다.

수탉은 공작과 친하게 지냈다. 수탉이 왜 복장이 초라한 공작에게 관대한지, 가까운 이웃들이 있었는데 그와 친하게 지내는지 알 수 없지만 그들은 다정하게 지냈다.

어느 날 공작이 먼 지역으로 놀러 가려 했다. 공작은 자신의 복장이 너무 초라한 것이 슬펐다. 공작은 수탉을 부러운 눈으로 보며 생각했다. '내가 만약 수탉처럼 저렇게 아름다운 복장을 가지고 있다면 얼마나 행복할까. 나에게는 뭐가 있지? 초라한 깃털 외에 아무것도 없어. 나는 이런 비참한 모습으로 낯선 곳으로 가야 할까. 아니야, 내가 이런 복장으로 타인에게 나타나는 것은 수치스러운 일이야. 왜 수탉에게 부탁하지 않는 거야? 그에게 그의 복장을 빌려 달라고 하는 게 더 나아. 정말 그는 내 부탁을 거절하지 않을까?'

공작은 다음 날 아침까지 돌아오겠다고 약속하고 수탉에게 이런 부탁을 했다.

수탉은 생각하더니 말했다.

"만약 네가 내일 새벽까지 나타나지 않는다면 내가 어떻게 해야 하지?"

공작이 대답했다.

"만약 내가 새벽까지 오지 않는다면 네가 소리쳐, 네 부름을 듣고 반드시 나타날 테니까. 그러나 만약 내가 아침에 없다면 정오에 소리쳐, 만약 정오에도 오지 않는다면 저녁에 소리쳐. 물론 저녁까지는 올 거야."

수탉은 공작을 믿고 자신의 아름다운 복장을 벗어서 그에게 건넸다. 자신은 공작의 깃털을 걸쳤다. 수탉의 아름다운 복장을 입자 공작은 가장 아름다운 새가 되었다. 기쁘고 자랑스러워진 공작은 먼 지역으로 떠났다.

낮이 지났다. 밤이 지났다. 수탉은 공작을 기다렸다. 그러나 공작은 오지 않았다. 수탉은 걱정하기 시작했다. 수탉은 참을 수 없어서 소리쳤다.

"꼬, 끼, 오!"

또 한 번, 또 한 번, 그러나 공작은 오지 않았다. 수탉은 슬퍼졌다. 정오가 오기를 기다렸다. 정오가 되었다. 수탉은 다시 소리쳤다. 공작은 오지 않았다. 저녁을 기다렸다. 저녁이 되었다. 수탉은 다시 소리치며 공작을 불렀지만 공작은 흔적도 없이 사라졌다.

그렇게 공작이 사라지고 그와 함께 아름다운 수탉의 복장도 사라졌다.

그때부터 수탉은 매일 세 번, 아침, 점심, 저녁에 예전의 아름다운 복장을 가지고 간 공작을 불렀다.

유쾌한 참새

이 나뭇가지에서 저 나뭇가지로 지붕에서 땅으로 뛰어다닌다.

"짹, 짹. 짹, 짹." 아침부터 저녁까지 참새가 퍼덕거린다. 즐거워하면서 쉬지 않는다. 작은 그는 그 무엇에도 신경을 쓰지 않는다. 저기에서 씨앗을 쪼아 먹고 여기서 벌레들을 찾아낸다. 그리고 살아간다.

늙은 까마귀가 나무 위에 앉아 있었다. 검고 무뚝뚝하고 거만했다. 참새를 한 눈으로 보고 즐거워하는 것을 부러워했다. 참새는 앉았다 날갯짓을 하고, 앉았다 날갯짓을 한다. '짹, 짹. 짹, 짹.' 참을 수 없는 참새군.

"참새 군, 참새 군. 넌 요즘 어때? 먹을 것은 좀 찾았어?" 까마귀가 물었다.

참새는 잠시도 자리에 앉아 있을 수 없었다.

"네, 바로 이렇게 갈대의 머리를 쪼는 거죠." 참새가 날아가면서 대답했다.

"그러다 만약 목에 딱 걸리면 그때 어떻게 해? 죽을 수도 있잖아?"

"왜 곧 죽는다고 하세요? 발톱으로 긁어서 꺼내면 되죠."

"그럼 만약 피가 나면 어떻게 해?"

"물을 마셔서 씻어 내면 피가 멈추죠."

"그럼 만약 발이 물에 젖으면 추워서 감기에 걸리고 발이 아프게 되잖아?"

"짹, 짹, 짹, 짹. 불을 가지고 와서 다리를 녹이면 되죠. 다시 건강을 회복할 거예요."

"그럼 갑자기 화재가 발생하면? 그땐 어떻게 해?"

"날개를 퍼덕여서 불을 끄면 되죠."

"그럼 날개에 불이 붙으면 그땐 어떻게 해?"

"의사에게 가서 치료받으면 의사가 낫게 해 줄 거예요."

까마귀는 가만히 있질 않았다.

"그럼 만약 의사가 없으면? 그땐 어떻게 해?"

"짹, 짹, 짹, 짹. 저기에 씨앗이 미끄러져 내리고 저기에 벌레들이 입속으로 떨어지고 저기에 둥지를 위한 편안한 자리가 있고 부드러운 햇살이 비춰 주고 바람은 살랑살랑 불어요. 바로 이런 것이 의사가 없어도 치료되는 것이고 살아남게 되는 거죠."

참새는 그렇게 말하고 날개를 저었고 그렇게 하던 대로 했다. 그러자 늙은 까마귀는 깃털을 곤두세우고 눈은 크게 뜨고 옆구리를 부리로 불만스럽게 긁어 댔다.

삶은 멋있고 신기한 거야. 우울하게 살 필요가 없지. 흔들림 없이 활기차게, 즐겁게 사는 거야.

성질 나쁜 까마귀

다 떨어진 천막집에 노부부가 살았다. 늙은 까마귀가 그 천막집 위에 앉았다 자두나무에 떨어져 옆구리를 찔렸다.

까마귀는 화가 났다.

"까악, 까악. 자두나무야, 나는 너를, 나는 너를. 내가 염소에게 가서 너의 바보 같은 머리를 먹어 치우라고 부탁할 거야. 까악, 까악."

까마귀는 날아가서 염소에게 말했다.

"염소야, 염소야, 가시 많은 자두나무 꼭대기를 먹어 치우러 가 줘."

"지금 너의 자두나무까지 갈 수 없어. 나는 나의 새끼들을 먹여야 해." 염소가 대답했다.

까마귀는 염소에게 화를 냈다. "까악, 까악." 까마귀는 늑대에게 날아갔다.

"늑대야, 늑대야, 나쁜 염소를 잡아먹으러 가 줘."

"네가 너의 염소를 데리고 와, 나는 내 새끼들을 먹여야 해."

"그렇게 해 봐, 그렇게 해 보라고."

성질 나쁜 까마귀는 말지기에게로 갔다.

"말지기들아, 말지기들아. 너의 말을 보내 줘. 내 뒤를 따라 늑대에게 가 줘. 그 늑대를 죽여 줘."

"내버려 둬. 늑대를 쫓아가면 말 떼를 잃어버릴 거야. 말들은 한시도 방심해서는 안 돼." 말지기들은 대답했다.

"내가 너희를 가만두지 않겠어. 내가 너희를 가만두지 않을 거라고. 까악, 까악." 까마귀는 까악까악거렸다. "공후에게 너희를 고발할 거야."

까마귀는 공후에게 날아가서 말지기들을 고소하고 그들을 죽여 달라고 청했다.

공후가 대답했다.

"그들을 죽이는 것은 기쁜 일이지만 내가 말지기들을 데리러 갈 시간이 없구나. 나는 내 뚱뚱한 배를 간신히 들어 올리거든."

"내가 너를 가만히 두지 않을 거야. 까악…." 까악거릴 수도 없을 정도로 까마귀는 화가 났다.

까마귀는 소를 방목하는 젊은 목동들에게 날아갔다.

"얘들아, 얘들아, 빨리 가서 고양이를 데리고 와 줘. 고양이와 놀아 줘. 그렇지만 배고픈 염소 새끼들 쪽으로 가게 해서는 안 돼."

"우리가 너의 고양이를 데리고 와야 하는 거야? 소들을 잃어버릴 거야. 그럼 누가 찾아 주는 거지?"

"내가 너희를 가만두지 않겠어. 가만두지 않을 거야. 너희 어머니에게 가서 다 일러바칠 거야."

까마귀는 날아가서 창문을 들여다보고 두 노파가 앉아서 실을 잣고 있는 것을 보았다.

"할멈들, 너의 아이들이 소를 잃어버리고 뒤섞어 놓았어요. 그런데 이제 누구 손지 잡아서 가려내고 있어요. 아이들을 때려 주러 가세요."

"아이들을 때리러 가야 하지만 우리는 여기서 저녁까지 실을 자아야 해. 그러니 아이들 스스로 소를 잘 다룰 거야."

까마귀는 예전보다 더욱더 심하게 화를 냈다. 까마귀는 생각하더니 말했다.

"그렇게 해 봐, 그렇게 해 보라고. 전부 안 좋은 일이 생길 테니. 까악, 까악."

까마귀는 회오리바람에게로 왔다.

"회오리바람아, 회오리바람아. 날아가서 나쁜 노파들의 실을 사방으로 던져 버려 줘."

회오리바람이 날아가서 천막집을 찢고 실을 감아 버리고 관에다 던져 버리고 다시 관 안으로 던져 버렸다. 노파들은 화가 나서 아이들을 때리고 아이들은 고양이를 세게 때렸고 공후는 말지기들을 때리고 말지기들은 늑대를 때리고 늑대들은 염소를 찢어 버리고 염소는 자두나무 꼭대기를 먹어 버렸다.

그러나 성질 나쁜 까마귀는 땅 위를 뛰어다니며 모든 것을 보고 가만히 있지 않고 웃었다. 척추가 끊어지도록 웃었다. 까마귀는 죽었다.

젊은 현자

옛날 옛적에 이런 일이 있었다. 노인이 살았는데, 그에게는 세 아들이 있었다. 그들 중 둘은 장가를 갔고 셋째 아들은 아직 장가를 갈 나이가 되지 않았다. 위의 형 둘은 종종 동생에게 모욕을 주었으며 그를 비웃었고 그에게 다음과 같이 말했다. "너는 나약한 인간이야. 자신도 제대로 건사를 못하니 누구에게 어떤 도움을 줄 수 있겠어."

그러나 소년은 모욕적인 말에도 신경을 쓰지 않았다. 날마다 힘이 생기면서 성장해 나갔다. 형들은 그러는 사이 내내 가만히 있지 못하고 그를 더욱더 조롱했다.

어느 날 동생은 아버지에게 가서 말했다. "아버지, 제 나이 이미 열다섯 살이 되었습니다. 저는 더 이상 형들의 모욕을 참을 수가 없습니다. 저는 스스로 제 행복을 찾기 위해 떠나겠습니다." 아버지는 아들의 말을 듣고 답을 했다. "너의 보호자를 찾으러 떠나거라. 해가 뜨는 쪽으로, 강기슭을 따라 걸어가거라." 막내아들은 아버지의 충고를 귀담아듣고 해가 뜨는 쪽, 강의 기슭을 따라 걸어갔다.

여러 해가 흘렀다. 청년은 계속 길을 갔으며 졸음이 오는 곳에서 잠을 잤고 짐승과 새를 사냥하면서 끼니를 때웠다.

해가 뜨는 곳에 도착했을 때 그는 말라 버린 커다란 호수를 보았다. 호수 근처에는 생물들이 전부 사라지고 없었다.

청년은 이 호수에 있는 생물들, 즉 개구리, 물고기, 벌레들을 구원할 방법을 생각하기 시작했다. 생각하는데, 웅덩이에서 빨간 지느러미가 달린 작은 물고기가 겨우 숨을 쉬면서 청년을 바라보고 있었다. 청년은 물고기를 잡아 물이 아직 다 마르지 않은 다른 호수에 빨리 던졌다.

청년은 다시 길을 떠났으며 어느 정도 시간이 흘러서 사람이 살지 않는 하얀 스텝에 칼미크 천막십이 있는 것을 보았다. 이 천막집에 가까이 다가갔을 때 청년은 그에게 그의 일에 대해서 묻는 남자를 만났다. 청년은 그에게 아버지의 조언에 따라 자신의 보호자를 찾는다고 대답했다. 이 대답에 남자는 큰 소리로 웃더니 청년에게 말했다. "내가 너의 보호자다." 청년은 갑작스러운 일에 기뻐했으며 그에게 서둘러 조언을 구했다. 그러자 남자는 그에게 물었다. "너는 도중에 무엇을 보았느냐? 너는 누구를 만났느냐?"

청년은 그에게 붉은 지느러미가 달린 물고기를 구했다고 말했다. 보호자는 청년의 일에 만족해하며 그에게 조언을 해 주기로 했다. "너에게 천막집 옆에 있는 말을 주겠다. 너는 다시 해가 뜨는 쪽으로 가서 다시 호숫가를 따라가거라. 그러면 물의 칸들이 다스리는 곳에 도달할 것이다. 길을 서둘러 가라, 그리고 빨리 돌아오너라."

청년은 다시 보호자의 명령에 따라 길을 떠났다. 그는 가면서 크지 않은 유목민 마을이 멀지 않은 곳에 있는 것을 보았다. 그는 끝에 있는 유목민 천막으로 다가가 갈증이 심하게 났기 때문에 물을 청했다. 그러나 이 부유한 유목민 천막 안에서는 무슨 이유에선지 자신들도 마실 물이 한 모금도 없다고 하면서 마실 것을 주기를 거부했다. 청년은 마을 끝에 있는 초라하고 지저분한 졸룸[15]으로 다가갔다.

열일곱 살이 겨우 됐을 법한 흰 피부의 아름다운 아가씨가 청년을 친절하게 맞아 주었다. 여기에는 예순 살가량 된 노파도 살고 있었다.

청년은 그들과 인사를 나눈 후 지저분한 졸룸으로 들어가 물을 청했다. 아가씨는 구석에 있던 그릇에서 그에게 물을 따라 주었다. 노파는 그의 계획에 대해 물었다. 청년은 그가 자신의 보호자의 명령에 따라 물의 칸에게 가는 길이라고 말했다. 그러자 노파는 이 말을 듣고 나서 부탁했다. "이 아가씨를 도와주세요. 이 아이는 열 살 때 시력을 잃었답니다." 그녀는 이 말을 하고는 한숨을 내쉬었다. 청년은 그녀의 말을 주의 깊게 듣고 나서 길을 떠났다.

---

15) 가난한 사람의 집.

그는 오랫동안 말을 달렸는데 며칠이 지났는지 알 수 없었다. 마침내 물의 칸에게 도착했다. 청년은 물의 칸에게 도중에 말라 버린 호수를 만난 것, 붉은 지느러미가 달린 물고기를 구해 준 일, 소와 양 수백 마리가 갈증으로 죽어 간 일을 설명하고 도움을 청했다. 청년의 말을 들은 후 물의 칸은 말했다. "너는 호수가 왜 말라 버렸다고 생각하느냐?" 청년은 칸에게 그 이유를 알 수 없다고 대답했다. 그러자 물의 칸은 자신이 이 호수가 왜 말랐는지를 말해 주어야겠다고 결심했다.

그는 청년에게 "언젠가 코끼리가 호수의 물을 마시기로 하고 코를 바닥에 찔러 넣은 후 물속으로 떨어졌지. 그를 빨리 호수에서 꺼내야 해. 그러면 호수는 빠르게 물로 채워질 거야. 그러면 모든 짐승들과 사람들이 물을 마실 수 있게 될 거야."

그러자 그때 청년은 열 살에 눈이 먼 아가씨 생각이 떠올랐다. 물의 칸은 청년이 매우 놀랄 만한 답을 주었다. "네 자신이 아가씨를 치료해야 한다. 돌아가는 길에 너는 가난하고 지저분한 졸롬에 들러야만 한다. 너는 아가씨의 손목을 세 번 잡아야 해. 그러면 그녀의 시력이 돌아올 것이다."

그는 오랫동안 가다가 시간도 잊어버리고 지나온 거리도 기억하지 못했지만 어쨌든 마을에서 멀지 않은 곳에 외따로 있는 지저분한 졸룸에 도착했다. 그는 말을 묶고 빨리 졸룸으로 들어갔다. 아가씨는 그가 그녀를 지난번에 두고 간 그 구석에 앉아 있었다. 청년이 오른쪽 손목을 세 번 빠르게 잡자 아가씨는 눈을 뜨고 자신 앞에 있는 아름다운 청년을 보며 물었다. "이 훤칠한 청년은 어디서, 어떤 땅에서 온 걸까요? 저는 지금 새벽이, 아침이 오고 있는 것이 느껴져요. 누가 나를 치료한 거예요?" 아가씨가 흥분해서 말했다.

노파는 그녀에게 대답했다. "여기 청년이 너의 눈을 치료해 주었단다. 그는 이웃 땅에서 오신 분이야." 아가씨는 기뻐하며 그에게 감사 인사를 했다. "당신이 어둠의 속박에서 저를 구해 주셨군요. 저는 드디어 태양을 보게 되었어요. 저는 무슨 일이 있어도 당신과 헤어지지 않을 거예요." 아가씨의 뺨이 빨간 사과처럼 발그스레해졌다. 얼굴은 더할 나위 없는 행복으로 밝게 빛났고 부드러운 시선은 마치 이런 초라한 졸룸에 그녀를 두고 가지 말라고 청년에게 애원하는 듯했다.

청년은 그녀에게 매우 급한 일이 있으며 자신의 급한 용무를 끝내고 난 다음 돌아오겠다고 대답했다. 그리고 말갈기로 긴 끈을 빠르게 꼬더니 그것을 안장에 묶고 오던 길을 달려갔다.

그는 오랫동안 스텝을 달렸고 시간과 거리가 얼마나 됐

는지 알 수 없었다. 갑자기 저 멀리 산이 보였다. 더 가까이 다가갔을 때 그는 이것이 산이 아니라 호수에 누워 있던 코끼리라는 것을 알게 되었다. 청년은 말에서 내려 코끼리를 밧줄로 끌어내려고 했지만 할 수 없었다.

그때 청년은 가까운 곳에 있는 굵은 통나무를 코끼리의 배 아래에 놓고 다른 쪽에서 들어 올려 코끼리를 기슭으로 끌어냈다. 그다음에 코끼리를 호수에서 멀리 끌어냈다. 그가 코끼리를 기슭으로 끌어내자마자 호수는 수없이 많은 샘에서 나온 물로 가득 찼다. 물은 소리를 내며 호수를 채웠다. 물이 없어 사라진 모든 생물들이 빠르게 살아났다.

청년은 물의 칸에게 돌아가서 그가 호수에서 코끼리를 꺼내 인간들을 갈증에서 구했다고 말했다. 이때 칸의 딸이 집에 있었는데, 아름다운 청년을 본 후 그가 수많은 사람들과 가축을 구한 대가로 그와 함께 길을 떠나고 싶어 했다. 그녀는 그에게 말했다. "저는 이 세상에서 그 누구도 필요하지 않고 오직 당신만 있으면 됩니다." 칸의 딸의 말에 대해 생각한 후 청년은 대답했다. "저는 당신의 부에 마음을 빼앗기지는 않았지만 당신의 솔직한 말에는 기쁩니다. 저의 기쁨은 이루 말할 수 없습니다만 저는 당신을 데리고 갈 수는 없습니다. 왜냐하면 저는 이미 한 가난한 아가씨에게 약속을 했기 때문입니다. 저는 그녀와 곧 결혼할 겁니다."

칸의 딸은 청년의 말을 들은 후 조금 슬퍼졌다. 그러나 모욕감을 참고서 말했다. "솔직한 말에 감사드립니다." 그리고 그녀는 청년에게 4면이 빛나는 금속 모양의 선물을 하고 그에게 잘 간직하라고 조언했다.

그는 계속 말을 달렸고 지나온 시간과 거리를 곧 알 수 없게 되었다. 그는 고향에 도착해서 끔찍한 광경을 보았다.

이 지역에서는 심한 폭염이 있었던 것 같았다. 이 때문에 모든 불행이 발생했다. 강에는 물이 사라지고 동물들은 폭염 때문에 죽었다. 스텝의 풀은 완전히 타 버렸다. 그는 겨우 살아 있는 아버지를 보았다. 위로 두 아들은 아버지를 버리고 자신들은 가족들을 데리고 떠났다. 그는 형들에게 몹시 화가 났다. 그들이 죽어 가는 아버지 혼자 남겨 놓았기 때문에 그들에게 원한을 품었다. 그는 오래된 우물로 가서 물을 조금 퍼 올려 늙은 아버지에게 먹였다.

그는 고향에서 고아와 장애인을 돕고 우물, 강, 호수에 다시 물이 차도록 하고 초원에 풀이 무성하게 해 줄 사람이 자신 외에는 아무도 없다고 생각했다. 문득 청년은 물의 칸의 딸이 준 선물이 기억났다. 그는 네 면이 금속인 물건을 손바닥에 올려놓고 해가 뜨는 쪽으로 얼굴을 돌리고 네 번 망치로 때렸다. 이렇게 때리자 고향 땅에 많은 비가 쏟아졌고 그 비는 오랫동안 내렸다. 오랫동안 기다린 비가 온 후 해가 나왔다. 스텝의 풀이 무성하게 자랐다. 나은 삶에 대한 모든 희망을 잃은 사람들은 기력을 회복했다. 이때부터 비는 자주 내리기 시작했다. 스텝의 우물들은 물로 가득 찼다.

형들은 고향의 번영을 알게 되었다. 그때까지 그들이 유목 생활을 하던 곳도 가뭄이 왔다. 형들은 고향의 번영에 대해 듣고 나서 집으로 돌아가기로 결심했다.

동생은 그들의 귀환에 대해 알게 된 후 그들에게 갔다. 형들은 그를 보고 귀한 손님을 맞듯 융숭하게 대접했으며 하얀 음료, 쿠미스[16] 한 잔을 대접했다. 그러나 청년은 그들이 남기고 간 힘없는 아버지에 대한 지나친 모욕에 대해 말하면서 그들의 대접을 거절했다. 형들이 그에게 가했던 모욕적인 별명에 대해서도 떠올렸다.

그때 동생은 마법의 금속 도움으로 그들을 벌하기로 결심하고 그들의 가축과 재산을 몰수하고 형들이 스스로 우물을 파고 물을 구하도록 했다. 그는 마법사의 의식을 행하면서 금속 물건을 꺼내 그것을 네 번 불었다.

그는 아침에 형제들에게 소 한 마리밖에 남아 있지 않은 것과 그들이 스스로 어깨에 삽을 메고 우물을 파러 가는 것

---

16) 마유주라고도 하며 말젖을 발효시켜 만든 알코올 발효 유제품이다. 중앙아시아 유목민이 주로 만들어 마셨다.

을 보았다. 막냇동생은 곧 그가 눈을 치료해 준 아가씨와 결혼해서 그녀와 오랫동안, 그리고 행복하게 살았다.

만지크-자를리크와 그의 하인

이 일은 아주 오래전 고대에 있었던 일이다. 그때 부자 몽공 오르고지크가 살았다. 그의 가축을 위한 풀도 물도 충분하지 않았다. 말지기들은 수를 셀 수 없을 정도이고 상자들은 재물로 가득 차 있었다. 사람들은 몽공 오르고지크가 새의 젖을 원하면 새 젖은 그의 차 사발에 있게 될 것이라고 생각했다. 그는 노파와 함께 오래 살았다. 몽공 오르고지크는 999번의 달이 뜨는 동안 스텝 지역 너머로 붉은 태양이 사라지는 것을 보았다. 그러나 부도 영생도 그의 생에 위안이 되지 못했다.

"우리는 누구를 위해 부를 쌓는 거지? 우리에게 아들이 없다면 부가 무슨 소용이야?" 그가 몇 번 아내에게 물었다.

"쓸데없는 소리 하지 마요. 가진 것으로 위안을 삼으세요. 사람들은 우리가 가진 것에 기뻐하고 있을 텐데요."

"그럼 나는 선조에게 물려받은 국민들을 누구에게 물려주며, 예를리크 칸(죽은 자의 최고 심판관)이 천막집으로 올 때 우리 눈을 누가 감겨 준단 말이오. 안 돼, 결과야 어찌 됐든, 우리에게는 아들이 있어야 해."

"몽공, 당신은 나이가 들어 노망이 나셨어요. 사람들 보기 창피해요.”

“아이고, 당신과 얘기하는 건 허공에다 대고 하는 소리나 마찬가지야.” 그가 말하고는 지팡이와 안장에 다는 주머니를 들고 스텝으로 가서 발길 닿는 곳으로 헤매 다녔다. 회전초[17]가 7일 밤낮을 그를 쫓아다니더니 그가 7일 밤낮을 회전초를 쫓아다녔다. 그림자들이 천막집에서 동쪽으로 떠나기 시작했다. 몽공 오르고지크는 밤을 지새우기 위해 유목민 마을로 향했다.

“어르신, 어디서부터 와서 어디로 가고 있습니까?” 천막집의 주인이 노르스름한 녹차가 든 연기 나는 차 사발을 들어온 사람에게 주면서 물었다.

“저는 알탄 오르고지크 칸의 땅에서 왔습니다. 잃어버린 것을 찾느라 이렇게 방황하고 있습니다.”

“당신의 고향에는 부자 몽공 오르고지크가 살지 않나요?”

“검은 뼈를 가진 인간이여, 어디서 나에 대해 알았나요? 정말 여행자가 송아지의 발굽으로 물을 마시고 해가 동쪽에서 서쪽으로 온종일 천막집을 들여다보는 사람의 천막집 안

---

17) 스텝이나 사막 기후에 흔한 것으로 여러 식물들이 뿌리에서 떨어져 나와 말라비틀어져 뭉쳐서 굴러다니는 것을 일컫는다.

을 들여다보나요?"

"사실은 사실이죠. 저는 오랫동안 그의 슬픔과 부에 대한 소문이 스텝을 돌아다녔기 때문에 부자에 대해 물었습니다. 모두들 그가 999세를 살았고 지금까지 우는 아들의 목소리를 듣지 못했다고 말하더군요. 그것은 사실이기도 하고 아니기도 하고 모르겠군요."

"만약 몽공 오르고지크에게 후계자가 없다면 아마도 부르칸[18]들의 의지가 그런 것일 수 있습니다. 연못에서 돌을 찾기는 힘들죠. 어두운 밤에 화살을 쏘았다면 화살을 찾는 것은 힘들죠. 당신이 마치 말라 버린 억새처럼 될 때 아들을 가지는 것이 더 힘들어지죠."

"그렇군요. 그러나 부자가 아들을 갖기 원한다면 저는 조언을 할 수 있겠죠."

"부자 몽공 오르고지크에게는 두 눈과 두 귀가 있어요. 그는 당신과 내가 한 것을 보고 들을 수 있어요. 말한 것처럼 현명한 충고와 좋은 말을 가지고 왼편에서 천막집으로 들어가는 죄를 짓지 않을 겁니다. 그럼 제가 그 자리로 갈 수 있다고 말씀하세요."

"몽공 오르고지크에게 자신의 부의 많은 부분을 하라-우

---

18) 몽골 불교도들의 우상.

루스(하층민)에게 나눠 주면 아들이 생길 거라고 전해 주세요.”

“제가 당신의 말을 전하도록 하겠습니다. 그러나 부자 몽공 오르고지크는 당신의 이름도 알고 싶어 할 겁니다.”

“저는 돔비-티비 칸의 땅에서 살고 있으며 이름은 만지크입니다. 그렇게 말씀하세요. 부자가 서민의 이름을 알고 싶어 할지 모르겠군요. 그 이름이 그에게 왜 필요한 거죠?”

그들은 황금빛을 띠는 녹차를 따라 마시고 잠자리에 들었다. 주인은 곧 잠이 들었고 몽공 오르고지크는 한숨도 자지 못했다. 잠이 오지 않았다.

동이 텄다. 몽공 오르고지크는 지팡이와 가방을 들고 집으로 서둘러 갔다. 9일 동안 자신의 부 대부분을 나눠 주었다. 9일 동안 부자의 천막집 주변에 7일 동안 그가 돌아다니지도 못할 정도 많은 사람들이 모였다. 모든 사람들은 자신의 몫을 받았고 누구도 불평하는 사람이 없었다. 나눠 주고 천막집으로 들어갔더니 울고 있는 아이의 목소리가 들렸다.

새벽에 부자는 어깨에 올가미 밧줄을 들쳐 메고 채찍을 들쳐 메고 거리로 나갔다. 그는 서서 사방을 쳐다보았다. 보니 스님이 만지크(만지크는 칼미크 사원의 학생을 뜻한다) 일행과 함께 절로 가고 있었다.

“이봐요, 스님! 말을 멈추시오. 좋은 소식을 알게 될 거요."

"만지크들," 스님이 말했다. "이 사람은 부자 몽공 오르고지크입니다. 노인이 정신이 나갔습니다. 아들을 얻기 위해 자신의 부를 나눠 줬어요. 이제 가난한 사람처럼 다니고 있어요. 그가 우리에게 무슨 말을 할지 궁금하군요."

몽공 오르고지크는 모두에게 선물하고 가장 비싼 선물은 스님에게 주었다.

"선한 이들이여, 도와주십시오. 천막집의 새로운 주인이 밤새 소리치고 있습니다. 잠을 못 자게 해요. 그를 진정시킬 말을 아는 사람이 없어요." 그는 말했다. "정말요?" 스님이 놀랐다. "당신에게 후계자가 나타났는지 말해 주세요. 사실 당신과 당신 아내는 나이가 적지 않잖아요?"

"이 이야기는 백발보다 더 짧습니다. 저는 여러 번 까마귀와 솔개 떼가 쪼아 대는 소리를 들었습니다. 저는 갈 겁니다. 그들이 나에게 무슨 말을 할지 알아내기 위해 사람들을 괴롭히고 있어요. 돔비-티비 칸의 땅으로 가서 만지크라고 불리는 주인의 천막집에서 하룻밤을 묵었던 적이 있습니다. 우리는 앉아서, 차를 마시고 이야기를 나눴죠. 그는 저에게 '부자 몽공 오르고지크가 부의 많은 부분을 서민들에게 나눠준다면 그의 천막집은 새로 태어난 아이의 목소리를 듣게 될 것이다'라고 말했죠. 딸을 시집보내는 사람은 그녀에게

귀걸이를 주는 것도 아깝지 않다고 그때 생각했죠. 저는 만지크가 저에게 충고한 대로 했습니다. 아내의 상자 안에 아들의 생명의 칼이 놓여 있고 저는 아이의 울음소리를 진정시키는 말을 알아내기 위해 길을 떠났습니다."

스님은 부자의 이야기를 귀 기울여 들었고 ≪생명의 서≫의 책장을 넘기며 조개껍데기에 입김을 불더니 종을 울리고 말했다.

"당신 아들 이름을 만지크-자를리크라고 하십시오." 스님과 만지크들은 부자의 선물을 가방에 넣고 절로 가는 길을 따라 떠났다.

세월이 흘렀다. 달과 해가 앞서거니 뒤서거니 했다. 어느 현자들은 땅보다 훌륭한 것은 무엇인가라는 질문에 태양이라고 대답했고 다른 현자들은 달이라고 대답했다. 그들은 서로 논쟁을 벌였고 또 192일이 흘렀다. 만지크-자를리크도 아버지에게 말했다.

"저에게 돈을 주세요. 수도의 시장으로 갈 거예요. 살 게 있어요."

"왜 그리로 가려 하느냐? 우리는 무엇이든지 다 있잖니."

"아들의 말에 토 달지 마세요." 아내가 대화에 끼어들었다. "돈을 주세요."

몽공 오르고지크는 아들과 함께 광으로 갔다. "자루를 집어라." 아버지가 말하고 금과 은을 삽으로 퍼 담기 시작했다. 만지크-자를리크는 자루를 들어 올려 등에 짊어지고 수도의 시장으로 떠났다. 그는 시장에 이르기 전에 어떤 사람이 죽은 자를 나무에 매달고 채찍으로 때리는 것을 보았다. 만지크-자를리크는 이 사람에게 가서 물었다.

"왜 죽은 자를 때리는 거요?"

"그가 죽었지만 나에게 빚을 갚지 않았기 때문에 때리는 거요. 내가 채무자에게 무슨 벌을 가할 수 있겠소?"

"그렇다고 죽은 자를 때린들 무슨 소용이 있단 말이오?"

"만약 죽은 자가 불쌍하면 그의 빚을 대신 갚으시오. 30만이오."

"자, 가지시오." 만지크-자를리크가 말하고 자루에서 금과 은 몇 움큼을 주었다. 몽공 오르고지크의 아들은 누비 외투를 벗고 죽은 자를 그 외투로 감싼 다음 그를 나무 아래에 묻어 주었다. 수도의 시장에서 만지크-자를리크는 여러 물건을 70 수레 샀다.

"이제 일꾼을 찾아야겠다." 그는 말하고 시장을 돌아다녔다. 그는 청년을 만났다. "일하지 않겠소?" 만지크-자를리크가 물었다.

"네. 얼마를 주실 건가요?"

"다른 사람의 열 배를 주겠소."

"그럼 그러죠."

그들은 대상(隊商)이 서 있는 곳으로 갔다. 만지크-자를리크와 청년은 식사하기 위해 앉았다. 주인은 양 갈비를 뜯고 일꾼은 양고기 절반을 먹었다. 그때 만지크-자를리크는 나머지 고기를 일꾼의 윗도리 옷자락에 올려놓고 말했다.

"나는 당신이 필요 없으니 갈 길을 가시오."

일꾼은 떠났다. 만지크-자를리크는 새로운 일꾼을 찾기 시작했다. 하라-케뷴이 넝마를 걸치고 맞은편에서 오고 있었다.

"일꾼이 되지 않겠소?"

"일을 하면 근심도 생기지요." 하라-케뷴이 말하고 그의 일꾼이 되었다. 그들은 부자 아들의 대상이 머무는 곳으로 갔다. 하라-케뷴은 고기를 준비하고 주인에게 주었다.

"앉아서 드시오. 대상은 3일 동안 머무를 것이오."

"드십시오." 일꾼이 내답했다. "우선 밥값을 해야 먹을 수 있는 법이지요."

만지크-자를리크는 양질의 고기 조각을 먹고 하라-케뷴을 위해 남겨 두었다.

해가 뜨기 전에 달이 오로라를 둘렀다. 대상은 길을 떠나기 시작했다. 대상이 집으로 다가가자, 몽공 오르고지크가 대상을 맞이하러 나왔다.

"자, 아들아, 가서, 물건을 팔고 속히 돌아오너라. 어떤 경우든 검은 검을 지니고 검은 개를 데리고 다녀라. 그리고 기억해라. 3일 밤을 보내고 나면 도중에 검은 무덤을 만나게 될 것이다. 그 무덤 주위에 머물러서는 안 된다. 검은 무덤을 지나쳐서 3일 밤을 보내면 하얀 모래를 보게 될 것이다. 그곳을 지나쳐서 밤을 보내라. 또 3일 밤을 새우고 나면 검은 사막을 만나게 될 것이다. 거기서 밤을 지새워서는 안 된다. 이 세 곳을 지나치면 늙은 부룰-칸의 집이 손 닿을 정도로 가까워질 것이다"라고 그가 당부했다.

만지크-자를리크가 부모와 작별 인사를 나누고 대상은 길을 떠났다. 오후에도 여정이 이어졌다. 세 번 밤을 지새웠다.

"주인님," 하라-케뷴이 불렀다. "바로 저기에 당신 아버님이 말씀하신 그 무덤이 있습니다. 여기서 밤을 지새울 겁니까?"

"앞으로 더 가자. 검은 무덤을 지나가서 밤을 지새울 것이다." 만지크-자를리크가 대답했다.

그들은 계속 나아갔다. 검은 무덤에 다가가자 어두워졌고 말들은 꼼짝하지 않았다.

"말을 풀어 주어라. 여기 머물 것이다." 만지크-자를리크가 말했다.

일꾼은 말을 풀어 주고 풀을 뜯어 먹게 했다. 만지크-자를리크는 누워서 곧 잠이 들었다. 하라-케뷴은 말을 지키고 수레들을 쳐다보았다. 먹구름 뒤에서 달이 모습을 보이자 어둠 속에서 나이 든 꼽추가 튀어나와 모닥불로 다가왔다.

"여보세요! 스텝에 머무르고 있는데 옆에 천막집이 하나 있어요. 우리 집에 와서 하룻밤 묵으세요."

"천막집은 어디에 있습니까?" 하라-케뷴이 물었다.

"바로 저기, 불빛이 보이잖아요."

"보이네요. 지금 주인을 깨워서 하룻밤 신세지러 가겠습니다."

"지체하지 말고 오세요." 나이 든 꼽추가 말하고 검은 무덤으로 갔다. 하라-케뷴은 장화를 벗고 누비 외투의 양쪽 자락 끝을 허리띠에 찔러 넣은 다음 만지크-자를리크의 검은 칼을 잡고 불빛을 향해 갔다. 그가 무덤 쪽으로 다가가자 거기에 검은 천막집이 모습을 드러냈다. 천막집 안 삼발이 주위에는 검은 노인 일곱 명이 앉아 파이프로 담배를 피우며 단검을 갈고 있는 것이 보였다.

"여행객들은 어디에 있지?" 매부리코의 검은 노인이 물었다.

"일꾼이 주인을 깨워서 올 거라고 말했어."

"나가서 오나 안 오나 봐."

나이 든 꼽추는 문지방에 모습을 드러냈다. 하라-케뷴은 그의 머리를 벴다. 여섯 명의 검은 노인들은 꼽추가 여행객들과 같이 오기를 기다리면서 단검을 갈고 또 갈았다. 그러나 더 이상 기다릴 수 없었다.

동이 트기 시작했다. 매부리코 노인은 단검을 흔들며 불을 반으로 갈랐으며 검은 노인들은 바람처럼 사라졌다. 하라-케뷴은 나이 든 꼽추의 시체를 묻고 천막집을 태우고 대상이 있던 곳으로 왔다. 그는 검을 깨끗하게 닦고 주인 옆에 두었다.

아침이 되었다. 일꾼은 식사 준비를 했다. 그는 만지크-자를리크를 깨우고 식사를 한 다음 길을 떠났다. 계속 갔다. 세 밤이 지났다.

“바로 저기에 당신 아버지가 말씀하신 하얀 모래가 있습니다. 시간이 늦었어요. 여기서 묵죠.” 하라-케뷴이 제안했다.

“검은 무덤에서 밤을 보냈는데 아무 일이 일어나지 않았어. 계속 가도 이번에도 아버지 말은 실현되지 않을 거야.”

일꾼은 아무 말도 하지 않았다. 말하면 질문이 쏟아질 테고 침묵하면 그걸로 끝이니까. 하얀 모래를 따라가다가 바퀴가 빠져서 말이 꼼짝도 하지 않았다.

“여기서 하룻밤을 묵어야 하겠어요.” 일꾼이 말했다.

"말을 풀어 주고 풀을 뜯어 먹게 해라." 만지크-자를리크가 말했다.

저녁 식사를 하고 대상의 주인은 누워서 잠이 들었다. 하라-케분은 자지 않고 수레와 말을 지켜보았다. 검은 개가 스텝으로 달려갔다. 외눈박이 노파가 어둠 속에서 불이 있는 쪽으로 나왔다.

"이보세요, 스스로 죽음을 재촉하고 있군요." 외눈박이 노파가 말했다.

노파는 머리 타래를 잘라서 불에 던졌다. 모닥불은 연기를 내기 시작했다. 연기 속에서 악령들이 튀어나와 모닥불 근처에서 뛰어다니며 서로서로에게 불이 붙은 머리를 들이밀며 비틀고 히히거리고 일꾼을 모닥불로 집어넣으려고 했다. 그때 검은 개가 짖어서 악령들은 아무것도 할 수 없었다. 아침이 도래했다. 하라-케분은 식사 준비를 하고 주인을 깨웠으며 아침 식사를 하고 길을 떠났다. 하얀 모래를 지나쳤다. 스텝은 녹음이 우거졌다. 들다람쥐들이 울고 종다리들이 노래하고 독수리와 황금독수리들이 스텝 위에서 맴돌았다. 바로 그때 검은 사막이 모습을 드러냈다.

"멈춰서 스텝에서 하룻밤을 지낼까요?" 일꾼이 물었다.

"날이 환한 동안에는 계속 가자."

그들이 검은 사막에 도착하자 말들이 섰다. 채찍으로 때리고 이유를 알아내려 했지만 그들은 못이 박힌 듯 꼼짝 않고 서 있었다.

"어떻게 할까요?" 하라-케뷴이 물었다.

"풀어 주어라. 아마 이번에 밤을 지새워도 아무 일도 없을 것이다. 말을 풀어 주고 풀을 뜯게 하라."

만지크-자를리크는 저녁 식사를 하고 자리에 누워 잠이 들었다. 일꾼은 자지 않고 수레와 말을 지켜보았다. 밤이 왔고 매미들이 울어 댔다. 뿔이 난 달이 먹구름 뒤에 숨자, 모닥불 쪽으로 개구리 머리를 한 마녀가 왔다.

"당신은 왜 야외에서 밤을 지새우고 있나요?" 그녀가 물었다. "우리 집으로 가시죠."

"당신 천막집이 어디에 있습니까?"

"바로 저기 불빛이 보이죠?"

"보입니다." 일꾼이 대답했다.

"우리 집에 오세요."

"바로 지금 주인을 깨워서 가겠습니다." 개구리 머리를 한 마녀가 떠나자 하라-케뷴은 주인의 검은 칼을 들고 신발을 벗은 다음 누비 외투 자락을 허리띠에 넣고 불이 있는 쪽으로 갔다. 그가 검은 천막집으로 가자 말소리가 들렸다.

"오겠다고 약속한 사람들은 어디에 있는 거야?" 땋은 머리 대신에 낙타 꼬리를 달고 있는 마녀가 물었다.

"왜 이렇게 안 오지?" 외눈박이가 말했다.

"나가서 살펴볼게." 염소수염 마녀가 대답했다. 그 마녀가 천막집의 문지방을 넘어서자 검은 칼이 그녀를 베어 버렸다.

하라-케뷴이 벽으로 다가가서 틈새로 보니 말소리가 들렸다.

"정말 이상한 일이야!"

"대상이 어떻게 우리의 일곱 아버지와 일곱 어머니를 지나올 수 있었던 거지?" 땋은 머리 대신에 낙타 꼬리를 단 마녀가 말했다.

"여행객들이 노인들이 집에 없는 낮에 그들의 천막집을 지나갔던 거야. 그러나 그들은 우리를 지나갈 수는 없어."

개구리 머리를 한 마녀가 끼어들었다.

"그들이 어디로 사라졌는지 보러 가 봐야겠어."

그녀는 말하면서 출구 쪽으로 갔다. 하라-케뷴은 검을 들었지만 아무것도 하지 못하고 내려놓았다.

"이런! 마녀들, 마녀들, 이리로 와 봐!" 개구리 머리를 한 마녀가 소리쳤다.

"무슨 일이야?" 나머지들이 그녀에게 물었다.

"불행한 일이 일어났어. 대상에서 나온 사람이 우리의 염소수염 언니를 죽였어."

그들은 하라-케뷴을 잡아서 천막집으로 끌고 들어가서 질문을 했다. '이름이 무엇이냐, 누구와 있으며 왜 염소수염 언니를 죽였느냐?'

그가 마녀들의 질문에 대답하자 땋은 머리 대신에 낙타 꼬리를 단 마녀가 말했다.

"하라-케뷴, 네가 빛으로 어둠을 이긴다면 살아서 돌아갈 수 있지만 그럴 수 없다면 너는 살아서 돌아갈 수 없다."

그는 귀담아듣더니 펠트 담요의 가장자리에 앉아 콧수염을 쓰다듬고 물었다.

"왜 달에 반점이 있는지 아세요?"

"몰라." 마녀들이 대답했다.

"내가 당신들에게 이에 대해 말씀드리려고 합니다. 그러나 일어날 일이 일어나겠죠. 어둠이 이기면 내 머리는 육신과 떨어질 테고 빛이 이기면 머리가 붙어 있게 되겠죠." 하라-케뷴이 말하기 시작했다.

"이 일은 사람들이 아직 적게 살고 있을 때 있었습니다. 부르한[19] 님이 아르샨(생명수)를 만들었습니다.

'사람들이여! 나에게 오라, 생명수, 영원한 젊음의 물을

---

19) 튀르크 몽골어에서 파생한 것으로 여겨지며 신성을 뜻하고 부처와 같은 의미로 사용된다.

마셔라.'

부르한 님이 사람들을 불렀고 그러는 사이 용 아라하가 뱀처럼 천막집으로 기어들어가 생명수를 다 마셔 버렸습니다. 부르한 님은 자신의 불행을 알아챘지만 늦었습니다. 그는 뱀을 막대기로 때려서 두 동강 냈습니다. 그는 뱀의 꼬리를 때렸고 꼬리가 잘게 잘려 나가자 작은 딱정벌레, 모기, 나비, 거미, 사람들에게 해악을 끼치는 다양한 악한 것들이 날아가고 뛰어가고 기어갔습니다. 그러는 사이 아라하는 구름 뒤로 숨었죠. 부르한 님은 일을 어떻게 수습할지 고심했습니다. 한참 생각했지만 아무런 묘책이 떠오르지 않았죠. 그때 그는 사람들에게 와서 말했습니다.

'아라하를 어떻게 할지 말해 주시오.' 사람들은 생각하고 말했습니다.

'부르한 님, 태양으로 날아가십시오. 태양은 시작이며 당신에게 모든 것을 말해 줄 겁니다.'

낮은 밤이 되었고 밤은 낮으로 바뀌었지만 그는 계속 날아갔습니다.

'해님, 해님, 용 아라하를 어디서 찾을 수 있는지 가르쳐 주십시오.' 부르한 님이 태양으로 날아가면서 소리쳤습니다. 태양은 땅 쪽으로 몸을 숙이고 달을 밝게 했어요. 그때 부르한 님이 달의 두 뿔 사이에 용 아라하가 숨어 있는 것을 보고 눈의 빛이 흐릿해지도록 달에 달라붙어 있었습니다. 부르한 님은 회오리바람처럼 용 아라하에게로 날아가서 그를 달에게서 떼어낸 다음 인데르산[20] 정상에 박아 놓았죠. 달은 빛으로 가득 찼으며 달이 되었습니다. 용 아라하는 검은 악한처럼 숨을 쉬었습니다. 태양은 땅에 가까워지자 그를 삼켜 버렸고 달은 굴러가기 시작했고 달은 빛 속으로 잠겨 버렸죠. 이것 때문에 사람들은 온기도 추위도 없게 되었습니다. 아라하는 어리석음 때문에 이 일을 한 것입니다."

하라-케뷴은 말했고 마녀들은 입을 벌리고 들었다. 그러는 사이 용 아라하에서 태양이 튀어나와서 천막집을 들여다보았다. 하라-케뷴은 주위를 보았지만 아무도 없었다.

"여보세요, 어디 계시죠. 저는 끝나지 않았는데요." 그가 소리쳤다. 그러나 그에게 대답해 줄 이는 아무도 없었다.

그는 검을 들고 대상이 머문 곳으로 갔다. 그는 아침 식사를 준비하고 만지크-자를리크를 깨워 식사를 한 후 길을 떠났다. 태양이 머리 위에 있을 때 부룰 칸이 자신의 기사들을 데리고 그에게로 다가갔다. 만지크-자를리크는 가장 비싼 물건들을 골라 부룰 칸에게 바쳤다. 그가 물었다.

---

20) 현재 카자흐스탄에 있는 아티라우 주와 서 카자흐스탄 주의 경계에 있는 산지.

"어디서 난 것이냐? 어떤 칸의 백성이냐?"

"저는 알탄 오르고지크 칸의 땅에서 왔습니다. 부자 몽공 오르고지크의 아들입니다. 이름은 만지크-자를리크라고 합니다."

부룰 칸은 하인들에게 시장에서 가장 좋은 자리를 도착한 이들에게 내주라고 명령했다.

웬일인지 저녁 무렵에 일꾼은 삼발이에 저녁 식사를 준비했다. 칸의 고양이가 다가와 고기 조각을 달라고 했다.

"칸은 먹을 것을 충분히 주지 않느냐? 여기서 폭식하고 싶냐?" 검은 개가 으르렁거렸다.

"너는 음식 찌꺼기도 아까워하는 거냐?" 고양이가 대답했다. "네가 나를 방해한다면 독사로 변해 너의 주인을 물어 죽일 테다."

"만약 여기서 떠나지 않는다면 나는 하라 케뷴에게 너의 쓸개가 부룰 칸의 딸을 치료할 수 있다고 말할 것이다." 검은 개가 으르렁거렸다. 일꾼은 칸의 고양이와 검은 개의 대화를 듣고 고양이를 잡아 쓸개를 꺼냈다. 만지크-자를리크는 저녁 식사를 하는 동안 하라-케뷴에게 칸의 딸의 병에 대해 말했다.

"이런 큰 나라에서도 병을 고칠 수 있는 사람을 찾을 수 없다니요. 제가 칸의 딸의 병을 낫게 할 수 있을 겁니다." 하라-케뷴이 말했다.

"칸이 그녀의 병을 낫게 하는 사람에게 나라의 절반을 주겠다고 하더군. 자네가 이 일을 하겠다는 생각은 말게. 실패를 한다면 자네는 물론이고 나 역시 낭패네." 만지크-자를리크가 일꾼에게 경고했다.

"제가 칸의 딸을 치료하겠습니다. 다만 당신이 저에 대해 칸에게 알려 주실 수 없다는 것이 안타까울 뿐입니다."

정오가 지나지 않은 시간에 부룰 칸은 일꾼을 궁전으로 불러들이라고 명령했다. 하라-케뷴은 환자를 살펴보았다.

"따님을 제가 치료해 드리겠습니다."

"치료해 준다면 약속된 모든 것을 가지게 될 것이다." 7일 동안 일꾼은 치료하는 체했고 기도를 했으며 그에게 지혜를 가져다줄 주문을 외웠고 아침마다 칸의 딸이 고양이 쓸개를 마시도록 했다.

7일이 지나자 칸의 딸이 노래를 부르며 거울을 들여다보았다.

"부룰 칸이여, 우리는 모든 것, 필요한 모든 것을 샀고 팔았으니 오늘 떠나겠습니다"라고 만지크-자를리크가 말했다.

"그럼, 시간이 왔으니 집으로 돌아가시오"라고 그는 대답했다. "당신의 일꾼이 반년 후에 나의 딸을 아내로 삼도록 해 주시오."

만지크-자를리크의 대상은 아버지의 집으로 갔다. 그러나 대상이 도착했을 때 부모는 이미 죽은 사람들이었다. 하라-케뷴은 주인이 슬픔 때문에 정신을 차리지 못하는 것을 보았다.

'그가 정말 혼자서 슬픔을 이겨 낼 수 있을까?'라고 그는 생각했다. '그를 부룰 칸의 딸에게 중매해야겠군.'

결혼한 지 3년이 지났다. 그는 만지크-자를리크에게 말했다.

"저는 당신을 모셨습니다. 빚을 다 갚았습니다."

"무슨 빚 말이오?" 만지크-자를리크가 놀랐다.

"모든 것을 말해야 할 시간이 왔군요. 당신이 죽은 자의 빚을 갚아 준 것을 기억하십니까?"

"기억하오. 근데 왜요?"

"그 사람은 나의 형제입니다. 당신은 그를 위해 금과 은으로 빚을 갚아 주었습니다. 저는 그때 당신을 찾아 당신의 일꾼이 되었습니다." 그는 주인과 그의 아내에게 차례로 모든 것을 설명했다.

"하라-케뷴, 우리와 살자. 내가 가진 모든 것은 너의 것이기도 하고 나의 것이기도 하다." 만지크-자를리크가 말했다.

"호의에 감사드립니다. 저는 남아서 당신이 가진 모든 것을 서민들에게 나눠 주기를 바랍니다." 그리고 하라-케뷴은 남았다. 바로 이것이 이야기의 전부다. 천막집을 돌아다녀 보십시오. 그러나 기억하십시오. 선은 항상 악보다 강하며 간계로는 이기지 못하며 생명수는 이야기 속에서만 존재한다는 것을. 보십시오. 용 아라하는 다시 입을 벌리고 있습니다. 달을 삼켜 버리려 하죠?

일흔두 가지 기이한 일

옛날 옛적에 어느 칸에게 아름다운 딸이 있었다. 칸들, 부자, 귀족들의 많은 아들들이 이 미녀와 결혼하려고 했지만 칸은 아무도 허락하지 않았다.

어느 날 칸은 아름답고 재미있는 기이한 일을 해 주는 사람에게 자신의 아름다운 딸과 왕국의 절반을 주겠다고 알렸다.

어느 가난한 사람이 이 이야기를 듣고 칸에게 자신의 장남을 보내기로 결심했다. 그러나 아들을 보내기 전에 그를 시험해야 했다. 노인은 아들과 호숫가를 따라 걷다가 그에게 말했다.

"송아지가 암컷 물고기를 물어뜯고 있는 것이 보이느냐?"

"네, 네, 보여요. 물어뜯고 있어요. 심지어 내 얼굴에 우유가 튀었어요." 아들이 대답했다.

아버지는 그의 민첩하고 기지가 넘치는 대답에 만족해했으며 그를 칸에게로 보냈다.

아들은 칸에게로 가서 그에게 일흔한 가지 기이한 일을 말해 주러 왔다고 했다.

그는 칸 앞에 무릎 꿇고 앉아서 자신의 이야기를 시작했다.

제가 저의 아버지보다 먼저 태어나서 선조의 가축 무리를 방목했습니다. 저는 아직 태어나지 않은 낙타를 타고 아직 자라지도 않은 나뭇가지로 만든 채찍을 들고 아직 꼬지도 않은 밧줄로 올가미를 만들어 더운 날씨에 오지도 않은 비를 맞고 존재하지 않은 눈보라를 맞으면서 먼 길을 떠났습니다.

제가 웅덩이에 다가가니 가장자리에 벌레들이 떼 지어 몰려다니고 한가운데는 열기를 견디지 못하고 대략 18인치 정도 두께의 얼음으로 뒤덮였습니다.

웅덩이 주변을 걷다가 생각했습니다. '어떻게 하지? 어떻게 갈증을 해소하지? 무엇으로 얼음을 깨지?'

그리고 저는 머리를 떼어 내서 그것으로 얼음을 치고 구멍을 만들어 거기에 머리를 넣어서 갈증을 해소했습니다.

길을 계속 가야 했죠. 저는 태어나지 않은 낙타를 타고 갔습니다. 도중에 좋은 낙타 머리 높이만 한 파이프를 얻어 담배 다발 몇 개를 넣고 입에 긴 담뱃대를 물고 싶었지만 입이 없었죠. 아이고, 그래, 내 머리가 얼음 밑에 있었지! 돌아가야 했습니다.

저는 웅덩이로 다가갔습니다. 그러자 머리가 이미 얼음 구멍에서 나와 말하더군요.

"호, 호, 호. 주인이 나를 가지러 왔군."

머리에게 다가갔을 때 저는 머리가 곧 얼어붙고 가운데가 썩어 들어가고 위로 이미 벌레들이 기어 다니고 많은 파리들이 주변에 날아다니는 끔찍한 광경을 보았죠. 저는 빨리 파리를 쫓아내고 벌레들을 털어 냈으며 얼음에서 불쌍한 머리를 꺼내 목 위에 올려놓았죠.

저는 담뱃대를 입에 넣었습니다. 담뱃대에 무엇으로 불을 붙이지? 얼음 조각으로 불을 만들어 부싯깃 대신에 물을 얻었습니다. 얼음으로 불꽃을 잘라 내고 물이 데워졌어요. 저는 담배를 피우며 갔습니다.

계속 가다 어떤 분지에 도착했죠. 그러나 이 분지에는 파리 떼가 새까맣게 있더군요. 저는 파리 떼들이 뭔가 즐거워하고 있는 것을 보았습니다. 다가갔죠. 파리 떼에게는 재산이 있어서 가족이 서로 나눠 가지려 하는데 아무래도 조정을 할 수 없어서 서로 다투고 있었지만 소용이 없는 것으로 보이더군요.

파리 떼는 나를 보고 나서 요청을 했죠.

"착한 인간이시여, 친절을 베푸시어 우리를 나누어 주세요."

물론 나는 나눠 주었죠. 옳은 쪽은 뺨따귀를 때리고 옳지 않은 쪽에게는 두 배를 주었죠. 질서가 잡히자 계속 갔습니다.

그러는 사이 은인에게 감사함을 느낀 파리들은 수고의 대가를 어떻게 갚아야 할지 논쟁을 벌였습니다. 그리고 그들은 가장 기름진 세 살짜리 애 못 낳는 파리를 선물로 주기로 결정했습니다. 그들은 나를 쫓아와 선물을 주었습니다. 파리는 매우 기름져 보였습니다. 등 쪽의 기름 두께가 16인치 정도 되었고 겨드랑이는 12인치 정도 되었습니다.

저는 저녁 무렵에 쉬기 위해 멈췄습니다. 파리를 죽이지 않고 가죽을 벗겼으며 가죽을 벗기지 않고 끓였으며 끓이지 않고 냄비에서 꺼냈고 꺼내지 않고 먹어 치웠습니다. 파리는 손에서 비계가 흘러내릴 정도로 기름졌어요. 신발을 손으로 닦았죠.

저는 옷을 벗고 잠자리에 들었습니다. 그리고 신발을 옆에 두었습니다. 깊은 잠에 빠졌죠. 한밤중에 엄청난 소음 때문에 잠이 깼습니다. 당신이 생각한 것처럼 신발들이 싸우는 소리였죠. 한 짝이 소리쳤어요.

"주인님은 너를 사랑해, 내가 아니고. 주인님이 왜 너에게 기름칠을 했겠어? 우리는 똑같이 두 거인, 주인님의 다리를 끌고 다니는데 왜 너에게 특혜를 주고 왜 너를 더 생각하는 거지?"

다툼을 멈추기 위해 이 일에 개입해야 했습니다. 옳은 쪽은 뺨 한 대 때리고 옳지 않은 쪽은 뺨 두 대 때리는 거죠.

"그만둬. 떠들지도 말다툼하지도 마." 그들에게 말했어요.

그리고 다시 잠자리에 들었죠.

잠시 후 다시 커다란 소음 때문에 잠이 깼습니다. 이번에는 칼과 칼집이 서로 다투고 있었어요. 저는 누워서 그들이 다투는 소리를 들었습니다. 칼집이 말했습니다.

"너는 내가 너를 넣어 다니는 것을 좋아한다고 생각해? 네 칼날은 머리카락보다 더 가늘고 사브르보다 더 날카로워, 그래서 나는 계속 상처를 안고 살아. 더구나 주인님의 왼쪽 손은 나를 계속 때려. 봐 봐, 주인님은 너와 고기를 먹지만 나에게는 아무것도 주지 않아. 이게 뭘 의미하겠어? 나는 그에게 너보다는 소용이 없다는 거지. 주인님은 왜 나를 외면하는 거지?"

"말다툼하는 걸 그만둬." 내가 소리치고 싸움을 중단시켰습니다. 옳은 쪽은 뺨 한 대를 때리고 옳지 않은 쪽은 두 대를 때렸죠. 잠잠해졌습니다.

다시 잠자리에 들었습니다.

아침에 깨어나 보니 한쪽 신발과 칼이 없어졌다는 것을

알아챘습니다. 어디로 사라진 거지?

이때 칸에게 결혼식이 있었다는 것을 기억해 냈습니다. 아마도 이 나쁜 것들이 흥청망청 마시러 갔을 겁니다. 그 늙은 두개골이 결혼식에 굴러갔군.

저는 장화 한 짝에 두 발을 넣고 그것들을 찾으러 폴짝폴짝 뛰어서 갔습니다. 앞으로 걸어가려고 했지만 실패했고 뒤로 걸어가려고 해 보았는데 성공했죠. 저는 뒷걸음으로 걸어갔습니다.

걸어가다 보니 갑자기 옆쪽 어디선가 기도문이 울려 퍼지는 소리가 들렸습니다. 저는 그리로 갔는데 거기에 날개 달린 모든 것들이 기도하러 모여 있었습니다. 의장은 능에였고 주도자는 학이었으며 북 치는 이는 왜가리였고 테너는 까마귀였으며 트럼펫 연주자는 황금독수리였으며 나머지 작은 새들은 사원의 신도들이었습니다. 제가 다가가자 그들은 날아가 버렸습니다.

저는 칸에게 갔는데 거기에 칼과 신발 한 짝이 있는 것을 보았다는 걸 상상해 보십시오. 칼은 손님들 사이에서 대접을 하고 있었고 신발 한 짝은 아라카[21]를 나르고 있었습니다. 저는 그것들에게 매질을 하고 데리고 갔습니다. 이때 신

---

21) 독주(毒酒).

발 한 짝이 나에게 눈짓을 했습니다.

“들러서 앉으세요. 보드카는 강처럼 있고 마한[22]은 산처럼 있어요. 제가 대접하죠.”

이런 악당 같으니. 물론 저는 이 기회를 이용했습니다. 저는 천막집 입구 옆에 조용히 앉았습니다.

이미 저의 신발 한 짝은 노력했죠. 누구든 일어서면 신발 한 짝은 그의 팔 밑에서 마한을 찔러 주었죠. 앉자마자 그 다리 사이에서 아라카가 든 잔을 나에게 내밀었습니다.

저는 쓰러질 정도로 먹고 마셨습니다. 저는 조용히 내 것들을 한쪽으로 불러내서 그것들을 잡아 제 거처로 갔습니다.

저는 스텝을 걸어가면서 한 마리 갈색 말이 매어진 삼륜마차가 빠르게 지나가는 것을 보았습니다. 길 위에 그 마차에서 나는 먼지가 높이높이 올라갔습니다. 저는 고위대작이 성대한 결혼식에 가는 것이라고 생각했습니다. 저는 마주 보고 있었습니다. 그러나 이것은 등에 애벌레들을 싣고 타란툴라가 달려가는 것 같았습니다.

저는 분지를 따라가고 있었습니다. 다람쥐들의 예배를 보았는데 그 다람쥐들은 마른 스텝 풀로 만든 양초를 신 앞

---

22) 말고기.

에 놓았습니다. 저는 토끼들이 가을 추수를 하는 것을 보았습니다. 토끼들에게로 가서 그들에게 스타킹 한 켤레를 만들 털실 한 뭉치를 부탁하고 계속 나아갔습니다.

씨앗 두 개를 묶어 어깨에 들쳐 메고 나르는 개미들을 만났습니다.

"개미야, 개미야, 어디로 가고 있는 거야?"

"시장으로 가요."

"아이쿠, 시장으로 말이야. 나도 가서 봐야겠다."

저는 시장으로 갔습니다. 모든 것을 둘러보고 사방을 들러 보았습니다.

길을 떠나려 했습니다. 바로 그때 저는 개미가 머리 밑에 씨앗을 놓고서 땅 위에 바싹 붙어 가는 것을 보았습니다. 개미는 모욕당하고 빼앗긴 것일까요?

"개미야, 무슨 일이야?"

"산책하고 있어요. 부모에게 받은 재산이 없어서 제가 노력해서 살아가고 있죠. 씨앗은 좋은 가격으로 팔았고 친구들과 잔치를 벌였어요. 저는 마음이 한결 좋아요."

저는 친구를 비웃고 갔습니다.

계속 가니 밤이 왔습니다. 저는 태어나지 않은 낙타를 묶고 건조한 나무숲에 잠자리를 마련했습니다.

그러나 나무숲이 밤사이에 나의 낙타를 데리고 가 버렸

습니다.

아침부터 찾으러 다녀야 했습니다. 오랫동안 찾았지만 더위를 참을 수 없었어요. 많은 능에들이 저의 맞은편에서 왔고 모두들 날아가고 있었어요. 그들은 누워서 움직이지도 않았어요.

살이 오른 능에들로 기분을 전환하는 것도 나쁘지 않았습니다. 저는 능에 다섯 마리를 잡아서 허리춤에 찔러 넣었습니다.

저는 열 걸음도 걷지 않고 하늘로 올라가는 느낌을 받았습니다. 능에들은 활기차게 날아서 나를 구름 아래로 데리고 가는 듯했습니다. 잘못해서 허리띠가 터졌고 저는 순식간에 아래로 날아갔습니다.

이제 끝이구나! 저는 행복한 순간에 뛰어 다니는 사이가[23] 위로 떨어져서 다행히 그를 올라탔습니다. 저는 사이가가 제 밑에서 뛰어 오르지 않도록 하려고 무릎으로 옆구리를 세게 누르고 돌진했습니다. 사이가는 화살처럼 달려갔습니다.

정신을 차리고 보니 사이가의 뿔 위에서 뭔가가 중얼거리고 있는 것이 보였습니다. 보니 제가 3년 전에 잃어버려서

---

23) 영양의 일종.

찾는 것을 이미 포기한 말의 재갈인 것 같았습니다. 저는 그것들을 보지도 않고 벗겨서 손도 대지 않고 품에 넣었습니다.

저는 폭풍 같은 질주를 하면서 뭔가가 새끼발가락 뒤에 있다는 것을 느꼈습니다. 보니 제가 작년에 잃어버린 채찍이었습니다. 그것을 들어 올리려고 고개를 숙이다가 사이가에서 떨어졌습니다. 사이가는 튀어 달아났고 저는 남았습니다.

저는 혼자 스텝에 남았고 어디로 가야 할지 몰랐습니다. 주위에는 풀도, 나무도 없었고 살아 있는 생명이라고는 흔적도 없었습니다. 다만 주위에는 대지가 코를 골며 잠들어 있었습니다. 저는 잠시 서 있다가 대지의 코 고는 소리를 들었고 그 소리와 인간의 코 고는 소리를 비교하며 그 소리가 서로 거의 차이가 없다는 것을 알게 되었습니다.

저는 잠시 소리를 듣다가 발길이 움직이는 곳으로 걸어갔습니다. 얼마가 지나자 다리는 나를 아직 자라지 않은 잡초 밭으로 데리고 갔습니다. 저는 잡초 밭으로 다가가 그 그늘에 앉아 쉬고 싶었습니다. 갑자기 잡초 밑에서 누군가가 무섭게 으르렁거리는 소리를 들었습니다. 놀라서 제가 한 발짝 펄쩍 뛰어서 10킬로미터 정도 뒤로 물러나 잡초 아래에 숨어 있던 적을 찾기 시작했습니다.

오랫동안 찾을 필요는 없었습니다. 잡초 안에 아직 태어나지 않은 토끼 새끼가 모습을 드러냈습니다. 그 토끼는 아직 자라지 않은 잡초 그늘에 앉아서 겨울에 입을 모피를 짓고 있었습니다.

토끼 새끼를 보니 저는 창피하고 우스워졌습니다. '내가 왜 무서워했지?'라고 생각했습니다.

"어이, 이봐. 저녁이 제 발로 네 입안으로 들어왔는데 너는 음식을 두려워하고 도망가는구나"라고 저는 제 자신을 비웃었고 토끼 새끼를 잡기로 했습니다.

저는 토끼 새끼를 잡아 조금 귀여워해 주다가 맛있는 저녁 식사로 만들어야겠다, 생각했습니다. 다만 토끼 새끼를 빨리 잡아야 했습니다. 토끼들이 달아나지 않아도 토끼들은 다정한 관계를 이해하지 못합니다. 저는 작년에 이미 죽은 제 개를 불러서 토끼를 잡으라고 풀어 주었습니다. 제 개는 배를 바닥에 대고 뱀처럼 잡초를 향해 기어가서 토끼를 이빨로 물 준비를 하고 토끼를 향해 돌진했습니다. 그러나 기이한 일이 일어났습니다. 제 개가 마치 돌처럼 하늘로 날아간 것입니다. 저는 그것을 보며 서 있으면서 무슨 일이 일어났는지 이해하지 못했습니다. 정말 토끼 새끼가 위로 재빠르게 폴짝 뛰어서 제 개가 토끼를 잡기 위해 똑같이 해야 했을까요?

저는 토끼 새끼가 어디로 도망갔는지 보기 위해서 하늘을 샅샅이 뒤졌지만 제 모든 노력에도 어디에서도 볼 수 없었으며 다만 제 개가 위로 더욱더 세게 날아가고 있는 것을 보았을 뿐입니다. 잠시 후 제 개는 완전히 구름 저편으로 사라졌습니다.

이제 제 개를 더 이상 볼 수 없다고 생각하고 나서 저는 토끼 새끼가 있던 잡초 그늘에서 쉬기로 했습니다. 저는 잡초로 다가가서 너무나 얌전한 토끼 새끼가 깊은 잠에 곯아떨어졌는데 토끼 뒷발이 앞발 앞에서 자랑하고 있는 것을 보고 놀랐습니다.

"너희들은 진짜 겁쟁이야. 겨우 이제 달려가다니. 뜀박질에서 너희는 항상 위험하게 앞에 있기를 원하지만 우리는 너희처럼 그렇지 않아 우리는 항상 어떤 적과도 싸울 준비를 해. 너희는 우리가 이 개를 저세상으로, 신께 보내는 것을 보았어. 우리는 항상 그와 같지."

지금 나는 왜 내 개가 위로 날아갔는지를 분명하게 알게 되었습니다. 토끼 새끼가 불쌍한 개가 돌처럼 위로 날아가 죽게 될 정도로 개의 면상을 세게 걷어찼다는 것이 드러난 것이었습니다.

사실, 저는 제 개를 너무 불쌍하게 여겼지만 대신 생애 처음으로 토끼들이 죽일 정도로 세게 걷어찰 수 있다는 것을 알게 되었습니다.

저 역시 토끼 새끼로 저녁 식사를 해결하기로 했습니다. 토끼 새끼가 잠자는 사이에 잡아야 했습니다. 이런 목적으로 저는 살며시 토끼 새끼에게 다가갔고 때리지 않고서 토끼를 죽였습니다. 주머니에 이 짐을 넣고 저는 계속 나아갔습니다. 주위는 모든 것이 텅 비어 있었습니다. 아무도 아무것도 없었습니다. 저는 스텝의 단조로운 풍경이 싫어서 강으로 방향을 틀었습니다.

강에 다가갔습니다. 거미들이 거미줄로 물고기를 잡고 있는 것을 보았습니다. 저는 잠시 서서 이런 재미있는 구경거리를 보았으며 거미에게 저녁 식사로 물고기를 몇 마리 잡았는지를 묻고 강가를 따라 계속 길을 갔습니다.

걸어가다가 강 위를 보았습니다. 얼음으로 뒤덮인 강은 은색 리본처럼 구불거렸으며 저 멀리 어딘가로 가려 했습니다. 주위에는 초록빛 갈대들이 소리를 냈고 물고기들이 물을 튀기는 소리가 들렸습니다. 하늘에는 야생 거위, 오리들, 다른 여러 새들이 떼를 지어 날아가고 있었습니다. 태양은 참을 수 없을 정도로 이글거렸고 한여름이었습니다.

아이고! 이 순간에 강은 얼마나 좋을까, 강은 거대하고 고요했습니다. 그러나 강 표면을 따라 미풍만이 거닐 수 있었으며 거울처럼 반반한 물은 지금 잔물결로 뒤덮였습니다.

그러면 강은 수많은 은빛 비늘이 덮인 거대한 고기로 변했습니다.

저는 자연의 이런 매력을 즐길 겨를이 없었습니다. 갑자기 나에게서 얼마 떨어지지 않은 곳에서 강 위의 얼음이 거대하고 둔탁한 소리를 내면서 갈라졌고 산처럼 높은 얼음 조각이 위로, 구름을 향해, 하늘로 솟구쳤습니다. 저는 서서 날아올라간 얼음을 쳐다보며 '얼음이 하늘까지 닿거나 태양 가까이에 갈 정도로 자랄까'라고 생각했습니다. 그러나 아니었습니다. 얼음은 하늘까지 날아가서 하늘을 쳤지만 하늘층에 구멍을 낼 수는 없었으며 도로 튕겨져 나와 아래로, 땅으로 떨어지기 시작했습니다.

저는 얼음이 떨어져 산산조각 난 곳으로 달려갔고 얼음이 위로 날아간 원인을 알아내기 위해 얼음을 살펴보기 시작했습니다. 세심하게 산산조각 난 얼음 조각들을 살펴보았을 때 놀랍게도 살아 있지만 아주 작은, 총 길이가 4센티미터가량인 잉어 한 마리가 모습을 드러냈습니다. 그러나 나와 이 잉어가 왜 얼음이 둔탁한 소리를 내며 갈라져서 위로 날아올라갔는지를 짐작하기에는 충분했습니다. 저는 잉어를 보고 나서 곧 잉어들이 세상에 나올 때 겪는 고통의 순간에 엄청나게 불안하고 고통 때문에 자리를 찾을 수 없다는 것을 곧 생각해 냈습니다. 잉어들은 물속 깊은 곳으로 가든지, 위로 솟구쳐 오르든지 합니다. 그리고 바로 이런 경우에 작은 잉어는 산란할 준비를 하는 듯합니다. 그런 이유로 온 힘을 다하면 얼음이 대략 1미터 두께로 깨질 정도로 위로 올라가며 얼음 조각과 함께 자신은 하늘로 날아올라가는 것입니다.

저는 잉어가 알을 품고 있었다는 것이 맞다고 생각합니다. 잉어 안의 알들은 제가 잉어의 꼬리를 잡고 올라가고 싶을 때 겨우 자리를 옮길 수 있을 정도로 많았습니다. 그 안에 알이 많은지 알고 싶어서 저는 손으로 잉어의 옆구리를 눌러 보았습니다. 이것을 알아보는 데는 특별히 커다란 공을 들이지 않아도 되었습니다. 손가락으로 아주 살짝 눌러 보아도 다 자란 알은 쉽게 잉어 안에서 흩어져 나왔습니다.

3일 동안 계속해서 저는 알을 눌러서 나오게 했고 알은 끝도 없이 나왔습니다. 그러는 사이 눌러져 나온 알은 이미 신 하니를 이루고 있었습니다. 만약 제가 이 알을 집으로 가지고 가기를 원했다면 낙타가 끄는 수레가 적어도 백 대 또는 아마도 그 이상 필요했을지도 모릅니다.

잉어 안에는 알이 매우 많고 그 알이 평생 빠져나오지 않을 것이라는 확신이 든 후 저는 저의 저녁 식사거리로 신선한 알을 몇 주먹 주머니에 넣고 스텝을 지나 집으로 향했습니다.

저는 분지를 지나 고지로 올라가서 두 이웃한 무덤이 더 나이가 많다고 서로에게 증명하지 못하고서 싸우고 있는 것을 보았습니다. 그들이 격렬하게 싸우는 통에 땅이 흔들거렸고 날아다니는 흙 파편은 수십 개의 새로운 무덤을 이루었습니다.

저는 이런 굉장한 구경거리에 정신이 팔렸고 땅이 심하게 흔들리는 것을 두려워하면서 곧 강 쪽으로 돌아갔습니다.

제가 강으로 다가가자 새로이 기이한 일이 일어난 것입니다. 강 전체가 불길에 휩싸였습니다. 강이 불타고 있는 것이었습니다. 강에 살던 모든 생명들은 끔찍한 고통에 몸부림치고 있었습니다.

불과 강의 투쟁은 얼마간 계속되었습니다. 둘 다 나가떨어졌습니다. 불은 꺼졌고 강에 있던 모든 생명은 파괴되었으며 물은 몽땅 말라 버렸습니다. 이런 끔찍한 광경을 보고 나서 집으로 가려 했는데 갑자기 인간의 머리와 물고기 꼬리가 달린 노인이 강변의 돌 위에 앉아 있는 것을 보게 되었습니다. 그는 머리를 숙이고서 앉아 울고 있었습니다. 저는 그에게로 다가가 물었습니다.

"당신은 누구시고 왜 울고 있습니까?"

"제가 제 왕국 전체를 잃었는데 어떻게 울지 않을 수 있겠습니까. 화재가 저의 모든 재산, 저의 모든 강, 저의 모든 물고기 노예들을 파괴했습니다. 저는 지금 그것들 없이 어떻게 살아야 할지. 그들은 정말 저에게 생명을 주었던 겁니다. 저는 사실 강의 칸이었지만 이제 아무것도 아니며 아마도 곧 죽게 되겠지요." 노인은 고통스러운 눈물을 흘리면서 나에게 대답했습니다.

저는 노인이 불쌍해졌습니다. 그를 어떻게 도울 수 있을지를 생각했습니다. 저는 구름이나 먹구름이 때때로 물로 변하고 땅 위로 비가 되어 내린다는 것을 알고 있었습니다. 그래서 어디에 구름이나 먹구름이 있는지 하늘을 보았습니다. 보니, 지평선에 하얀 구름이 흘러가고 있고 하늘을 조금 뒤덮고 있었는데 조금 후 지평선이 검게 되더니 커다란 비구름이 되는 것이 분명해 보였습니다.

그래서 저는 지금 노인을 도울 수 있다는 생각이 들었습니다. 다만 구름 한 점도 빠져서는 안 되었습니다. 저는 최대한으로 키를 늘여서 서서(칸님, 당신도 저처럼 해서 보세요.) 구름이 강 바로 위로 지나가는 순간을 기다리기 시작했습니다. 그다지 오래 기다리지 않아도 되었습니다. 바람이 빠르게 구름을 강 쪽으로 몰아갔습니다. 그리고 저에게는 격렬한 일이 시작되었습니다. 저는 손으로 구름을 잡아서 강 위에서 쥐어짜기 시작했습니다. 그러자 강은 점차 물로 채워지기 시작했고 마침내 제가 강 위에서 거대한 비구름을 잡아서 쥐어짤 때 봄의 홍수로 넘쳐났습니다.

저는 강을 회복시키고 나서 노인에게 다가가 앉아 물었습니다.

"노인장, 새로운 강에 만족하십니까?"

"강이 좋아졌는데 말하면 뭐 하겠소. 그러나 저기서 일하고 나를 먹여 살려 줄 제 국민들도 없이 나 혼자서 무엇을 할 수 있겠소? 사실 나는 그들이 없으면 굶어 죽을 것이오"라고 노인이 나에게 답했습니다. 저는 그때 잉어에게서 얻어 온 알을 생각해 냈고 노인에게 말했습니다.

"노인장 아무런 걱정 하지 마십시오. 물고기들은 당신 강에 있게 될 것입니다." 저는 이 말을 하고 산더미 같은 신선한 알을 남겨 둔 장소로 노인을 데리고 갔습니다.

그 더미에 가까이 갔을 때 저는 그 더미에서 어떤 작은 존재들이 튀어서 강으로 들어가는 것을 알아챘습니다. 잘 살펴보려 그쪽으로 가니 이는 이미 화재와 태양의 영향으로 알에서 나올 수 있었던 진짜 물고기들이었습니다.

저는 서서 제 눈으로 알들이 물고기로 변하는 놀라운 광경을 보고 이 모든 것을 노인에게 주고 집으로 갔습니다.

집에 도착해서는 저녁 식사를 준비하려 했으며 제가 토끼 새끼와 거미들에게 부탁했던 물고기들을 주머니에서 찾기 시작했습니다. 그러나 주머니에는 알 외에 더 이상 아무것도 없었습니다. 토끼와 물고기들이 사라졌습니다. 저는 알을 꺼내고 주머니를 뒤집었습니다. 그들은 그 어디에도 없었습니다. 잃어버린 것들 때문에 슬퍼진 저는 고픈 배를 하고 잠자리에 들었습니다.

잠자리에 들자 갑자기 꺼낸 알 뭉치에서 마치 누군가가 눌리는 듯한 소리가 들려왔습니다. 저는 궁금해져서 빨리 일어나 알을 손바닥에 놓고 하나하나를 살펴보기 시작했습니다. 당신은 제가 무엇을 보았다고 생각하십니까? 놀랍게도 저는 알 중 하나가 욕심이 많아서 나의 토끼를 몽땅 먹어 치우려 했지만 목에 걸려 그럴 수 없었다는 것을 알게 되었습니다. 그 알의 목구멍에서 토끼 새끼의 귀 끝만 나와 있었습니다.

저는 제 토끼의 귀를 잡아당겨 제 옆에 놓고 나의 물고기들을 삼킨 알을 찾기 시작했습니다.

저는 찾아내지 못했습니다. 왜냐하면 이들이 즉시 물고기로 변해서 알을 산란하기 시작했고 저는 어디가 시작이고 어디가 끝인지, 어디에 내 것이 있는지, 새로운 물고기들은 어디에 있는지 완전히 헷갈렸기 때문입니다.

'번식하게 내버려 두자, 그러면 내 것이 많아질 거야'라고 생각했습니다. 그리고 이런 생각을 하면서 저는 죽은 토끼를 들기 위해서 돌아섰지만 이미 토끼는 없었습니다. 흔적을 더듬어 보니 토끼는 스텝으로 도망친 것이 분명했습니다. 어떻게 해야 하지? 쫓아가야 하나? 그런데 어디서 찾지? 나에게는 튀긴 생선이면 충분하다고 생각했습니다. 그런 생각으로 나의 물고기들이 많아진 물통으로 돌아가서 물고기 몇 마리를 저녁 식사거리로 하려 했지만 거기에는 물고기도 알도 보이지 않았습니다. 제가 토끼를 찾을 때 물고기들은 서로서로 잡아먹었던 것입니다. 어쩔 수 없이 저녁 식사를 하지 못하고 자야 했습니다.

아침에 저는 아주 일찍 일어났습니다. 배가 불평을 늘어놓으며 음식을 요구했습니다. 지칠 줄 모르는 배를 무엇으로 채워야 하나 생각했습니다. 그때 저는 분지에서 파리 떼에게서 선물로 받은 파리로부터 머리가 남아 있다는 것을 생각해 냈습니다. 즉시 저는 이 머리를 꺼내 두꺼운 철 지팡이로 찔러 불에 굽기 시작했습니다. 구워서 먹고 기름이 묻은 철 지팡이를 천막집 문 구석에 던졌습니다.

저는 배부르게 아침 식사를 한 후 침대에 누워 담배를 피웠습니다. 갑자기 건강한 개가 천막집으로 뛰어 들어와서 이빨로 기름이 묻은 철 지팡이를 물었습니다. 저는 그 개에게 소리칠 겨를이 없었습니다. 그 개는 세 번 나의 철 지팡이를 삼키고 도망갔습니다.

지팡이가 아까웠지만 어떻게 하겠어요, 제 잘못인데. 열린 문 쪽으로는 던지지 마세요.

저는 지팡이에 대해 조금 슬퍼하고 나서 평소처럼 좋아하고 발이 닿는 곳으로 돌아다니기로 했습니다.

처음에 강 쪽으로 가서 강이 어떤지 보기로 했습니다. 강은 그대로였습니다. 심지어 전보다 더 좋아 보였습니다. 물이 더 많아졌고 돌도 더 많아졌습니다. 새들도 엄청 많아졌습니다. 지금 여기서 사냥해야겠다고 생각했습니다. 주위를 보니 강변에 굉장히 많은 오리가 눈에 띄었습니다. 오리들이 있는 곳으로 살금살금 다가가서 총을 꺼내 조준했습니다. 쏘려고 하는데 제 총에 한 발만 장전되어 있다는 것이 생각났습니다. 만약 발사하면 한 마리밖에 죽일 수 없었습니다. 그러나 더 많이 죽여야만 했습니다. 그래서 즉시 방법을 찾았습니다. 저는 총을 왼편에서 오른편으로 옮기고 발사했습니다. 연기가 사라지자 몇십 마리의 오리가 죽어 있는 것을 보게 되었습니다. 죽은 오리를 들고 저는 계속 나아갔습니다.

집으로 와서 저는 오리들을 냄비에 물 없이, 불 없이 삼발이에 올려 끓여서 먹고 쉬려고 누웠습니다. 그런데 자리에 눕자 어딘가에서 뭔가 찍찍하는 소리가 들렸습니다. 이게 뭐지?

저는 침대에서 일어나 천막집에서 나와 귀를 기울였습니다. 짹짹거리는 소리는 계속되었습니다. 천막집에서 몇 걸음 걸어 나가자 짹짹거리는 소리는 사방에서, 심지어 다리 밑에서도 들려왔습니다. 몸을 숙여서 땅에 귀를 대었더니 짹짹거리는 소리가 더욱더 선명하게 들렸습니다. 이제 저는 무슨 일인지 알았습니다. 이 소리는 풀이 자라는 소리였던 것입니다. 저는 서서 이 소리를 조금 듣다가 저의 선조들의 가축 무리로 갔습니다.

가축 무리에 다가가 새끼를 낳은 얼룩말을 보았습니다. 막 태어난 새끼 말은 아직 젖어 있었고 약한 다리를 넓게 벌려 겨우 서 있었습니다. 저는 스텝에서는 그들이 결코 살아남지 못하며 늑대들이 새끼 말을 잡아먹을 것이라고 생각했습니다. 저의 천막집에 더 가까이 데리고 가야 했습니다. 그 새끼 말에게 다가가 새끼 말을 잡고 데리고 가려고 어미 말 등에 태웠습니다. 그러나 어미 말은 자신의 새끼 말을 아무리 해도 올릴 수가 없었습니다.

어떻게 해야 할까요?

그때 저는 어미 말을 잡아서 새끼 말 위에 태웠습니다. 새끼 말은 자신의 엄마를 아주 가볍게 들어 올렸고 저는 천막집으로 그를 데리고 갔습니다. 저는 건초 조금을 그들에게 가져다주고 천막집에 들러 새끼 말을 먹이기 위해 그릇을 들었습니다. 그러나 천막집으로 들어섰을 때 갑자기 새끼 말이 거칠게 숨을 몰아쉬는 소리와 힝힝거리는 소리를 들었습니다. 순식간에 천막집에서 달려 나와 보니 어미 말과 늑대가 싸우는 것이 보였습니다. 아마도 늑대는 새끼 말을 먹어 치우려 했던 것 같습니다.

저는 아직 태어나지 않은 낙타 새끼의 끈을 풀어서 그 위에 타고 늑대에게 돌진했습니다. 늑대는 나를 피했습니다. 저는 매우 빨리 그를 쫓지 않고서 따라잡아 때리지 않고 그를 죽였으며 손도 대지 않고서 그를 낙타 새끼의 혹에 싣고 집으로 갔습니다.

가면서 양쪽에서 땅 위로 뭔가를 질질 끌고 있는 것을 느꼈습니다. 둘러보니 늑대의 머리와 꼬리가 땅에 끌리는 것이 보였습니다. 이건 뭘까요? '정말 늑대가 건장하다는 걸일까?'라고 생각했습니다. 늑대는 다른 늑대와 마찬가지의 늑대일 겁니다. 나의 낙타 새끼의 키가 작은 것일까요? 아닙니다. 낙타 새끼는 매우 큽니다. 왜냐하면 제가 가장 높은 나무에 다다르면 그는 가장 꼭대기에 있는 잎사귀를 물어뜯기 때문입니다. 나무가 낮은 걸까요? 그것도 아닙니다. 제가 그 나무의 꼭대기를 보기 위해서 머리를 들어 올리면 솔방울이 머리 위에서 매달려 있지 못하고 떨어집니다. 정말 기이한 일이죠. 아마도 제 자신이 작은 것일지도 모르죠. 그러나 사실 저는 작지 않으며 다행히도 키가 30미터가량입니다. 아침마다 우물에서 손으로 물을 퍼내서 씻습니다. 그러나 우리 우물들이 알다시피 매우 깊거든요.

저는 우물로 가서 예전처럼 매우 손쉽게 손으로 물을 퍼올렸습니다. 그렇다면 우물이 작을 수도 있지 않을까요? 이것을 확인하기 위해 저는 돌을 잡아서 우물에 던졌습니다. 제가 돌을 던졌을 때 태양이 막 떠올랐습니다. 그런데 이 돌이 물에 도착했을 때 태양은 이미 졌습니다. 이는 우물이 작지 않다는 것을 의미합니다. 그렇다면 날이 짧으냐고요? 이를 확인하기 위해 저는 제 주변에 있던 모든 것을 관찰하기 시작했으며 이른 아침에 황소가 만났던 어린 암소가 이미 저녁 무렵에 송아지를 배고 있다는 것을 알게 되었습니다. 그러므로 날이 짧지 않은 겁니다.

여기에 무슨 일이 일어난 것인지 알지 못한 채 저는 늑대를 집으로 싣고 왔습니다.

집에 도착해서 다른 늑대들을 겁주기 위해 저는 기둥에 꼬리를 묶어 거꾸로 매달았습니다. 이때 날 쥐가 나에게로 튀어 와서 알렸습니다.

"당신의 선조가 뿌린 기장이 지금 익었어요. 어서 수확하러 가세요. 그러지 않으면 다람쥐들이 전부 가지고 갈 거예요."

저는 서둘러 날 쥐를 잡아서 그를 타고 기장 밭으로 달려갔습니다. 밭에 도착했습니다. 정말로 기장은 이미 익어서 수확할 때가 되었습니다.

저는 집으로 달려 돌아와서 나에게 없는 모든 소를 모아서 수레에 끌채와 멍에 없이 묶어 밭으로 갔습니다. 밭에 아직 도착하지도 않았는데 기장을 베지 않고 베어서 수확하지 않고서 수확했으며 움직이지 않고서 수레에 싣고 집으로 왔습니다.

저는 집에 도착해서 늑대를 보려고 기둥으로 갔습니다. 이상한 일이 생겼네요. 기둥에는 늑대 가죽이 걸려 있고 늑대는 없었습니다. 핏자국을 따라가 보니 늑대는 가죽을 벗고 스텝으로 도망갔던 것입니다. 아마도 이제 늑대는 나의 가축 무리에 해를 가할 것입니다.

저는 제 소들을 살펴보러 갔습니다. 가축 무리로 가 보니 우리 황소는 따로 떨어져 있었습니다. 저는 기뻐서 송아지의 젖고 끈적끈적한 몸이 더러워지지 않게 하려고 옷, 신발, 모자를 즉시 벗은 다음 송아지를 잡아서 집으로 데리고 가기 위해 송아지에게로 다가갔습니다.

제가 다가가서 송아지에게 손을 내밀자 송아지는 갑자기 나를 들이받고 날카로운 뿔로 나의 가슴을 찔렀습니다. 저는 재빨리 송아지의 뿔을 빼고 달아났는데 송아지가 나를 쫓아왔습니다. 저는 제 옷까지 달려가서 서둘러 두 다리를 장화 한 짝에 넣고 바지, 윗도리, 신발을 겨드랑이에 끼고 쏜살같이 도망쳤습니다. 송아지를 저 멀리 뒤에 남겨두고서 집으로 달려왔습니다.

다음 날 저는 총을 잡고 평소처럼 주변을 돌아다녔습니다. 날은 매우 더웠습니다(한여름). 저는 강으로 갔습니다. 여우 발자국이 막 떨어진 눈 위에 나 있는 것을 보았습니다. 저는 발자국을 따라갔습니다. 몇 걸음 간 후 여우 발자국은 물속으로 곧장 이어졌습니다. 물 표면을 잘 살펴보니 물 표면에 여우 발자국이 겨우 눈에 띌 정도로 나 있었습니다. 이 발자국은 경험 있는 사냥꾼처럼 나에게서 결코 벗어날 수 없었습니다. 자, 발자국이 보인다면 발자국을 따라 앞으로 걸어가는 겁니다. 발자국은 나를 다른 기슭으로 이끌었고 저기에 풀이 우거진 곳에서 사라졌습니다. 저는 손으로 풀을 헤치고 기어서 여우의 흔적을 계속 더듬어 갔습니다. 그렇게 풀이 우거진 곳에서 여우의 발자국을 찾으려고 기어다니면서 저는 우연히 자라지 않은 잡초 그늘 속에서 여우와 딱 만났습니다. 여우는 고슴도치와 뱀과 한 패였습니다. 이 셋은 카드놀이에 정신이 없었습니다. 저는 여우를 쫓아왔다는 인상을 주지 않고서 그들에게 다가가 카드에 끼워달라고 부탁했습니다. 카드놀이를 하면서 그들을 관찰했습니다. 이 동물들은 서로를 속이고 있었습니다. 물론 나를 속이기는 힘든 일이지요. 저는 즉시 그것들을 없애 버렸어요.

고슴도치와 뱀이 진 후 돈을 구하러 갔고 여우는 나에게 제안했습니다.

“이제 여름이고 따뜻하니 모피가 없어도 살 수 있어요. 제 모피를 걸고 게임합시다.” 저는 제안을 받아들였고 물론 모피를 벌었죠. 여우의 어깨에서 모피를 벗긴 후 저는 계속 걸어갔습니다.

우거진 스텝으로 들어갔습니다. 열기가 참을 수 없을 정도였고 갈증으로 괴로웠습니다. 물을 찾으러 갔습니다. 곧 물웅덩이를 만났습니다. 물웅덩이는 매우 깊어 보였습니다. 머리를 떼어내서 학의 도움을 받아 물을 마시기 위해 물웅덩이로 내려보내야 했습니다.

저는 물웅덩이 옆에 앉아 머리가 물을 마실 때까지 기다렸습니다. 그동안 담배를 피우고 사방을 둘러보았습니다. 갑자기 저는 물웅덩이에서 멀지 않은 곳에 유목민 마을이 있다는 것을 알게 되었습니다. 천막집 근처에는 사람들과 말들이 많이 있었습니다. 결혼식이 있구나, 생각했습니다. 가서 물보다 독한 술로 갈증을 해소하는 것이 더 좋죠.

저는 일어나서 그곳으로 갔습니다. 도착해서 주연이 열리고 있는 천막집으로 들어가서 문 옆에 앉았습니다. 보드카와 마한을 나르고 있었습니다. 이때 천막집의 주인이 말했습니다.

"머리 없는 사람에게는 아무것도 줄 수 없습니다."

저는 '여기 누가 머리가 없지?'라고 생각했습니다. 주위를 보니 모두 머리가 제대로 어깨에 붙어 있더군요. '주인이 누구를 두고 하는 말이지?'라고 생각했습니다.

그때 저는 제 머리를 물웅덩이에 두고 왔다는 것을 생각해 내고 주인의 말이 나를 두고 한 것임을 알았습니다. 곧 천막집에서 나와 물웅덩이로 달려갔습니다. 그런데 제 머리가 물웅덩이에서 나와 비웃으며 말했습니다.

'이봐, 너는 대체 왜 나를 여기에 남겨둔 거야?'

저는 제 머리를 잡고 그것을 쓴 다음 결혼식이 열리는 유목민 마을로 돌아갔습니다. 천막집으로 들어가 문 옆에 앉았습니다. 주인은 나를 보더니 하인들에게 지시했습니다.

"새로운 손님에게 보드카와 마한을 주거라." 저는 이런 것들을 받았습니다. 배부르게 먹고 마셨으며 천막집의 그늘에서 맑은 공기를 마시기 위해 밖으로 나왔습니다.

저는 앉아서 사방을 바라보았습니다. 보니 남쪽에서 대형 사륜마차에 매어진 족제비들의 트로이카가 다가오고 있었습니다. '아마도 어떤 고귀한 손님이 결혼식에 오는 모양이군'이라고 생각했습니다. 도착한 이들이 대형 사륜마차에서 나왔을 때 결혼식에 자신의 아내와 아이들을 데리고 온 타란툴라라는 것을 알았습니다.

저는 잠시 앉아서 이 기이하고 우스운 손님들을 쳐다보다 계속 나아갔습니다. 가다가 아주 가까운 곳에서 누군가가 이야기하는 소리를 들었습니다. 사방을 둘러보니 위에서도, 아래에서도 제 밑에도 아무도, 아무것도 보이지 않았는데 대화는 계속되었습니다. 이게 뭔가, 어디에 숨어 있는 거지, 생각했습니다. 저는 찾기 시작했습니다. 사방을 찾았지만 그 어디에도 그 누구도 모습을 드러내지 않고 대화는 계속해서 제 주변에서 행해지고 있었습니다.

저는 대화를 잘 듣기 위해서 귀를 기울였고 목소리가 제 셔츠 아래에서 들려온다는 것을 알았습니다. 저는 즉시 셔츠를 벗고 대화하는 존재들을 찾기 시작했습니다. 당신은 이와 벼룩이 서로 대화를 하고 있다고 생각할 겁니다. 벼룩은 이의 딸과 자신의 아들을 결혼시키려고 왔습니다. 그런데 이는 벼룩의 친족 관계를 거부하고 말했습니다.

"나는 당신 아들에게 딸을 시집보낼 수 없어요. 왜냐하면 당신 아들은 당신 자손들처럼 여기저기에서 튀어 다닐 것이기 때문입니다. 그리고 그가 나의 딸을 어디로 데리고 갈지 누가 알겠소. 그리고 나는 더 자주 볼 수 있도록 나의 딸이 나에게서 멀리 떨어지지 않길 바라오. 아니오. 화내지 마시고 애쓰지 마시오. 그래 봐야 아무것도 달라질 것이 없으니. 집으로 돌아가시오."

궁금증이 풀려서 셔츠를 입고 나아갔습니다. 걷다가 지루하지 않았던 모든 것에 대해 생각했습니다. 그러나 뭔가 아무것도 생각나지 않고 나의 생각이 어디로 사라져 버렸습니다. 저는 찾았지만 생각들은 쏜살같이 빨리 날아가 앞으로 멀리 달아나 버린 듯했습니다.

제 발뒤꿈치가 삐걱거리지 않도록 기름을 바르고서 저는 앞으로 달려갔습니다. 뛰어서 제 그림자와 마주쳤습니다. 결국 저는 생각들이 바람같이 땅의 저 끝에 있으면서 그들 중 누가 빨리 땅끝에 도착했는지 말다툼하고 있을 때 생각들을 따라잡았습니다.

저는 저의 생각들을 빨리 모아서 집으로 돌아갔습니다.

도중에 저는 많은 학들을 만났습니다. 학들은 도로에 누워 마치 죽은 듯했습니다. 저는 학 몇 마리를 허리춤에 찔러 넣고 계속 길을 갔습니다.

몇 걸음 채 걷지도 못했는데 갑자기 학들이 날아올라 저를 끌고 갔습니다. 저는 날면서 '이 학들이 죽지 않았다면 왜 길 위에 누워 있었을까?'라고 생각했습니다. 저는 이것을 설명할 수 없었습니다.

그러는 사이 학들은 나를 놓아주었습니다. 마지막 학이

날아가 버렸고 저는 아래로 떨어졌습니다. 저는 아래로 떨어지면서 '그럼 이제 끝이구나'라는 생각을 했습니다. 저는 곧 땅에 부딪칠 것이라고 느꼈습니다. 그러나 이 무슨 기적입니까. 저는 뭔가에 올라타고 무서운 속력으로 옮겨지고 있었습니다. 정신을 차리고 둘러보았을 때 늑대를 타고 달리고 있다는 것을 알았습니다.

나중에 저는 학들에게 무슨 일이 있었는지, 늑대에게는 아주 간단한 일이었다는 것을 알게 되었습니다. 학들은 제가 그들을 잡았던 그 순간에 술에 취해 있었던 모양입니다. 학들은 나무통에 들어 있던 결혼식 피로연 술을 마셨습니다. 술통은 열기 때문에 갈라져서 흩어졌고 술은 흘러나와 도로에 커다란 물웅덩이를 만들었던 것입니다. 그런 다음 술에서 깨어났을 때 학들은 날았지만 허리춤에 꽂혀 있었기 때문에 나를 쉽게 놓아주고 날아가 버렸습니다. 분명히 저는 아래로 추락했지만 잠든 늑대 위로 떨어졌습니다. 늑대는 제가 정신을 차리고 그에게서 내려올 수 있을 때까지 달렸습니다.

저는 제가 늑대를 타고 어떤 커다란 유목민 마을을 지나쳐서 달려가는 것을 알았습니다. 개들이 늑대 냄새를 맡고 튀어나와 쫓아왔습니다. 늑대는 전속력을 내서 스텝, 계곡으로 들어갔습니다. '나는 이제 어떻게 해야 할까, 나는 어떻게 늑대에게서 내릴까?' 생각했습니다. 뛰어내리다 다칠까 두려웠습니다. 저는 어떤 결정도 내릴 수가 없었는데 갑자기 늑대가 자신의 굴까지 달려간 후 도움닫기를 해서 굴로 들어갔고 저는 굴 근처에 떨어졌습니다.

그렇게 저는 늑대에게서 구원되었습니다.

제가 집으로 돌아왔을 때 당신이 보내지 않은 당신의 사신을 만나게 되었고 당신이 하지 않은 당신의 초대를 받았습니다.

바로 이것이 제가 당신에게 나타난 이유입니다.

제가 이야기한 모든 것은 진실입니다. 만약 여기서 하나라도 거짓이 있었다면 산 정상에 있는 흘러가 버린 물에 빠지게 하십시오, 제가 꺼진 불 속에서 타게 하십시오, 죽은 까마귀가 제 눈을 쪼아 먹도록 하십시오.

그러나 칸이시여, 지금 저에게 당신 딸을 아내로 주십시오.

이야기꾼은 그렇게 이야기를 끝내고 칸 앞에 무릎을 꿇었다.

"아니. 나는 너에게 나의 딸을 줄 수 없다. 사실 너는 개새끼이고 거짓말쟁이다. 너는 기이한 일을 일흔한 가지가 아니라 일흔두 가지를 했다. 일흔두 번째는 내가 너에게 딸을 주는 것이며 칸들의 딸들은 결코 비천한 작자의 아내가 되지 않는다."

그렇게 칸은 그에게 자신의 딸을 주지 않았다.

체첸 칸과 그의 현명한 며느리에 대한 이야기

옛날 옛적에 칼미크 칸들이 몽골 출신이었으며 아직 독립적이었을 때 체첸이라는 어떤 칸이 살았다. 이 칸은 많은 백성, 많은 금과 가축을 가지고 있었지만 외아들만 있었고 아들은 바보였다. 후손은 그의 아들보다 더 나아야 한다는 희망으로 체첸 칸은 아들을 장가보냈다.

결혼 후 체첸 칸은 사냥을 가면서 아들에게 그를 따라오라고 명령했다.

둘이서 야생 지역으로 돌아다니는데 갑자기 체첸 칸은 땅에 누워 있는 사슴을 보았다. 아들의 기지를 시험해 보기 위해 그에게 말했다.

"어서 달려가 사슴의 뿔을 잡아라."

아들은 아버지 말을 듣고 전력을 다해 사슴의 뿔을 잡기 위해 누워 있는 사슴을 향해 달려갔다. 물론 그에게 맨손으로 뿔이 잡힐 정도의 사슴은 아니었다. 인간의 말소리를 들은 사슴은 일어나서 뛰어 달아났다.

체첸 칸은 활을 준비해서 활시위를 당겼다. 화살에 맞은 사슴은 두세 번 격렬하게 튀어 오르더니 땅에 떨어져 뻗었다.

사슴을 쓰러뜨린 체첸 칸은 입을 벌리고 한쪽에 서 있는 아들에게 빠르게 다가가 그를 잡고 말을 알아듣지 못할 만큼 바보라는 이유로 채찍으로 때렸다. 화가 치밀어 오른 체첸 칸은 땅바닥에서 피를 흘리고 있는 아들에게 엄한 시선을 던지고는 자신의 말을 타고 집으로 내달렸다.

아들은 왜 아버지가 그를 때렸는지를 알지 못했다. 그는 누워 울다가 아버지를 쫓아 집으로 왔다.

체첸 칸은 집으로 달려와서 아들의 천막집으로 하녀 칭냐치 차간을 보내 그의 아들이 집으로 돌아와서 자신의 아내에게 무슨 말을 하고 아내는 답으로 그에게 무슨 말을 하는지 알아 오라고 했다.

칭냐치 차간을 기다리는 일은 오래 걸리지 않았다. 칸의 아들은 내내 피를 흘리고 눈물을 흘리며 집으로 돌아왔다.

"무슨 일이에요?" 그의 아내가 놀라서 물었다. 칸의 아들은 사냥 나가서 있었던 일을 모두 설명했다. 아내는 때린 이유를 알지 못하고서 내내 얼굴을 붉히며 화가 나서 말했다.

"무슨 의미인 거야. 노인이 미친 거 아냐."

칭냐치 차간은 와서 신혼부부의 대화를 모두 칸에게 고했다. 체첸 칸은 이를 알고 나서 안타까워하면서 생각했다.

'우리 며느리 역시 나의 아들의 지혜와 별반 다를 바가 없구나.'

다음 날 칸은 다시 아들을 데리고 사냥을 떠났다.

이번에는 하루 종일 돌아다녔음에도 짐승 한 마리도, 새 한 마리도 만나지 못했다. 둘은 지쳤고 쉬려고 멈췄다.

"아들아," 칸은 자신의 아들에게 말했다. "될수록 빨리 나무 냄비에 고기를 끓여라." 아들은 서둘러 일어나서 두껍고 마른 나뭇조각을 가지고 와서 그걸로 냄비를 깎아서 물을 붓고 고기를 조각조각 냈고 불을 지폈다. 그러나 불이 냄비에 닿았을 때 냄비는 곧 불이 붙어 타 버렸고 내용물은 모두 땅에 쏟아졌다.

체첸 칸은 아들이 얼마나 어리석은지를 알게 되었고 화를 내며 다시 그를 채찍으로 때렸다. 울고 있는 아들을 스텝에 남겨둔 채 칸은 집으로 왔다. 아들은 다시 아버지가 그를 왜 때렸는지를 알지 못했고 눈물을 흘리며 집으로 왔다.

칸은 집에 도착해 다시 아들의 천막집으로 하녀 칭냐치 차간을 보내 신혼부부가 무슨 말을 하는지 알아 오게 했다.

칸의 아들이 자신의 천막집으로 들어가자마자 그의 아내는 대성통곡을 했다.

"세상에 무슨 일이에요. 이건 뭘 말하는 거죠? 왜 당신은 피를 흘리고 있는 거예요?"

칸의 아들은 아내에게 사냥에서 일어난 이야기를 모두 상세하게 설명했다. 칸의 며느리는 예전처럼 아버지와 아들의 다툼의 의미를 이해하지 못하고서 말했다.

"우리 노인이 미친 것이 아니고서 이럴 수 없어."

하녀 칭냐치 차간은 와서 칸에게 모든 것을 고했다. 이런 보고는 이전보다 칸을 더욱더 침통하게 만들었으며 칸은 며느리 역시 아들처럼 어리석다는 사실에 비통해했다. 결국 그는 그들에게서 좋은 후손을 기대할 수 없게 되었다. 칸은 침통해져서 커다란 고민 끝에 병에 걸려 자리에 누웠다.

시간이 흘러 칸은 아들을 불러 말했다.

"너는 사실 내가 오래전부터 아팠고 오랫동안 말을 타지 못하고 있다는 것을 알고 있다. 가서 말무리에서 머리가 하나는 남쪽으로 향해 있고 다른 하나는 북쪽으로 나 있는 말을 잡아서 이리로 데리고 오너라."

아들은 자신의 말무리로 가서 머리가 둘 달린 말이 어디에 있는지 보았다. 그런 말은 말무리에서 보이지 않았다. 어떻게 하지? 빈손으로는 결코 돌아갈 수 없었다. 아버지가 화를 낼 텐데. 그는 생각하고, 생각하고 또 생각했다. 말 두 마리를 잡아 꼬리로 묶어서 칸에게로 데리고 갔다.

체첸 칸은 아들의 그런 어리석음을 보고 참지 못해 아들을 향해 달려 나가 하인들이 모두 보는 앞에서 그를 채찍으로 때렸다. 칸이 자신의 아들을 때리는 것을 본 후 칸의 며느리는 칸에게 달려가서 자신의 남편을 보호했다.

"칸이시여, 이미 두 번이나 스텝에 사냥 나가서 그를 때린 것으로 모자라서 지금 모두들 보는 데서 때리십니까. 그는 당신의 외아들입니다. 정신이 나가셨습니까?"

칸은 그의 아들과 며느리가 어리석다는 것을 인정하고 아내에게 말했다.

"우리 아들은 어리석어. 여기에는 논쟁의 여지가 없어. 그렇지만 나는 며느리에게 바랐어. 혹시 며느리에게 지혜가 있지 않을까 해서 말이야. 며느리는 내가 왜 그녀의 남편을 때리는지 이해할 수 있을 것이라고 생각했는데 이해하지 못해. 나는 그들 둘을 시험할 목적으로 아들에게 여러 임무를 줬는데 소용이 없어. 며느리는 우리 아들보다 더 낫지도 않아. 나는 아들과 며느리를 이혼시키려 해. 며느리는 부모에게 보내고 아들에게 좀 더 영리한 며느리를 찾아 줘야겠어." 아내는 이에 동의했고 며느리는 자신의 고귀한 부모에게로 돌아갔다.

눈이 녹고 땅이 녹음으로 뒤덮이는 다음 해 봄에 체첸 칸은 자신의 넓은 나라를 돌아다니며 하나도 빠뜨리지 않고 집집마다 들렀지만 그 어디에서도 아들의 아내감이 될 만한 아가씨를 볼 수 없었다. 어느 날 멀지 않은 곳에 커다란 유목민 마을이 보이는 저녁 무렵에 하늘이 비구름으로 뒤덮였고 폭우가 쏟아졌다.

체첸 칸은 마을까지 도달하지 못한 채 벽돌을 모으다 갑자기 비를 만난 아가씨들을 만났다. 그때 아가씨들은 모아 둔 벽돌을 버려두고 빈 가죽 자루로 머리를 가리고 서둘러 집으로 뛰어갔다. 그들 뒤에 한 아가씨만 남아 있었다. 그녀는 가운을 벗어서 벽돌로 가득 채워져 등에 달라붙어 있던 가죽 자루를 덮고는 송아지를 끌고 갔다.

체첸 칸은 그녀에게 다가가 물었다.

"너는 혼자 비를 맞고 무엇을 하느냐?" 아가씨가 대답했다. "벽돌을 모으러 나온 친구들은 모두 20명입니다. 태양이 지려는 저녁 무렵에 여기 스텝에서 우리의 소들과 송아지들이 서로 만났습니다. 송아지가 어미 소의 젖을 모두 먹지 않도록 저는 송아지를 잡아서 데리고 가는 것입니다."

"그런데 그 아가씨들은 집으로 달려가 버렸는데 너는 혼자 비를 맞고 무엇을 하느냐?" 체첸 칸은 이미 마을로 달려간 아가씨들을 가리키며 질문을 반복했다. 그러자 아가씨가 대답했다.

"이 아가씨들이 도망가 버린 탓에 첫째, 그들은 벽돌을 가지지 못하게 되었습니다. 그들은 자루로 머리를 덮기 위해서 아침부터 저녁까지 모은 벽돌을 자루에서 꺼냈습니다. 둘째, 그들의 소 역시 자신의 송아지를 만났지만 그들이 집으로 도망쳤기 때문에 송아지들은 모든 젖을 마셔 버렸습니다. 셋째, 그들은 자신의 누비 외투가 비에 맞아 젖게 했습니다. 바로 이것이 그들에게는 세 가지 손해를 당하게 된 것이고 저는 한 가지 손해만 당하게 된 것이지요. 그러니까 제 가운이 젖었지만 이것은 언제나 나아질 수 있는 것입니다. 해가 있으면 마르니까요. 대신 저는 벽돌도 젖도 지킬 수 있었습니다."

체첸 칸은 그녀의 대답에 매우 만족해하며 아가씨에게 물었다.

"너는 어디에 살고 있니? 너의 천막집은 어디에 있느냐?"

"바로 저기 나이 든 사슴과 닮아 있고 60개의 창문이 있으며 땅에 박혀 있고 위로 연결되어 있는 60개의 말뚝이 있는 비천한 헛간입니다."

체첸 칸은 아가씨보다 먼저 마을로 가서 60개의 구멍이 있는 천막집으로 다가갔다.

"천막집 안에 누가 없느냐?" 그는 말에서 내리지 않고 소리쳤다. 노인이 외치는 소리에 나와서 칸을 알아보고는 그에게 깊숙이 허리 숙여 절을 했다.

"노인장, 나는 서둘러 가야 한다." 칸이 말했다. "그러니 돌아오는 길에 너의 집에 들르겠다. 너는 나를 위해 황소 젖으로 양질의 쿠미스를 준비해 두어라."

칸은 이 말을 하고 나서 앞으로 달려갔으며 노인은 이해하지 못하고 슬픔에 잠겼다.

"이런 괴이한 명령이 있단 말인가, 좋은 것이야? 나쁜 것이야?"

그러는 사이 밭에서 그의 딸이 왔다. 벽돌을 놓고 소를 먹이고 나서 그녀는 천막집으로 들어왔다. 노인은 당장이라도 울 것 같은 표정으로 딸에게 칸의 명령을 알렸다.

"괜찮습니다. 아버지, 무서운 일은 아무것도 일어나지 않아요. 안심하세요. 알아서 할 테니 가만히만 계세요." 딸은 그의 백발을 부드럽게 쓰다듬으며 노인에게 말했다.

다음 날 체첸 칸은 정오에 와서 천막집 문가에 멈췄다. 아가씨는 긴 막대기를 연기 구멍 안으로 넣어서 나오게 하고[24] 곧 자신의 아버지를 침대에 눕혀 모피로 덮었다.

"아버지, 괴롭다는 듯이 계속해서 신음 소리를 내세요." 놀란 노인은 딸이 그에게 지시한 대로 했다.

체첸 칸은 말에서 내려오지 않고 소리쳤다.

"게 있느냐?"

"있습니다." 아가씨가 대답하고 칸을 맞으러 나갔다. 그녀 뒤로 아버지의 신음 소리가 들렸다.

---

24) 칼미크 전통에 따르면 아이가 태어나면 긴 막대기를 연기 구멍에 넣는다고 한다.

"어제 나는 너희 집에 있었는데 너의 아버지에게 황소 젖으로 쿠미스를 만들어 놓으라고 지시했다. 내 지시를 이행했느냐?" 체첸 칸이 물었다.

"유감스럽게도, 칸이시여, 아버지는 지시를 이행할 수 없습니다. 아버지는 당신이 우리 집에서 나가시자마자 어제 저녁부터 지금까지 내내 산통으로 괴로워하고 있어서 침대에서 일어날 수가 없습니다. 저녁 무렵에나 되어야 해결될 듯합니다. 그러면 칸이시여, 당신의 지시를 이행할 수 있을 겁니다." 매우 침착하게 아가씨는 그에게 대답했다.

칸은 생각하지 않고 소리를 버럭 질렀다.

"뭐야. 정말 남자들이 애를 낳는다고."

"정말 황소에게서 우유를 얻을 수 있습니까?" 아가씨가 칸에게 그의 말이 끝나기가 무섭게 물었다.

칸은 그가 그렇게 빨리 그리고 쉽게 간파된 것에 매우 당황해했다. 그러나 이 아가씨가 매우 영리하다는 생각이 들었다. 그녀는 그가 아들의 아내로 찾았던 바로 그 사람이었던 것이다. 칸은 아가씨의 아버지를 불러 말했다.

"아들을 결혼시키기 위해 적당한 아가씨를 찾아서 온 왕국을 돌아다녔지만 이런 아가씨는 그 어디에서도 본 적이 없었다. 마침내 나는 너의 딸을 만났고 내 마음에 쏙 들었다. 나의 아들에게 그녀를 시집보내게 될 것이다. 내일 나에게 오라." 기뻐한 칸은 그렇게 지시하고 집으로 달려갔다.

노인은 이 일에 기뻐하지 않고 내내 한숨을 쉬었다.

"아이고, 아이고. 이런 형벌이 어디 있는가. 생전에 이런 일을 보게 되다니."

다음 날 아침에 노인은 칸의 말을 듣는 것이 두려워 그에게로 가려 했다.

"이 지갑을 어떤 경우에도 가지고 있으세요." 아가씨가 아버지에게 골무가 겨우 들어가 있는 작은 지갑을 내밀면서 말했다.

노인은 지갑을 가지고 칸에게로 갔다. 그는 칸의 궁전에 도착해서 존경의 의미로 궁전을 세 바퀴 돌고 입구에 서서 세 번 절하고 손을 가슴에 얹고 칸의 궁전으로 들어갔다.

칸은 그를 자신의 곁에 앉히고 부유한 손님처럼 그를 대우했다.

노인이 아라카가 든 세 번째 술잔을 받은 후 칸은 본론에 들어갔다.

"그럼, 노인장, 속담에서 이르듯이 좋은 일은 나쁜 일에서 나오는 것이오. 당신은 그런 영리한 딸을 낳았으니 행복한 노인입니다. 물론 그녀는 서민의 가정에 있어서는 안 되오. 그러므로 나는 그 아이를 아들을 위해 우리 가정에 들이고자 합니다."

노인은 머리를 숙이고 칸에게 어떻게 대답해야 할지 모른 채 앉아 있었다.

"그럼, 노인장, 식을 하지 않고 당신의 천막집을 수선하고 살림을 정돈해야 합니다. 집으로 가서 나의 창고에서 나온 금을 담을 뭔가를 가지고 오시오."

노인은 미동도 하지 않고 말없이 앉아 있었다. 그는 꿈인지 생시인지 구분이 가지 않았다.

"그럼" 칸은 노인에게 말했다. "지갑이라도 주시오. 들어갈 수 있을 만큼 채워 주겠소."

노인은 딸이 준 작은 지갑을 꺼내 내밀었다. 칸은 노인의 지갑을 받아 들고 말했다.

"이런, 노인장, 여기에는 동전 하나 이상 넣을 수도 없겠소. 좋아요. 넣을 만큼 넣어 드리리다." 이 말을 하고 칸은 자신의 금고를 열고 지갑에 금화를 넣기 시작했다. 그러나 칸이 지갑에 금을 아무리 넣어도 지갑은 채워지지 않았고 끝없이 들어갔다. 칸의 금고는 반으로 줄었고 지갑은 계속 받아들였다. 칸의 금고에는 금이 3분의 1만 남았고 지갑은 반 정도 채워졌다.

'내 금 전부를 내어주게 생겼군.' 칸은 생각했지만 금을 계속해서 넣어 주었다. 왜냐하면 그는 그의 금고가 가난한 이의 이런 작은 지갑을 채울 수 없다는 것에 창피했기 때문이다. 칸은 자신의 금고를 모두 비웠지만 지갑은 채울 수가 없었다.

'이 지갑은 아마도 나의 왕국을 넣어도 작을 정도의 재질로 만들어진 것이 분명하다.' 칸은 생각하고 노인에게 금이 담긴 지갑을 가지고 집으로 가라고 했다.

노인은 겨우 자신의 지갑을 집으로 끌고 갔다. 집에 도착해서 마누라와 딸에게 모든 이야기를 들려주었다.

노인은 천막집을 수선하고 새로운 식기를 사들일 수가 없었다. 갑자기 칸의 전령이 그에게 와서 말했다.

"노인장, 칸을 맞이할 준비를 하십시오. 칸은 당신의 딸을 며느리로 삼고 오늘 저녁에 데리고 갈 것입니다. 그와 함께 그의 백 명의 충직한 하인들도 올 것이오." 전령은 이렇게 말하고 돌아갔다.

"이제 어떻게 하지? 어디에 그 모든 이들을 앉힌단 말인가? 내 천막집은 낡아 빠졌는데." 노인은 걱정했다

"아버지, 아무 걱정 마세요. 하늘과 구름의 모든 암시와 바람의 부는 방향을 보면 필시 비가 올 겁니다. 비는 손님들을 적실 테고 그들은 막사에 있는 것을 기뻐할 겁니다."

저녁이 되기 전에 정말 세찬 비가 왔다. 생명이 있는 것은 전부 자신의 머리를 숨길 곳을 찾았다. 홀딱 젖고 피곤해진 손님들이 도착했다. 그들은 지붕 밑이면 어디든 들어가

려고 했다. 노인의 천막집이 좋은지 나쁜지, 그에게 무엇이 있는지 상관하지 않고 비를 피하기만 하면 되었다. 칸과 그의 하인들은 빨리 천막집으로 들어가 되는대로 자리를 잡았다.

노인은 칸의 건강을 걱정해서 말했다.

"비가 성스러운 샘에서 흘러나와 인간에게 행복과 휴식을 준다는 엘렉시르[25]일지라도 당신들에게는 적절치 않은 것 같군요. 저는 비가 당신의 건강을 해치고 당신의 값비싸고 성스러운 의복을 망치지 않을까 걱정되는군요."

칸이 대답했다.

"나는 아주 건강하지만 의복은 비가 내려서 젖은 모피 옷만 망가졌고 실크는 말리기만 하면 다시 좋아질 것이오."

밤새, 아침까지 주연이 벌어졌다. 아침에 칸은 신부를 데리고 갔다.

결혼 후 얼마가 지난 후 칸은 사냥을 나가면서 이전처럼 아들을 데리고 갔다. 그들 둘은 산림 지역을 다녔다. 갑자기 칸은 누워 있는 사슴을 나무 아래에서 보았다. 이전처럼 칸은 자신의 아들에게 명령했다.

"빨리 사슴의 뿔을 잡아라."

---

25) 마법의 음료.

칸의 아들은 그루터기에 부딪쳐 떨어진 잎사귀를 헤치고 전력을 다해 뿔을 잡기 위해 사슴에게 달려갔다. 사슴은 소음을 듣고 일어나 달려갔다. 칸은 조준하고 화살을 쏘았다. 사슴은 열 걸음도 도망가지 못하고 화살에 맞아 쓰러졌다. 칸은 사슴을 죽이고 나서 아들에게 다가가 얼굴을 때렸다. 아들의 다리를 때리고 칸은 집으로 말을 타고 가 버렸다. 그 뒤를 따라 아들은 터덜터덜 걸어갔다.

칸은 집으로 돌아와 하녀 칭냐치 차간을 불러 지시했다.

“나의 아들의 천막집으로 가서 아들이 들에서 돌아온 후 신혼부부가 무슨 말을 하는지 들어 보아라.”

피를 흘리고 울면서 칸의 아들이 집으로 돌아왔을 때 아내는 그에게 물었다.

“무슨 일이세요?”

남편은 그녀에게 사냥터에서 있었던 일을 모두 말했다. 그때 그의 아내는 붉갈이 화를 내며 말했다.

“당신은 어떻게 된 사람이에요. 당신이 그런 아버지에게서 태어나서 정말 안타깝군요. 정말 ‘빨리 사슴의 뿔을 잡아라’라는 명령을 이해하기는 힘들었나요. 그건 ‘빨리 화살을 쏘아라’라는 소리예요. 죽은 사슴을 잡아서 뿔뿐만 아니라 다리를 잡아끌고 가야 하는 거죠. 칸이 사냥터로 이런 이상한 당신을 데리고 가는 것만으로도 감사하다고 말해야 하는 거예요."

칭냐치 차간은 칸에게 와서 이 모든 사실을 고했다.

다음 날 칸은 다시 사냥터로 아들을 데리고 갔다. 칸은 여러 장소를 돌아다녔지만 사냥감을 찾지 못하고 멈춰서 아들에게 말했다.

"빨리 나무 냄비에 고기를 끓여라."

아들은 이전처럼 나무로 냄비를 만들어서 물을 붓고 고기를 썰어서 그 밑에 불을 지폈다. 냄비는 이전처럼 불에 타고 내용물은 재에서 발견되었다.

칸은 단 한 마디도 하지 않고 자신의 아들을 잡아서 채찍으로 가차 없이 때리고 집으로 말을 달려갔다.

칸은 집에 도착해서 칭냐치 차간을 불러 지시했다.

"가서 나의 아들이 들에서 집으로 온 후 신혼부부가 무슨 말을 하는지 들어 보아라."

"다시 무슨 일이에요?" 아내는 그에게 물었다.

칸의 아들은 오늘 사냥터에서 일어난 일을 전부 이야기했다.

칸의 며느리는 그 이야기를 듣고 말했다.

"당신은 정말 어리석은 사람이군요. 당신은 정말 '나무 냄비에 고기를 끓여라'라는 명령을 이해하기 힘들었겠군요. 아버지에게 담뱃대를 주고 담배를 담뱃대에 넣고 불을 붙여

주어야 했어요. 고의든 아니든 나무 그릇에 음식을 끓이지 않는다는 것을 알면서 그 안에 담배만이라도 피웠다면 당신을 인정했을 거예요."

칭냐치 차간은 들은 내용을 칸에게 와서 말했다.

저녁에 칸은 아들을 불러 그에게 지시했다.

"지금 스텝으로 가서 나의 말무리를 찾아 머리가 둘 달린 말, 즉 머리 하나는 북쪽으로 보고, 다른 하나는 남쪽을 보는 말을 이리로 데리고 오너라. 내가 편하게 타고 다니기 위해 필요하다."

아들은 스텝으로 갔다. 그는 말무리로 가서 머리가 둘 달린 말을 찾았다. 그러나 그런 말은 없었다. 그는 예전처럼 두 마리의 말을 잡아서 그 말들의 꼬리를 묶어서 칸에게로 데리고 갔다. 칸은 참지 못하고 다시 아들을 때렸다. 화가 난 칸은 가차 없이 그를 때리고 자기 거처로 가서 하녀 칭냐치 차간을 불러 지시했다.

"가서 신혼부부가 무슨 말을 하는지 들어 보아라."

칸의 아들은 울면서 자신의 천막집으로 들어갔다. 맞은 남편을 보고 나서 칸의 며느리는 그에게 화를 내기 시작했다.

"또다시 그런 어리석은 짓을 하다니요. 당신의 어리석은 행동 때문에 제가 천막집에서 나갈 수 없을 정도로 창피해요. 무슨 일이에요? 무슨 일이 있었던 거예요?"

칸의 아들은 있었던 일을 전부 그녀에게 설명했다.

"이 바보 같은 양반아, 머리 둘 달린 말이 의미하는 것을 정말 모른단 말이에요? 더구나 머리 하나는 북쪽으로 보고 다른 하나는 남쪽을 보고 있다는 말도요? 그건 임신한 암말을 가리키는 거예요. 엄마의 자궁 안에서 새끼 말의 머리는 한쪽을 바라보고 어미의 머리는 다른 쪽을 향하고 있어요. 임신한 암말은 특별히 걸음걸이가 편안하다는 것을 정말 모른단 말이에요? 그 말을 타면 매우 편안하게 갈 수 있다는 것을 모른단 말이에요? 당신은 어떻게 그럴 수 있어요?"

칭냐치 차간은 칸에게 들은 내용을 전부 전했다.

칸은 이 보고에 매우 기뻐하며 자신의 아내에게 말했다.

"마누라, 우리 아들은 어리석어도 우리 며느리는 정말 영리하오. 이제 나는 우리 아들의 후손에 대해 안심할 수 있소."

이후에 칸은 아들을 시험하면서 괴롭히는 일을 그만두었다.

그렇게 그는 행복하고 만족하면서 살았다. 그러나 갑자기 자신의 지혜를 자랑하는 이웃 칸이 체첸 칸의 지혜를 시험하기 위해 그에게 양쪽 끝의 두께가 똑같으며 붉은 나무로 만든 채찍 손잡이를 보내왔다. 그는 체첸 칸에게 이 나무의 뿌리는 어느 쪽이며 위가 어디인지를 알아맞혀 보라고 요구했다.

체첸 칸은 이런 문제를 받고서 한 달 내내 어떻게 알아내야 하는지 고민했지만 아무런 답을 얻을 수가 없었다. 그는 눈에 띄게 말라 가기 시작했다.

어느 날 칸의 며느리가 시어머니에게 물었다.

"칸님이 왜 날이 갈수록 말라 가시나요? 뭔가를 생각하시는 듯합니다. 어디 아프세요?"

"아니다." 시어머니가 대답했다. "이웃 칸이 그에게 어떤 나무로 만든 채찍 손잡이를 보내왔는데 뿌리가 어디이며 위가 어디인지를 알아맞히라고 했어. 그래서 그는 알아내려고 고심하는 거지만 알아내지 못했단다. 그는 이것을 너무나 알아내고 싶어 해. 왜냐하면 이웃 칸과는 불편한 사이거든."

"아버님은 왜 저에게 아무 말씀도 하지 않으셨어요? 저는 금방 알아낼 수 있는데요. 어머니, 이것에 대해 아버님에게 말씀해 주세요." 칸의 며느리가 말했다.

칸의 아내는 칸에게 며느리의 말을 전했다. 칸은 이에 기뻐하며 며느리를 불러 말했다.

"그래, 채찍 손잡이의 밑이 어디고 위가 어디인지 알아맞혀 보아라."

이에 대해 며느리는 대답했다.

"만약 이 지팡이를 물에 넣는다면 뿌리는 위보다 더 조밀하므로 물에 깊이 가라앉을 것입니다. 이 끝이 물에 더 많이 가라앉으므로 이 끝이 뿌리일 것입니다. 다른 쪽은 위고요."

그렇게 했다. 세숫대야에 물을 담아 와서 거기에 채찍의 손잡이를 넣었다. 정말 한쪽 끝은 다른 한쪽 끝보다 물에 더 깊이 가라앉았다. 손잡이에서 어디가 뿌리고 어디가 위인지 알아내서 이웃 칸에게 보냈다. 이웃 칸은 바로 맞힌 것을 알고서 격노했다. 어떻게 지혜 면에서 나와 겨룰 수 있는 사람이 있을 수 있단 말인가. 그는 이에 진정하지 못하고 자신의 하인들에게 새끼 말을 데리고 있는 회색 암말을 말무리에서 잡아 오라고 명령했다. 암말과 새끼 말은 색깔, 키, 모든 특징이 아주 똑같아서 구별이 되지 않았다. 심지어 이빨도 똑같았다. 이웃 칸인 체첸 칸에게 그들 중 어미와 새끼 말을 가려내 보라고 이 말들을 보냈다.

체첸 칸은 두 번째 문제를 듣고서 아무리 해도 생각이 나지 않아서 며느리에게 말했다.

"이웃 칸이 암말 두 마리를 나에게 보냈는데 키도, 색깔도, 다른 특징들이 똑같고 심지어 이빨도 똑같아. 어미와 새끼 말을 가려내야 해."

"아주 쉽게 알아낼 수 있어요." 칸의 며느리가 대답했다. "3일 동안 이 말들에게 먹을 것을 주지 마세요. 그런 다음 이 두 말에게 주는데 한쪽 말에게는 더 적은 양을 주고 지켜보세요. 그 말들 중에서 어떤 말이 먹는 동안 자신의 입으로 귀리를 모아서 다른 쪽으로 옮겨 주는지, 그 말이 어미이며 귀리를 빼앗는 쪽이 새끼 말이에요."

그렇게 했다. 정말 먹이를 먹는 동안 한 말은 귀리를 다른 쪽으로 옮겨 주었으며 다른 쪽은 게걸스럽게 먹었다. 어미와 새끼 말을 가려내고서 이웃 칸에게 그 말들을 보냈다.

이웃 칸은 이에 진정하지 못하고 체첸 칸에게 크기와 색이 완전히 똑같은 뱀을 두 마리 보냈다. 그는 이 중에서 어떤 뱀이 수컷이고 암컷인지를 가려내라고 요구했다.

체첸은 생각해 보았지만 생각이 나지 않아 다시 며느리에게 요청했다.

"저 뱀들 중에서 수컷과 암컷을 골라내 보거라."

"가능합니다. 다만 저 뱀들을 어둠 속에 두어야 합니다. 그런 다음 뱀들이 입구로 나 있는 길을 따라 기어 나올 수 있도록 넓은 벨벳을 입구의 길 위에 깔아 두어야 합니다. 뱀들이 벨벳 위에 나오자마자 암컷으로 보이는 뱀은 바로 몸을 감고는 조용히 누워 있고 수컷으로 보이는 뱀은 마치 뱀이 잠자는 것을 보호하는 듯 머리를 높이 올리고 잠자는 뱀 주위를 기어 다닐 것입니다."

그렇게 했다. 며느리가 말한 대로 되었다. 뱀을 가려내서 이웃 칸에게 표시해서 보냈다.

이웃 칸은 대단히 격노했다. 그는 그들 중 누가, 그가 체첸보다 더 지혜로운지를 가려내고 싶어 했다. 그는 체첸의 지혜를 자신의 눈으로 확인하고자 그를 집으로 초대했다.

체첸 칸은 두 번의 초대를 거절하고 나서 세 번째 초대에 그의 집으로 갔다.

대접하고 대화를 하는 중에 이웃 칸은 체첸 칸이 그보다 조금 어리석으며 그런 이유로 자신이 직접 그에게 보냈던 문제를 풀 수 없었으며 그에게 어떤 현자가 있다는 것을 의미한다고 확신했다. 이웃 칸은 이를 확인하고는 체첸 칸에게 문제를 냈다.

"내가 낸 문제를 풀었던 사람을 나에게 보여 주시오."

"내가 풀었소." 체첸 칸은 자신의 며느리를 보여 주는 것이 불편하게 생각되어 대답했다.

이웃 칸은 체첸의 말을 믿지 못하고서 말했다.

"만약 네가 나에게 그 현자를 보여 주지 않는다면 나는 너를 포로로 잡아서 딱딱한 빵을 먹이라고 명령할 것이다."

체첸 칸은 자신의 입장을 고수했다. 그때 이웃 칸은 자신의 하인들에게 체첸 칸을 쇠사슬에 채워 소에 묶고 그에게 딱딱한 빵과 물을 먹이라고 명령했다.

그러나 이것도 도움이 되지 못했다. 체첸은 자신의 입장을 굽히지 않았다. 그때 이웃 칸은 체첸에게 명령했다.

"너의 왕국 전부, 한 생명에 이르기까지 이리로 오도록 왕국으로 편지를 써라. 그러면 거기서 내가 직접 그 현자를 찾겠다."

이웃 칸의 협박으로 체첸 칸은 부인에게 편지를 썼다.

'우리 이웃 칸의 왕국은 진정한 천국이오. 여기서는 고통도 죽음도 병도 없소. 겨울도 없고 봄이 내내 지속되고 있소. 여름도 없고 가을의 선선한 날씨가 계속되고 있소. 국민은 여기서 사계절 내내 만족스럽게 살고 있고 일이 뭔지도 몰라요. 나는 편안한 깃털 이불에서 자고 있어요. 기름진 양고기를 먹고 향기가 진한 차를 마시며 하늘빛 벨벳 옷을 입고 있소. 나의 만족, 즐거움, 유쾌함이 끝이 없구려. 이 모든 것이 지속되고 있소. 이런 나라에서는 한순간도 떠날 수 없구려. 이 편지를 받고서 한 사람도 빠지지 말고 이리로 모두 오시오. 기억하시오. 나의 마누라여, 당신은 쉽게 속는 사람이지. 나의 말무리에 불행한 얼룩말 새끼가 있지만 나의 상자 안에 향기 나는 버터 조각이 있다는 것은 기쁜 일이지. 모두 오시오. 당신이 너무 그립소.'

그는 이 편지를 이웃 칸에게 주었다. 이웃 칸은 체첸의 비유에 아무런 의심을 하지 않고 이 편지를 전령과 함께 체첸 왕국으로 보냈다.

전령은 편지를 체첸의 아내에게 전달했다. 체첸 칸의 아내는 이 편지를 믿고서 즐겁게 모든 국민을 데리고 이웃 칸의 왕국으로 가려고 했다. 그녀가 소리쳤다.

"체첸 칸의 모든 국민은 한 사람도 빠짐없이 이웃 칸의 왕국으로 옮겨 가시오."

칸의 며느리는 이 말을 듣고서 시어머니에게 달려가 이 모든 것이 체첸 칸의 지시에 따라 한 것임을 알았다. 그녀는 모든 것에 의심을 품고 증거를 요구했다. 그녀는 체첸 칸의 편지를 받았다.

그녀는 편지를 읽고 나서 창백해지더니 입술을 오므렸다. 그녀는 시어머니에게 속삭였다.

"어머니는 이웃 왕국의 전령을 포로로 잡고 쇠고랑을 채워서 가두라고 명령하세요. 그러면 제가 무슨 일이 일어났는지 말씀드리겠습니다."

시어머니는 현명한 며느리의 말을 듣고 전령에게 쇠고랑을 채우라고 명령했다. 그런 다음 칸의 며느리는 체첸 칸의 편지의 각 문장을 해독하기 시작했다.

"어머니," 칸의 며느리가 말했다. "아버님은 포로로 잡혀서 위험에 처해 있어요. 그가 쓴 이 모든 것은 반대의 의미로 이해해야 해요. 차와 양고기는 물과 마른 빵이며 깃털 이불은 땅이고 푸른색 벨벳은 하늘이에요. 즐거운 나날은 고통스러운 나날이고요. 한순간도 떠날 수 없다는 것은 그가 쇠고랑을 차고 있다는 것을 의미해요. '나의 마누라, 너는 잘 믿는다'라는 것은 편지를 믿지 말라는 경고예요. '말무리에는 불행한 얼룩말 새끼가 있다'는 것은 아무것도 이해하지 못하는 아들에 대해 칸이 말한 것이에요. '상자 안에 있는 버터 조각'은 저를 두고 한 말이에요. 칸님은 나에게만 기대고 계세요. '모두 여기로 옮겨 오너라'라고 호소하는 것은 '이웃 칸과 전쟁을 벌여 나를 구해 달라'는 뜻이에요. 그러므로 우리는 평화로운 유목민으로서가 아니라 머리부터 발끝까지 무장해서 공격적인 군인으로서 그리로 가야 하는 거예요."

전령을 고문해서 그에게서 모든 것을 알아낸 후 그를 즉시 죽였다.

칸의 며느리가 제안한 대로 모든 것을 하고 한 사람도 빠짐없이 이웃 왕국을 공격했다.

이웃 칸의 궁전에서 멀지 않은 곳에 멈춰 서서 칸의 며느리는 이웃 칸에게 말을 전달하라고 시어머니와 남편을 앞으로 보냈다.

"우리 모두는 기쁘게 당신의 왕국으로 옮겨 왔습니다. 우리 모두는 활기차며 피곤함을 느끼지 못합니다. 우리 재산 모두는 한 마리의 동물도 빠지지 않고 그대로입니다. 내일 새벽에 갈 겁니다."

그들이 관심 갖는 첫 번째는 손과 발이 묶여 있는 체첸 칸이었다. 그는 마을 한가운데에 있으며 채찍으로 맞았다. 체첸 칸의 부인과 아들은 이것을 알지 못한 척하고 곧장 이웃 칸에게 가서 그들의 며느리가 전달하라고 했던 것을 전달했다.

이웃 칸은 이를 믿고서 당장 체첸을 풀어 주라고 명령하고 주연을 베풀었다. 밤새 주연이 열렸다. 이웃 칸과 그의 군대는 여명이 되기 전에 완전히 취해서 자려고 누웠다.

그러는 사이 체첸 칸의 며느리는 스스로 자신의 군대를 이웃 칸의 궁전으로 가라고 명령했다. 새벽에 그녀는 이웃 칸의 궁전을 손에 넣었고 잠자는 모든 사람들을 찾았다. 칸의 며느리는 자신의 군대에 하나의 손해도 입히지 않고 이를 이용해 이웃 칸의 군대를 포로로 잡아 쇠고랑을 채웠다.

이렇게 이웃 칸의 군대를 섬멸하고서 며느리는 이 왕국의 모든 국민에게 그들이 이제 체첸 칸에 속하게 되었음을 선포했다.

그렇게 해서 체첸 칸의 현명한 며느리는 이웃 왕국을 점령했다.

케댜

한 노인이 살고 있었다. 그는 매우 가난했다. 그의 전 재산은 헤어지지 않은 양 한 마리였다. 유목민 마을에서는 노인을 붉은 털 없는 양을 가진 케댜라고 불렀다.

어느 날 노인은 자신의 양을 타고 여행을 떠났다. 도중에 그는 이미 노랗게 된 견갑골을 발견했다.

케댜는 자신의 양의 코를 때렸고 그 피를 뼈에 묻힌 다음 그것을 품에 넣었다.

케댜는 커다란 마을에 도착했다. 마을 주민들은 어떤 성대한 행사를 준비하고 있었다. 그들은 많은 가축을 잡아 고기를 끓였다. 그들은 노인이 견갑골을 가지고 있는 것을 보고 고기와 함께 끓이기 위해 냄비에 그것을 넣으라고 제안했다. 케댜는 거절했다.

"고기가 나의 견갑골을 먹어 치울 거요." 그가 말했다.

칼미크 사람들은 그를 비웃고 그런 일은 일어나지 않는다고 단호하게 말했다. 노인에게 확신을 주기 위해 만약 고기가 견갑골을 먹어 치운다면 고기를 모두 그에게 주겠다는 약속을 했다.

케댜는 자신의 견갑골을 냄비에 넣었다. 고기가 끓을 때 그것을 꺼냈다. 냄비 안에 있는 견갑골은 보이지 않았다. 바닥에 작은 조각들만이 있었다.

케댜는 흠을 잡고 고기를 얻었다.

그는 잘 먹고 나서 계속 길을 갔다. 저녁에 부유한 마을에 도착해서는 자신의 양으로 무엇을 할지 몰랐다.

마을 주민들은 밤에 양 무리에 그 양을 풀어 주라고 그에게 제안했다. 노인은 사실 양들은 그의 양을 공격할 수 있으며 그를 갈기갈기 찢을 수 있다고 거절했다. 사람들은 노인을 비웃었다. 양들은 결코 서로서로를 잡아먹지 않으므로 전혀 두려워하지 않아도 된다는 것이다. 그러나 만약 무슨 일이 일어난다면 양 무리를 전부 케댜에게 주겠다고 했다.

노인은 그렇게 해야 했다. 그는 자신의 양을 양 무리에 놓아주었다.

모두들 잠든 밤에 노인은 조용히 일어나 자신의 양을 잡아서 그의 피를 모든 양의 입에 발랐다.

다음 날 아침에 칼미크 사람들은 케댜가 두려워하던 일이 일어난 것을 보았다. 마을 사람들은 케댜에게 양 무리를 통째로 넘겨주어야 했다. 노인은 양을 모두 잡아서 한 무더기에는 고기를 놓고 다른 무더기에는 가죽을 놓고 세 번째 무더기에는 내장 전부를 놓았다.

이때 케댜에게서 멀리 떨어지지 않은 곳에 하얀 낙타 일곱 마리가 방목되고 있었다. 노인은 일곱 마리의 하얀 낙타가 일곱 마리의 붉은 낙타로 변하도록 그들에게 피를 발랐다. 이렇게 하고 나서 계속 길을 갔다.

모르는 사람이 마주 오다가 케댜에게 일곱 마리의 하얀 낙타를 도중에 만났는지를 물었다.

"아닙니다. 저는 하얀 낙타를 보지 못했습니다. 저는 일곱 마리의 붉은 낙타를 보았습니다."

그들은 논쟁을 벌였다. 행인은 낙타가 하얗다고 확신했고 케댜는 그들이 붉다고 주장했다. 논쟁을 계속하던 끝에 결국 만약 케댜가 옳으면 낙타들을 가지고 만약 틀리다면 케댜 자신의 목숨을 대가로 내놓기로 했다.

낙타들이 방목 중인 그곳으로 돌아갔다. 케댜가 옳은 것으로 판명됐다. 노인은 낙타를 얻고서 그것들을 앞으로 몰고 갔다. 도중에 그는 검은 말을 타고 말가죽 모피 코트를 입은 젊은 남자를 만났다. 그들은 서로 인사를 나눴다. 젊은 남자는 케댜에게 어디로 가는지 물었다. 노인은 대답했다.

"내가 가는 곳은 '모피 더미, 고기 더미, 내장 더미'라고 하지요."

젊은 남자는 화를 내며 말했다.

"노인장, 당신은 나를 놀리는군요."

케댜는 그를 설득했고 그들은 말다툼을 했다. 그들은 만약 케다가 옳으면 젊은 남자가 자신의 말과 모피 코트를 주기로 하고 만약 케다가 틀리면 노인이 자신의 낙타 일곱 마리를 주기로 했다.

케다는 양을 죽인 곳으로 돌아갔고 그들은 모피 더미, 고기 더미, 내장 더미를 보았다. 케다는 말을 타고 모피 코트를 입고 자신의 마을로 낙타를 몰고 갔다.

노인 자신은 4분의 1, 턱수염은 4분의 3

옛날에 할아버지와 할머니가 살았다. 노인 자신은 4분의 1이고 턱수염은 4분의 3을 차지했다. 그들에게는 염소가 일곱 마리 있었다. 할아버지는 일곱 괴물과 내기할 생각을 했다. 그는 염소 한 마리를 죽여서 뇌를 가지고 땅을 파서 땅속으로 갔다.

일곱 괴물에게로 왔다.

"괴물들아, 그럼 누가 빨리 땅의 뇌를 손에 넣는지 내기하자. 손에 넣는 사람은 금 두 자루를 받는 거야."

내기를 했다. 사막의 장소로 갔다. 괴물들은 땅을 파고 계속 파고 철 지팡이로 흙을 던졌지만 아무리 해도 뇌를 파낼 수는 없었다.

노인은 조금 땅을 파고 나서 미리 땅에 숨겨 둔 뇌를 꺼냈다.

"자, 괴물들아, 내가 이겼다."

괴물들은 노인에게서 벗어나기로 결정했다.

"노인이 승리자요, 금을 가지러 우리 집으로 갑시다." 괴물들이 초대했다. 노인이 갔다. 괴물들이 그에게 철끈을 주고 연료를 가지러 오라고 그를 보냈다. 노인은 끈을 잡고 숲으로 왔다. 할아버지는 나무에 도달해서 나무를 묶기 시작했다. 괴물들은 할아버지를 기다리지 않고 그에게로 일곱 중 하나를 보냈다.

"노인장, 왜 그렇게 오랫동안 싣고 있는 거요?" 파견된 괴물이 물었다.

"이 나무들을 묶어서 당신들 집으로 가지고 가려는 거요."

"우리는 나무 전부는 필요 없어요. 하나면 충분해요."

그리고 나무 하나를 부러뜨리고 괴물은 할아버지와 돌아갔다. 집에 도착했을 때 그들은 노인에게 커다란 철 양동이를 두 개 주고 물을 퍼 오라고 보냈다. 노인은 물이 있는 곳으로 와서 우물 주위를 파기 시작했다. 그는 오랫동안 팠다. 괴물들은 기다리지 못하고 할아버지를 데리러 일곱 중 하나를 보냈다.

"노인장, 뭘 하는 거요?" 괴물이 물었다.

"물이 든 이 우물을 당신 집으로 가지고 가려고 하는 거요."

"우물 전체는 필요 없어요." 괴물은 물 한 통을 퍼서 할아버지와 집으로 갔다.

괴물들은 고기를 끓여서 노인을 대접했다. 그에게 많은 양의 고기 조각을 집어 주었다. 노인도 말했다.

"나는 야외 강가에서 식사를 할 거요."

괴물 셋은 커다란 세숫대야에 고기를 담아 노인에게 가져다주었다. 1년이 걸려도 다 먹어 치울 수 없는 양이었다. 노인은 고기를 맛보고 말했다.

"소금이 없어."

괴물들은 소금을 가지러 갔다. 할아버지는 그러는 사이 고기를 물속에 던졌다. 괴물들이 소금을 가지고 왔을 때 노인은 화를 냈다.

"오래도 걸렸군요. 나는 이미 고기를 다 먹어 치웠어요."

괴물들은 할아버지의 식욕에 놀라서 할아버지에게 세숫대야에 고기 수프를 담아 가져다주었다. 노인은 맛을 보고 말했다.

"또 소금이 없군. 고기 수프가 아니라 물이야." 그는 소금을 가지러 괴물들을 보냈다. 괴물들이 왔을 때 할아버지는 고기 수프도 물에 버렸다.

괴물들이 왔다.

"아주 오래 걸렸군. 기다리다, 기다리다 소금 없이 고기 수프를 다 마셔 버렸어." 할아버지가 말했다.

밤이 왔다. 노인은 말했다.

"나는 스텝의 강가에서 잘 것이오. 깨끗하고 하얀 담요를 깔아 주시고 새하얀 모피를 주시오." 그는 강으로 갔다.

괴물들은 노인에게 요를 깔아 주고 떠났다. 노인은 누워서 생각했다. '이제 이 뻔뻔한 괴물들이 뭔가를 할 거야. 지켜봐야 해.'

그는 자리를 떴다. 그는 천막집의 구멍으로 괴물들이 단검을 갈고 있는 것을 보았다.

"아무리 해도 노인에게서 벗어날 수 없어. 그는 우리를 가만히 내버려 두지 않아, 그를 죽여야 해." 괴물들은 논의했다.

노인은 강가의 자기 자리로 와서 자기 잠자리에 하얗고 커다란 돌을 놓고 모피로 덮은 후 자신은 조금 떨어진 곳으로 가서 누웠다.

일곱 괴물 중에서 제일 연장자가 몰래 다가와 잠자리에 단검을 내리꽂았다. 단검은 망가지고 불꽃이 튀었다. 불은 번쩍였다. 괴물은 집으로 와서 형제들에게 말했다.

"나의 단검이 망가졌어. 이제 어떻게 하지?"

두 번째 괴물이 갔고 그 뒤를 따라 세 번째가 갔다. 그렇게 모든 괴물이 단검을 망가뜨리고 아무 소득 없이 집으로 돌아왔다.

아침에 노인은 괴물들의 집으로 가서 말했다.

"당신들이 나에게 누빈 더러운 모피를 줘서 밤새 이들이 나를 뜯어 먹었어요. 이제 나를 집으로 데려다줘요. 내가 초대하겠소."

할 수 없었다. 한 괴물은 금 두 자루를 들고 노인을 배웅하러 나갔다. 천막집에 거의 다다랐을 때 노인은 앞서가서 천막집에 들러 아내에게 말했다.

"마누라, 지금 괴물이 우리 집으로 오고 있어. 나는 '점심을 차려'라고 말할 거야. 그러면 당신은 '먹을 것이 없어요'라고 말해. 그렇게 세 번 말하면 내가 '천막집 앞 가까이에 있는 괴물의 내장을 가지고 와서 끓여'라고 소리칠 거야."

할아버지는 괴물을 맞이하러 갔다. 괴물은 머리를 숙이고 천막집으로 들어가 다리를 뻗고 앉았다.

"마누라, 식사를 차려."

"먹을 것이 없어요." 할머니가 할아버지에게 대답했다.

그렇게 세 번을 주고받고 노인이 말했다.

"천막집 앞 가까이에 있는 괴물의 내장을 가지고 와서 끓여."

그렇게 말하자 괴물은 공포에 질려 펄쩍 뛰었다. 풀이 무성한 천막집은 그의 목에 걸렸고 괴물은 그것을 가지고 달아났다. 노인과 노파는 천막집 안에서 굴렀다. 노인은 천막집에서 나와 소리쳤다.

"마누라, 이 불결한 괴물을 잡아."

괴물은 천막집을 망가뜨린 다음 그것을 던지고 달아났

다.

뛰어가다 여우를 만났다.

“괴물아, 네 스커트는 찢어지지 않았고 어깨는 뭉개지지도 않았는데 너는 어디로 달려가니?”

“한 노인이 나를 죽이려고 해.” 괴물은 불평했다.

“그 사람은 못된 늙은이야.” 여우가 말했다. “나의 꼬리를 잡아, 가서 손봐 주자.”

괴물은 여우의 꼬리를 잡고 할아버지에게로 갔다. 노인은 괴물과 여우가 함께 있는 것을 보고 점잖게 말했다.

“나의 사랑스러운 아들이 괴물의 복수를 하러 나에게 오고 있군.”

괴물은 다시 겁을 먹고 여우의 꼬리를 잡아 여우를 땅에 내동댕이치고 달아나 버렸다. 도망갈 때 늑대를 만났다.

“괴물아, 너는 어디로 달려가는 거니?”

“어느 노인이 나를 죽이려고 해.”

“괜찮아. 나는 밤마다 염소 한 마리씩 그 흉측한 노인의 집에서 먹어, 내 목이 굵으니 잡아. 둘이서 그 노인에게 가자.”

그들은 갔다. 노인은 괴물과 늑대가 함께 있는 것을 보고 마치 기뻐하는 척했다. 그는 천막집에서 달려 나오면서 말했다.

"회색 아들이 괴물을 나에게로 데리고 오는구나."

괴물은 생각할 겨를도 없이 늑대의 목을 부러뜨리고 영원히 도망쳤다.

노인은 여우의 가죽으로 할머니에게 모피 코트를 만들어 주고 늑대 가죽으로 자신이 입을 모피 코트를 지었다. 금 두 자루로 죽는 날까지 살면서 즐겼다.

노인 자신은 4분의 1, 턱수염은 4분의 3에 관한 이야기는 끝났다.

용사 샤라다

언젠가 샤라다라는 용사가 있었다. 그는 영웅적인 업적을 만들지 않고는 살 수 없었다. 그에게는 말이 있었다. 그 말의 귀 길이는 10미터가량이며 몸길이는 100미터가량이었다.

용사 샤라다는 인적이 없는 스텝의 눈처럼 하얗고 틈과 균열이 없는 저택에서 살았다. 그 저택의 바깥에는 코끼리와 사자가 지키고 있으며 저택 안에는 호랑이와 곰이 살고 있었다. 창문 유리는 불이 붙어 있고 문은 기이한 나무로 만들어졌다. 문을 건드리면 소리가 나는데 마치 수만 명이 소리치는 것 같았다. 위에는 저택의 끝이 보이지 않았다.

저택의 내부에, 일곱 겹의 실크 커튼이 있는 닫집[26] 뒤에 용사 샤라다가 살고 있었다. 용사의 말이 살고 있는 마구간에는 말의 다리가 무뎌지지 않게, 다리가 닳지 않게 솜이불이 깔려 있었고 다리는 실크 실로 감겨 있었다. 말이 오랫동안 배고픔을 견딜 수 있도록 이른 아침에 말을 들어 올려 하얀 돌을 핥도록 했다. 말이 눈부실 수 있도록 모래 위에 구르

---

26) 궁궐 안의 옥좌 위나 법당의 불좌 위에 만들어 다는 집 모형.

게 했다.

어느 날 10미터가량의 귀와 100미터가량의 몸집을 가진 말이 자신의 거대한 마구간에서 망가질 정도로 심하게 날뛰었다.

"나의 말에게 무슨 일이 있었던 거야?" 샤라다가 물었다.

만드리크, 하얀 양가죽이라는 이름의 말 돌보는 사람을 보러 갔다. 그 사람이 말의 고삐를 잡아서 끌고 오니 말은 샤라다에게 말했다.

"나쁜 용사 부다-메르겐이 전쟁을 일으키러 너에게 오고 있으며 그는 너의 집과 땅을 빼앗아서 우리 민중을 노예로 만들려고 해."

샤라다는 말에 안장을 올리라고 말 돌보는 사람에게 명령했다. 만드리크는 용사의 말을 준비시키고 은색 안장에 얹는 천을 놓고 잘 편 다음 위에 은색 안장을 은색 베개와 함께 놓았다. 은색 굴레를 말 자신이 잡고 말 돌보는 사람은 그 굴레를 강하게 잡아당겼다. 말을 준비하고 고삐를 안장의 앞머리로 던지고 말이 자리에서 벗어날 수 없도록 묶었다. 말은 양옆으로 갈기를 휘날리며 즐거워하면서 태양과 달이 달린 귀로 장난하고 있었다.

독한 보드카가 준비되었고 독 불이 끓고 있으며 세숫대야에 보드카를 섞은 독을 마시고 70명이 함께 겨우 세숫대야를 들어 올렸다. 그렇게 72 대야의 보드카를 샤라다는 차례대로 마셨다. 괜찮았다. 다만 그의 이마에 땀이 조금 보일 뿐이었다.

그런 다음 샤라다는 어깨 사이에 마흔두 개의 단추가 달리고 허리에 여든두 개의 단추가 달린 하얀 옷을 걸쳤다. 옷은 용사의 몸에 꼭 맞았다. 그는 다이빙이라고 불리는 술이 달린 모자 에크빙을 썼다. 샤라다가 몸을 숙이면 그 술은 그의 무릎을 쳤으며 뒤로 젖히면 그 술은 무릎 힘줄을 건드렸다.

샤라다는 자신의 흰 발에 신발을 신고 종이처럼 얇은 칼날의 검은 검을 가지고 다녔다. 샤라다는 그 칼을 흔들며 오른쪽 대퇴부에 고정했다. 삼나무 손잡이가 달린 동으로 만든 창도 가지고 다녔다. 그는 그것을 흔들고 왼쪽 대퇴부에 고정했다. 또 노인이 꼬고 젊은 사람이 압착한 세 살짜리 수컷 낙타의 가죽으로 만든 자루가 달린 검은 채찍도 들고 다녔다. 샤라다가 오른손에 채찍을 잡아 쥐면 채찍에서 착한 젊은이의 갈증을 풀어 줄 수 있을 정도의 즙이 방울방울 떨어졌다.

그때 용사가 말했다.

"지구상에 나와 겨룰 수 있는 자가 있을까?" 용사의 콧수염이 곤두서고 얼굴은 붉어지고 눈은 빛났다.

샤라다는 나가서 은색 등자의 끝을 건드리지도 않고 말 위로 튀어 올랐다. 말이 달려갔다.

보그쟈틴 회색 산 위로 올라갈 때까지 계속 달려갔다. 아무도 보이지 않았다. 샤라다는 산 중턱에서 자라나는 검은 자두나무를 잡고 눈에 문질렀다. 저 멀리 파리 크기 정도의 뭔가가 나타났다. 샤라다는 자신의 말에게 말했다.

"만약 내일 검은 것이 보이는 저기로 정오에 도달하지 못한다면 나는 없을 것이며 만약 너의 튼튼한 네 발굽으로 잔을 만들지 못한다면 나는 없을 것이다. 만약 너의 갈비 여덟 개로 북채를 만들지 못한다면 너의 가죽으로 가죽 지붕을 만들지 못할 것이다."

샤라다는 자신의 말에게 그렇게 맹세했다. 말도 그에게 맹세로 답했다.

"저는 물 흐르듯 뛰어서 내일 정오에 도달할 겁니다. 만약 당신이 뛸 때 저에게서 미끄러져 떨어져서 제가 돌아가서 당신을 잡는다면 나의 꼬리가 끊어지고 나의 뼈는 망가질 겁니다."

말은 자신의 주인에게 그런 맹세를 했다. 그리고 뛰어갔다.

다음 날 정확히 정오에 말은 물 흐르듯 달려서 그곳에 도달했다. 그런데 그의 주인이 미끄러져서 뒤에 남아 있는 것을 보았다. 10미터가량의 귀를 하고 100미터가량의 몸을 한 말은 안장의 깔개로 날개를 만들어 도로 날아갔다.

"할 수가 없군요. 나의 사랑하는 주인님. 당신을 위해서 맹세도 파괴할 수 있습니다." 그는 용사에게 가서 그가 안장에 앉는 것을 돕고 다시 가야 할 장소까지 달려갔다.

부댜-메르겐은 자신의 갈색 말이 풀을 뜯도록 놓아주고 자신은 사슴과 야생 염소를 겹쳐 놓고 모닥불에 구우며 차를 끓였다. 낙타 머리 크기의 담뱃대에 독한 담배를 넣고 연기를 내뿜었다. 잠을 자는 둥 마는 둥 하고 누워 있는 둥 마는 둥 했다. "일어나, 해가 중천에 떴다. 시합하자." 샤라다가 그에게 말했다. 부댜-메르겐이 일어났다. 용사들은 차를 마시고 사슴 고기와 양 고기를 먹었으며 커다란 뼈를 입으로 뱉어 내고 작은 것은 코로 뱉어 냈다. 마시고 먹고 손을 어깨에 얹더니 말을 타고 노래를 불렀다.

"합, 합," 그들의 이가 부딪혔다. "넓은 스텝에서 남자는 죽는다고 한다." 그들이 말했다.

그리고 전투가 시작되었다.

용사들은 삼나무 손잡이가 달린 동으로 만든 창으로 싸웠고 서로서로 공중으로 들어 올렸다. 아무런 결론도 나지 않았다. 그들은 서로서로 날카로운 검으로 베었지만 상처는 순식간에 봉합되었다. 그들은 열 번씩 자신의 용맹한 검은 채찍으로 때렸다. 채찍 대는 세 살짜리 낙타 가죽으로 만든 것이었다. 다시 아무런 결론이 나지 않았다.

"안 되겠다," 용사들이 말했다. "말들을 괴롭히지 말자."

말들의 콧구멍에서 흘러나온 땀 때문에 아무것도 보이지 않는 칠흑 같은 어둠이 내려앉았다. 말들의 눈에서 나온 불 때문에 양옆에서 화재가 일어났다.

"그럼, 어깨와 견갑골로 싸워 보자." 용사들이 말했다.

말에서 내렸다. 서로서로 노려보면서 황소 가죽으로 만든 자신들의 폭 넓은 바지를 무릎까지 말아 올렸다. 서로서로를 쳐다보며 다시 싸우기 시작했다.

"타시, 타시," 용사들은 서로를 잡았다. "타시르, 바시르," 서로에게 덤벼들었다.

산이 계곡이 되고 계곡이 산이 될 때까지 싸웠다. 물웅덩이가 바다로 변하고 바다가 물웅덩이로 변했다. 나무가 토막 나고 나무토막이 나무가 될 때까지 싸웠다.

49일 동안 용사들은 싸웠다. 샤라다는 부다-모르겐을 잡고 한쪽 대퇴부를 칠천 번 흔들었고 다른 대퇴부를 팔천 번 흔들었다. 부다-메르이 일곱 개의 강을 넘어 쓰러질 정도로 그를 때렸다. 부다-메르겐의 뼈가 제자리를 이탈할 정도로 그를 때렸다. 팔꿈치로 일곱 번 땅에 박을 정도로 그를 때렸다.

부댜-메르겐이 이성을 잃을 정도로 때렸다. 자신의 검은 눈을 찌푸릴 정도로 때렸다. 또 한 번 부댜-메르겐이 땅속으로 완전히 들어가면서 결정타를 때렸다.

샤라다는 부댜-메르겐의 뼈를 조각조각 냈고 일곱 개의 강물을 하나의 강으로 만들었으며 악한 용사의 잔해를 그 강에 던졌다.

샤라다는 집으로 돌아와 커다란 연회를 열었다.

아랄탄의 아들

어느 왕국, 어떤 나라에 아랄탄이라는 부자가 살았다. 그는 오래오래 살았지만 아이는 없었다.

"가서 나의 운명의 결정자를 찾아 그를 죽여 버리겠어." 그는 자신의 마누라에게 말했다.

하루가 가고 이틀째가 되어도 아무도 만나지 못했으며 사흗날 아침에 한 사람을 만났다. 아랄탄은 그의 옷깃을 잡고 흔들어 댔다.

"말해, 불행하고 비천한 자여, 네가 나의 운명의 결정자인가?" 그가 물었다.

"아닙니다. 당신이 필요로 하는 자는 내 뒤에 오고 있습니다."

"그는 어떤 모습을 하고 있는가?"

"그는 당신과 똑같이 생겼습니다. 칼을 차고, 살찌고 검은 말을 타고 다닙니다."

아랄탄은 여행자를 놓아주고 계속 갔다. 두 번의 일출과 두 번의 일몰을 보내고 그는 다른 여행자를 만났다.

"이봐," 아랄탄이 소리쳤다. "네가 나의 운명의 결정자인가?"

"만약 나라면 당신은 나에게 뭘 원하시오?"

"만약 네가 나의 운명의 결정자라면 너를 죽일 것이다."

"왜 나를 죽이려는 거요?"

"네가 나에게 후손을 주지 않았기 때문이다."

"그래 봐야 소용없을 것이오. 당신의 아이들은 당신의 죄로 인해 죽을 것이오. 당신의 큰아들은 불 때문에 죽을 것이고 둘째 아들은 말발굽에 밟혀 죽을 것이며 셋째 아들은 전쟁터에서 죽을 것이오. 아랄탄, 생각해 보시오, 당신은 그 어떤 것도 가지지 못하는 것이 더 나을 것이오."

"아들 없는 천막집은 불 없는 아궁이요. 안 그렇소?"

"그렇긴 그렇소. 좋소, 집으로 가시오."

아랄탄은 말을 돌려 돌아갔다. 그러자 곧 아내는 아들을 낳았다.

"아이고, 당신, 우는 소리와 기쁨이 한가득이구만." 아랄탄은 아들을 안고 흔히 하듯 소리쳤다.

새로 태어난 아이에게 천막집을 세워 주고 거기에 결코 불을 지피지 말라고 명령했다.

여러 달이 흘렀다. 소년은 아직 한 살도 채 되지 않았다. 지키는 하인이 밤새 앉아서 자지 않고 부자 아들의 잠을 지키다 아침 무렵에 담배를 피우기로 했다. 부싯돌에서 불꽃이 튀었고 소년의 뺨에 떨어졌다. 아랄탄의 아들은 나날이

가 아니라 시시각각 야위고 시들어 갔다. 그러다 한 살이 되던 해에 죽었다.

슬픔을 잊기도 전에 아내는 둘째 아들을 낳았다. 아랄탄은 즉시 지키는 하인을 정하고 그의 천막집 가까이에 아무도 말을 타고 오지 못하게 하라고 명령했다. 그러나 이번에도 불행이 닥쳤다. 소년은 두 살이 지나가고 있었다. 지키는 하인은 아랄탄의 아들과 놀 수 있게 같은 또래의 아이들을 불렀다. 뜻밖에 그들이 놀고 있는 천막집으로 말 두 마리가 달려오면서 서로서로 치고 물어뜯었다. 아이들은 옆으로 피해 달아나며 그 말들이 싸우는 것을 지켜보았다. 말이 싸우는 동안 화가 나서 뒷발굽으로 아랄탄 아들의 머리를 쳤다. 소년은 앓다가 곧 죽었다.

아버지와 어머니의 머리가 백발이 되었다.

슬픔이 아직 지나기 전에 셋째 아들이 세상에 나왔다. 그의 이름은 나란이었다. 세월이 흘렀다. 나란은 성장해서 아름다운 청년이 되었다. 눈썹은 검은담비 같았고 뺨에 홍조를 띤 얼굴은 희고 투명했다. 어머니는 아들을 바라보며 더할 나위 없이 기뻐했으며 모두들 그를 사랑했다.

"아버지, 저를 밤에 나가게 해 주세요." 어느 날 나란이 요청했다.

"나가거라. 그렇지만 울새가 울면 집으로 오너라."

아랄탄의 아들이 말을 타고 안장에 두 번째 말을 묶고 말 무리로 갔다. 도중에 행인이 마주 오고 있었다.

"어이, 이봐," 낯선 이가 소리쳤다. "저기서 싸움이 났어. 너는 모르고 있구나."

"어떤 쪽에서요?" 나란이 물었다.

"바로 저기에서," 행인이 가리켰다. 나란은 언덕으로 가서 싸우는 사람들을 보았다. 한 사람의 누비 코트가 은으로 되어 있었으며 다른 한 사람의 누비 코트는 금으로 되어 있었다. 나란은 그들에게 다가가 물었다.

"무슨 일이세요? 왜 싸우세요?"

가슴과 옷자락에 은으로 수놓아진 누비 코트를 입은 사람이 말했다.

"이봐, 젊은이, 너는 말을 두 마리 가지고 있지만 우리는 한 마리도 없어. 우리에게 말 한 마리를 줘."

"가지세요." 아랄탄의 아들이 대답하고 그들에게 고삐에 묶어서 데리고 온 말을 주었다. 나란이 떠나자마자 그들이 말다툼을 했다.

"이 말은 내 거야." 가슴과 옷자락에 은으로 수놓아진 누비 코트를 입은 사람이 소리쳤다.

"아니야, 내 거야." 가슴과 옷자락에 금으로 수놓아진 누비 코트를 입은 사람이 반발했다. 그들이 계속 말다툼을 하더니 나란을 불렀다.

"어이, 젊은이, 돌아와."

나란은 다시 그들에게 다가갔다.

"말해 봐," 가슴과 옷자락이 금으로 수놓아진 누비 코트를 입은 사람이 그에게 말했다. "너는 우리 중 누구에게 말을 준 거야?"

"당신들은 두 사람분으로 그 말을 요구했고 이제 그 말을 한 사람이 가져야겠다고 하는군요. 말은 그 말이 필요한 사람에게가 아니라 그 말을 요청했던 사람의 것이어야 해요." 아랄탄의 아들이 대답하고 자기 길을 갔다.

그러나 곧 가슴과 옷자락이 은으로 수놓아진 누비 코트를 입은 사람이 그를 쫓아왔다.

"너의 이름이 무엇이냐?"

"저는 아랄탄의 아들이며 나란이라고 합니다. 성함이 어떻게 되세요?"

"나는 칩친 후르치라고 한다. 나란아, 예를리크 노민-칸[27]이 너의 생명을 빼앗을 전령들을 너에게 보낼 것이다. 나와 같이 가자. 네가 나에게 말을 준 대가로 나는 분명한 죽음으로부터 너를 구하려고 한다." 그들은 숲으로 다가가 자

---

27) 저승의 왕, 최고 심판관.

신들의 말을 섞어서 풀을 뜯게 풀어 주었다. 침친 후르치는 아랄탄의 아들을 황금 씨앗으로 변하게 하고 그를 주머니에 넣어 예를리크 노민-칸에게로 갔다. 궁전에 도착해서는 시르디크[28]에 앉아 칸을 즐겁게 하려고 돔브라[29]를 연주하기 시작했다. 예를리크 노민-칸은 젊은 악령들을 모아서 그들에게 말했다.

"부자 아랄탄의 아들은 6120번의 일몰 동안 살았다. 나는 그가 더 이상 살아 있는 것을 용납하지 않을 것이다. 누가 나란을 잡아 올 것이냐?"

"우리가 하겠습니다." 두 악령이 나섰다.

"너희는 그를 데리고 올 수 있겠느냐?" 예를리크 노민-칸이 물었다.

"할 수 있습니다."

"어떤 식으로 임무를 이행할 생각이냐?"

어린 악령이 대답했다.

"우리는 활과 화살로 변할 것입니다. 나란은 길을 갈 것이고 우리를 보고 잡을 것입니다. 그는 화살에 손을 다치게 될 것이며 우리는 그의 생명을 취해서 가지고 올 것입니다."

---

28) 하얀 펠트 매트로 만든 담요.

29) 카자흐 민속 현악기.

"부자 아랄탄의 아들을 속이기에는 충분히 교활한 생각이구나." 예를리크 노민-칸이 말하고 그들을 보냈다.

칩친 후르치는 숲으로 돌아와 나란을 금 씨앗에서 인간으로 변하게 했다.

"예를리크 노민-칸과 어린 악령들이 말하는 것을 들었느냐?" 그가 물었다.

"들었습니다." 아랄탄의 아들이 대답했다.

"집으로 가라, 도중에 활과 화살을 보거든 주운 것에 대해 매우 기뻐하는 척하여라. 잡아서 화살이 반쯤 망가질 때까지 바위에다 쏘아라. 화살이 망가지면 활시위를 다시 부러뜨린 다음 말을 타고 바람보다 더 빨리 나에게로 달려와라."

아랄탄의 아들은 집으로 가다가 칩친 후르치가 말한 대로 도중에 활과 화살이 놓여 있는 것을 보았다.

"바로 이것이구나. 이런 걸 발견하다니." 그는 환호했다.

나란은 활을 잡아서 화살을 메기고 순식간에 활시위를 당겼다. 활의 끝이 만나 바위로 화살이 날아갔다. 화살은 바람 소리를 내며 갈라진 틈으로 박혀 두 동강 났다. 아랄탄의 아들은 활시위를 부러뜨린 다음 전력을 다해 숲으로 내달렸다.

칩친 후르치는 다시 그를 황금 씨앗으로 변하게 해서 주머니에 넣고 예를리크 노민-칸에게로 갔다. 그는 궁전에 도착해서 시르디크에 앉아 칸을 즐겁게 해 주기 위해 돔브라를 연주하기 시작했다.

돔브라 소리가 아직 잦아지지 않았는데 가루다가 예를리크 노민-칸 앞에 두 전령, 두 악령의 생명이 담긴 그릇을 놓았다.

"누가 이제 부자 아랄탄의 아들, 나란의 생명을 빼앗아 오겠느냐?" 예를리크 노민-칸이 물었다.

"우리가 생명을 빼앗아 오겠습니다." 다른 두 악령이 말했다.

"어떻게 생명을 가지고 올 생각이냐?"

"아버지가 그에게 늑대와 적에 대항할 채찍을 전해야 하고 어머니는 그에게 이시키신-마한[30]을 만들어 주어야 합니다. 나란이 신성한 채찍을 손에 들면 저는 그의 몸에 들어갈 겁니다." 첫 번째 악령이 말했다. "나란은 이시키신-마한을 먹을 겁니다. 저는 그의 내장으로 들어갈 겁니다." 두 번째 악령이 말했다. "나란의 생명을 빼앗아 가지고 오겠습니다."

"생각한 대로 행하여라." 예를리크 노민-칸이 말했다.

---

30) 다진 고기.

"만약 나란의 생명을 가지고 온다면 가지고 놀도록 그 생명을 너희에게 주겠다."

악령들은 떠났으며 칩친 후르치도 숲으로 갔다. 그는 나란을 황금 씨앗에서 인간으로 변화시켰다.

"악령들이 하는 말을 들었지?"

"들었습니다." 나란이 대답했다.

"집으로 가거라. 아버지가 성스러운 채찍을 주면 매우 기쁜 척을 하여라. 그렇지만 그 채찍에 손을 대서는 안 된다. 아랄탄에게 그 채찍을 가장 잘 보이는 곳에, 천막집 왼편에 꽂아 두라고 요청하여라. 그리고 어머니가 이시키신-마한을 주면 개들에게 던져 주어라. 말을 타고 바람보다 더 빨리 나에게 달려오너라."

나란은 말을 타고 집으로 갔다. 부모는 아들을 반갑게 맞았다.

"아들아, 너를 기다렸단다, 너는 우리의 기쁨이며 위안이란다." 어머니가 말했다.

"우리는 네가 말무리에 가지 않고 붐반-우란(무덤의 모래, 한 줌의 재, 즉 죽음을 의미)으로 갔다고 생각했단다." 아버지가 말했다.

"아무 일도 없었어요. 아버지, 저는 오래 머무를 수 없어요." 아들이 대답했다.

아버지는 적들과 늑대에 대항할 수 있는 채찍을 꺼냈다.

"나란아, 이제 너는 말지기가 되었다. 이것을 가져라." 아랄탄이 말했다. "이것은 우리 집 대대로 전해 내려오는 것이다."

나란은 매우 기쁜 척했다.

"아버지, 선조의 자존심을 제가 지닐 수 있는 때가 아직 되지 않았습니다. 잘 보이는 장소에, 천막집 왼편에 그것을 꽂아 두세요"라고 그가 말했다. 그리고 어머니에게 다가가 말했다.

"어머니, 마실 것과 먹을 것이 좀 있을까요?"

"있지, 있고말고. 늙은 내가 아들이 배고프다는 것을 완전히 잊고 있었구나. 너에게 이시키신-마한을 주려고 준비해 뒀어. 그리고 버터케이크가 있단다." 나란은 버터케이크만 먹고 이시키신-마한은 개들에게 주었다. 그는 말을 타고 숲으로 바람보다 더 빨리 달려갔다. 칩친 후르치는 나란을 황금 씨앗으로 변신시키고 그를 주머니에 넣어 예를리크 노민-칸에게로 갔다. 예전처럼 시르디크에 앉아서 돔브라를 연주하며 찬양가를 부르기 시작했다.

곧 두 전령인 두 악령이 궁전에 나타났다. 그들 중 하나는 온전했고 다른 하나는 성한 곳이 없을 정도로 개들에게 물어뜯겼다. "예를리크 노민-칸님, 우리는 나란의 생명을 가지고 올 수 없었을 뿐만 아니라 우리 자신도 겨우 도망갈 수 있었습니다"라고 그들이 말했다.

"이제 누가 아랄탄의 아들의 생명을 빼앗을 것인가. 아버지가 그에게 신성한 채찍을 주었잖느냐." 예를리크 노민-칸은 화가 나서 소리쳤다.

"나란의 생명은 룬-칸에게 빼앗아 오라고 하십시오." 칩친 후르치가 제안했다. 예를리크 노민-칸은 즉시 룬-칸을 데리러 전령들을 보냈다.

마을에서는 아직 양젖을 짜지 않고 있어서 룬-칸은 주군의 말을 듣고 대답했다.

"제가 아랄탄의 아들 나란의 생명을 빼앗아 오겠습니다."

"어떻게 할 생각이냐?"

"먹구름을 모아서 폭풍을 불게 하고 천둥과 번개를 부를 것입니다. 나란은 스스로 저에게 생명을 내놓을 겁니다."

"좋은 생각이나." 예를리크 노민-칸이 말했다. "너를 초조하게 기다리마."

룬-칸은 궁전에서 나갔고 칩친 후르치도 궁전에서 나갔다. 그는 숲으로 와서 나란을 황금 씨앗에서 인간으로 변신시키고 물었다.

"룬-칸이 하는 말을 들었느냐?"

"들었습니다."

"나란아, 예르클류산으로 가거라. 룬-칸은 너에게 다가가 세 번의 번개를 때릴 것이다. 만약 빗나가면 하얀 낙타 새끼로 변할 것이다. 말에서 뛰어내려, 그 낙타의 귀를 잡고 낙타의 털과 고기가 떨어져 나갈 때까지 채찍으로 때려라. 낙타 새끼는 잠잠해져 호소할 것이다. 그러나 너는 그에게 생명과 생명을 교환하는 데 뜻을 같이한다고 말해라. 룬-칸이 동의하면 그를 살려 주어라, 거절하면 그의 네 다리를 때리고 머리에 말뚝을 박고 그에게 건초를 얹어서 태워라."

나란은 칩친 후르치의 충고를 듣고서 말을 타고 예르클류산으로 갔다.

이 언덕에서 저 언덕으로 넘어가자 가슌 호수에서 먹구름이 올라와서 폭풍이 불고 천둥이 치고 번개가 번쩍거렸다. 룬-칸은 하늘의 활시위를 당겨 일곱 색깔의 화살로 쏘아 댔다. 대지 어머니는 떨었고 사시나무는 검은 나무가 되어 땅으로 쓰러졌다. 아랄탄의 아들은 자신의 말을 재촉했고 자신은 하늘을 내내 쳐다보았다. 룬-칸은 하늘의 활시위를 당겨 일곱 색깔의 화살을 쏘았고 대지의 어머니가 흔들렸다. 예르클류산은 정상이 없어졌다. 나란은 말을 재촉했고 자신은 하늘에서 눈을 떼지 않았다.

룬-칸은 하늘의 활시위를 당겨 일곱 색깔의 화살을 쏘았고 가슌 호수가 바짝 말랐다. 나란은 말을 재촉했고 자신은 양쪽을 경계했다. 그는 땅 위에 떨고 있는 하얀 낙타 새끼를 보고 말에서 뛰어내려 귀를 잡고 채찍으로 때렸다. 고기와 가죽 조각들이 옆으로 날아가기 시작했다. 낙타 새끼는 견디지 못해 소리쳤다.

"아랄탄의 아들아, 나를 채찍으로 때리지 마라, 너와 생명과 생명을 교환할 것에 동의한다."

"룬-칸, 두 번 다시 내 앞에 나타나지 마라." 나란이 그에게 말했다. "만약 약속을 지키지 않는다면 너를 불태워 버릴 것이다."

그러자 룬-칸은 그에게 세 번 절을 하고 하얀 구름이 되어 날아갔다.

나란은 숲으로 왔고 칩친 후르치가 그를 황금 씨앗으로 변신시켜서 주머니에 넣고 예를리크 노민-칸의 궁전으로 갔다. 예전처럼 시르디크에 앉아서 돔브라를 연주하고 찬양가를 부르기 시작했다. 칩친 후르치가 전주곡을 부르자 룬-칸이 궁전 문턱에 나타났다.

"아랄탄의 아들, 나란의 생명은 어디에 있느냐?" 예를리크 노민-칸이 물었다.

"불행한 일입니다. 안 좋아요, 제 작전이 실패했습니다." 룬-칸이 한숨을 쉬었다. "아무래도 안 되겠어요. 세 번 화살을 쏘아서 사시나무는 검은 나무가 되어 땅에 쓰러지고 예르클류산은 정상이 없어졌으며 가순 호수는 바짝 말랐습니다. 과녁이 빗나가서 하얀 낙타 새끼로 변했지만 나란이 선수를 쳤어요. 생명과 생명을 교환하게 되었답니다. 예를리크 노민-칸이시여, 원하는 대로 하십시오, 그러나 저나 당신은 나란의 생명을 빼앗을 수 없을 겁니다."

칩친 후르치는 악령들에게 악령들의 포악한 칸 샤라 규르규의 패배에 대한 노래를 불러 주었다. 돔브라는 연주를 마쳤다. 칩친 후르치는 숲으로 돌아와 나란을 황금 씨앗에서 인간으로 변신시켰다.

"룬-칸과 예를리크 노민-칸이 하는 얘기를 들었느냐?"

"들었습니다. 어떻게 당신에게 보답을 해야 할지."

"나란아, 나는 너에게 요청이 있다."

"칩친 후르치여, 말하십시오. 최선을 다해 들어 드릴 준비가 되어 있습니다."

"나의 집에 들러서 아버지와 어머니에게 그들의 아들, 칩친 후르치, '잔가르'[31]의 연주자이면서 가수가 살아서 예를리크 노민-칸 곁에서 노래하고 있다고 말해 주렴. 아, 나란아, 나란아, 나의 집에는 나의 딸이 자라고 있다. 나란아, 그녀는 너의 운명으로 예정되어 있다." 말하는 칩친 후르치의

---

31) 방대한 양의 칼미크 민속영웅서사시.

눈에서 쓰디쓴 눈물방울이 굴러 내렸다.

"그다음에는 어떻게 되었어요?"라고 당신들은 묻겠지.

나란은 칩친 후르치의 딸의 천막집으로 말무리를 몰고 갔으니 스스로 생각해 보십시오. 더 좋은 생각을 해낸다면 이 이야기의 끝 역시 그와 같은 겁니다.

두 형제

옛날 옛적에 붐바(대양, 산, 나라의 명칭. 어떤 경우에는 대양을 지칭하기도 함)의 기슭에 용사 하라가 살고 있었다. 그에게는 주루크라는 이름의 외아들이 있었다. 아침마다 용사 하라는 자신의 말을 타고 보그쟈틴 회색 산으로 가서 자신의 영지를 둘러보았다. 그는 자신의 눈으로 보고 자신의 귀로 들은 모든 것을 그냥 지나치지 않았다. 용사 하라는 명성과 부를 지니고 있었다. 그의 암갈색 말무리는 서쪽에서 방목되었고 검은색 말은 동쪽에서 적갈색 말은 북쪽에서 얼룩말은 남쪽에서 방목되었다. 금, 은 등의 귀금속은 너무 많을 정도였다. 모두들 이 보물들을 심지어 사람들이 흔히 말하듯 마치 땅을 짊어지고 있는 듯한 황소개구리라고 불렀다. 그 개구리가 흔히 소 울음처럼 개골개골하고 울면 땅이 다리 밑에서 흔들리기 시작한다는 것이다. 그러면 용사 하라는 동쪽이나 서쪽 탑에서 거인 베트로두이를 그 개구리에게 보낸다. 그는 암말 떼를 황소개구리에게 몰아갔다. 황소개구리가 배부르게 먹고 편안하면 땅은 진동을 멈출 것이다.

우순-메친(물과 원숭이) 해, 설날[32]에 아들은 아버지에게 말했다.

"아버지, 오늘 밤에 보그자틴 회색 산에 올라가지 마세요."

"주루크야, 너는 채찍으로 늑대 코를 때리는 법을 배웠느냐? 아버지에게 지혜를 가르치려는 것이냐?"

"아버지에게 지혜를 가르치려는 것이 아닙니다. 그러나 보그자틴 회색 산에 가는 것은 불행에 빠지는 일입니다."

"좋다. 주루크야, 보고 생각할 것이다."

어둠이 드리워졌다. 용사 하라는 올가미 막대기, 올가미와 창끝이 금인 은색 창을 가지고 말을 타고 보그자틴 회색 산으로 갔다.

가면서 스스로 생각했다.

'왜 내가 가면 안 되는 걸까? 나의 머리는 아직 검고 나의 손은 단단하며 나의 눈은 언제 말무리가 지나가는지, 언제 가축 떼가 지나가는지 세세하게 볼 수 있다. 아니야, 아들아, 너는 아직 미숙하며 아버지가 아들의 충고대로 살 시기가 아직 오지 않았어.'

말은 마치 학이 춤을 추듯, 말의 술 장식이 바람에 나부끼듯, 스텝을 따라가고 있었다. 용사 하라는 자신의 말을 아꼈

---

32) 칼미크어로 '줄라'라고 한다.

으며 스텝을 사방에서 살피고 있었다. 태양은 금잔디 위에서 이글거렸고 그는 적의 창이 햇빛을 받아 빛나고 있는 것을 알아챘다.

용사 하라는 전쟁 준비를 했으며 보그쟈틴 회색 산에서 적의 병력을 기다렸다. 계속 기다리다 더 이상 기다릴 수 없을 때였다. 예상치 못하게 어디서인지 모르게 키비르(칼미크인의 독특한 활의 명칭으로 삽 모양과 유사하다)의 화살이 용사 하라의 가슴에 박혔다. 그는 말의 갈기 쪽으로 쓰러졌다. 그리고 겨우 살아서 돌아왔다.

"어머니, 아버지와 계십시오." 주루크가 말했다. "저는 절로 가서 스님을 모셔 오겠습니다." 용사 하라의 아들이 금 두 자루를 안장 뒤에 끈으로 묶고 안장의 쿠션에 뛰어올라 스텝으로 달려갔다. 그는 절에 도착해서 말을 절뚝거리게 하고 천막집 주변을 왼쪽에서 오른쪽으로 걸어 다니게 했으며 오른쪽에서 주요 천막집의 문에 다가가 모자를 벗었다. 주요 천막집의 입구에서 승려가 그를 맞이하고 물었다.

"청년이여, 무엇을 가지고 왔습니까? 무엇 때문에 우리 절에 오셨습니까?"

"금 두 자루를 가지고 왔습니다. 저의 아버지가 편찮으세요. 아버지는 스님에게 재산의 일부를 전하고 싶어 하십니다."

겝케(절에서 규율을 지키는 승려의 명칭)는 주루크의 금을 잡고 이동천막[33]으로 들어가서 스님에게 부탁을 전했다. 스님은 길 떠날 채비를 하고 용사 하라에게 갔다.

그들은 밤낮으로 갔다. 해가 질 무렵 목적지에 도착했다. 스님이 문턱을 넘어가자 용사 하라가 그에게 말했다.

"스님, 저에게 속해 있는 모든 것을 똑같이 나눴습니다. 반은 가지고 가세요. 나머지 반은 달라이 라마에게 주세요."

용사 하라는 말하고 하품을 하더니 죽었다. 주루크는 아버지가 임종 전에 남겼던 말을 들었고 어머니에게 다가가서 말했다.

"어머니, 아버지는 모든 것을 스님에게 주어서 우리에게 남아 있는 게 없잖아요."

"말도 남아 있지 않니?" 어머니는 흐느끼면서 말했다. "내가 죽을 때 너는 무엇을 바칠 거니?"

"어떤 괴물이는 마주쳐서 빈곤과 가난으로 아무것도 하지 못하는 상대가 되는 것보다 죽는 게 낫겠어." 용사 하라의 아들이 말하고 집에서 떠났다.

그는 오랫동안 걸었다. 바이린 톨고(기쁨의 언덕) 너머에 있는 갈림길에서 그는 하얀 수염의 할아버지를 만났다.

---

33) 이 명칭은 키빗카다.

노인 자신은 4분의 1이고 수염은 4분의 3을 차지하고 있었다.

"청년, 어디서 와서 어디로 가느냐?" 그가 물었다.

"어머니에게서 와서 어머니에게로 갑니다. 누군가와 분노를 기쁨으로 바꿀 수 있는 방법을 찾습니다." 주루크가 그에게 대답했다.

"황소가 분노로 날뛰듯이 인간은 분노로 눈이 멀지." 노인 자신은 4분의 1이고 턱수염은 4분의 3인 하얀 턱수염의 할아버지가 훈계했다.

"백조는 아무리 사나워져도 자신의 알을 깨지는 않아요. 저의 아버지 의지대로 어머니에게서 나와서 어머니에게로 가는 겁니다. 할아버지, 말씀해 주세요. 오른쪽으로 가면 무엇이 기다리고 있을까요?"

"오른쪽으로 가면 자디치(마법사)가 되거나 달라이 라마가 될 것이네."

"그럼 곧장 가면요?"

"곧장 걸어가는 사람은 저명한 분이 되거나 비천한 사람으로 남을 수 있네."

"만약 왼쪽으로 걸어가면요?"

"왼쪽으로 걸어가는 사람은 괴물을 만날 수 있으며 자기 자신 그대로 있을 수 있을 것이네."

"왼쪽으로 가겠습니다." 주루크가 말하고 도중에 왼쪽으로 걸어갔다. 그러자 노인 자신이 4분의 1이고 턱수염은 4분의 3인 하얀 턱수염의 할아버지는 오른쪽으로 걸어갔다.

주루크가 밤낮으로 걸었다. 새벽에 걸쇠와 고리 없는 하얀 천막집을 보았다. 용사 하라의 아들은 그 천막집으로 들어갔고 찻잔을 두 개 들고 있는 아가씨가 맞이하러 나왔다. 그녀는 오른손에는 금찻잔을 왼손에는 은찻잔을 들고 있었다.

"먹으세요, 마시세요, 착한 청년이여." 그녀가 권했다. "저의 음식을 맛보세요."

주루크는 그녀의 손에 있던 황금 찻잔을 단숨에 비우고 은색 찻잔에 든 것도 마시기 시작했으나 아가씨는 그에게 말했다.

"더 이상 마시지 마세요, 착한 청년이여, 당신의 혈관 속의 힘이 사라질 것입니다."

그녀는 금찻잔과 은찻잔을 들고 손바닥을 쳤다. 그러자 마치 그의 앞에서 그녀가 사라진 듯했다.

'뭣에 홀렸나?' 그는 생각했다.

주루크는 놀라서 눈을 굴렸다.

"이 무슨 기이한 일인가." 그는 아가씨의 흔적을 따라 걸으면서 말했다.

검은 키빗카로 나왔다.

"문이 어디에 있지?" 그는 자문했다.

검은 천막집 주위를 돌아도 문은 그 어디에도 보이지 않았다. 그때 용사 하라의 아들은 벽에서 틈을 찾아 검은 천막집 내부에서 무슨 일이 일어나고 있는지 그 안을 들여다보았다. 보니 천막집 가운데에 금과 조각된 검은 나무로 만든 왕좌가 은으로 된 40개의 다리로 서 있었다. 왕좌에는 검은 악마와, 야생 염소의 얼굴을 한 늙은 여자가 앉아 있었다. 황금에다 음식을 먹으며 호르자로 자신의 위를 덥히고 있었다.

"할멈," 검은 악마가 고함쳤다. "저는 놀고 즐기고 싶어요. 당신 식구 중 누가 있어요?"

"물론 있지, 있어." 야생 염소 얼굴을 한 할머니가 캑캑 소리 질렀다. "우리 천막집으로 주루크, 용사 하라의 아들이 걸어오고 있어."

"할멈, 그는 어디에 있어?"

"바로 저기 바람이 불어오는 쪽에서 틈새를 들여다보고 있잖아."

"어이, 인간. 너는 어디서 왔어?" 검은 악마가 물었다.

"말무리를 잡았는데 피곤해서 당신 집에 들른 겁니다. 목이 마르지만 아무리 해도 문을 찾을 수가 없어요." 주루크가 그에게 대답했다.

"나의 세 가지 수수께끼를 풀어라, 그러면 마시고 먹을 수도 있고 문도 스스로 열릴 것이다. 명심하라, 풀지 못한다면 너는 구멍에 빠지게 될 것이다."

"알겠습니다. 그러나 당신이 나의 세 가지 수수께끼를 푼 후입니다. 나의 세 가지 수수께끼를 푼다면 우리는 비기게 되는 겁니다. 당신이 풀지 못한다면 천막집에서 오르코를 통해 날아가십시오."

"그만해, 됐어, 내 식대로 하게 둬, 됐어, 됐어, 내가 말한 대로 해, 잘 들어, 주루크, 첫 번째 수수께끼야. 왜 바람은 서쪽에서도 동쪽에서도 불까? 자, 수수께끼가 어때? 그에 대한 해답이 무엇이냐?"

"그건 수수께끼가 아닙니다. 그에 대한 해답은 관자놀이의 머리카락이 잘라지지 않은 아이[34]들도 아는 겁니다. 검은 악마여, 들어 보세요, 당신 수수께끼의 해답은 다음과 같습니다. 땅 위에는 두 개의 탑이 있습니다. 하나는 동쪽에 있고 다른 하나는 서쪽에 있습니다. 탑에는 바람을 일으키는 거인이 살고 있죠. 그가 서쪽 탑에서 잠을 자면 바람은 서쪽에서 불고 동쪽 탑으로 옮겨 가면 동쪽에서 불게 되는 것

34) 관자놀이의 머리를 자르는 것은 성인이 되었음을 의미한다.

이죠."

"첫 번째 수수께끼를 풀었구나. 두 번째 수수께끼다. 나의 아내는 쌍둥이를 낳았다. 둘 중 누가 형이냐? 주루크야, 수수께끼의 답은 무엇이냐?"

"그건 수수께끼도 아닙니다. 해답은 모든 말지기들이 알고 있습니다. 검은 악마여, 당신 수수께끼에 대한 해답은 다음과 같습니다. 천막집 안에 두 사람이 자고 있습니다. 두 형제이거나 아버지와 아들이거나 노인과 소년입니다. 그들은 천막집에서 나와서 말무리로 가야 합니다. 관례상 먼저 나가는 사람은 누구이겠습니까? 어린 사람은 윗사람을 위해 천막집의 문을 열고 문턱을 넘어가며 말고삐를 잡고 말을 집까지 데리고 가야 합니다. 그렇게 쌍둥이일 경우 먼저 밖으로 나온 사람이 둘째입니다."

"주루크야, 두 번째 수수께끼를 풀었구나. 세 번째 수수께끼다. 개가 어떤 동물에게 말하는 것이냐, '짖지 마라, 우리는 동족이다.'"

"그건 수수께끼도 아닙니다. 검은 악마여, 당신 수수께끼의 해답은 다음과 같습니다. 개는 여우에게만 말할 것입니다."

주루크가 말하자, 천막집으로 들어가는 문이 저절로 열렸다. 용사 하라의 아들은 올가미 고리를 오르코가 있는 곳으로 던졌고 다른 끝은 틈에 쑤셔 넣었다. 그는 천막집으로 들어가 은식탁 주변에 앉았다. 야생 염소 얼굴을 한 할머니는 세 번 손뼉을 쳤다. 은식탁에는 음료와 음식이 나왔다.

"검은 악마여," 주루크가 괴물에게 말했다. "내가 먹고 마실 때까지 나의 수수께끼 두 개를 풀어 보시오. 겁 많은 동물이 새끼를 보호하면서 늙은 개처럼 짖는데 그 동물이 무엇이오? 두 번째 수수께끼는 누가 먹고, 마시고 산 것과 죽은 것에서 떨어져 나왔는가?"

검은 악마는 오랫동안 생각했다. 그 수수께끼들을 푸는 것은 소용없는 짓이라고 생각하고 말했다.

"주루크야, 꽤 영리한 수수께끼구나. 그러나 세 번째 수수께끼를 내 보아라."

"당신이 천막집에서 오르코를 통해 날아갈 때 수수께끼를 낼 것입니다."

검은 악마는 한숨을 내쉬고 단식을 하며 세 번째 수수께끼를 위해 오르코 안으로 기어들어갔다. 오르코에 머리를 쑤셔 넣었다. 그의 목 주위에 올가미가 조여졌다.

"검은 악마여, 바로 이것이 네가 풀지 못한, 너에게 내는 세 번째 수수께끼다. 너는 네 생명을 대가로 지불하게 될 것이다." 주루크가 말하고 검을 꺼내 그의 목을 잘랐다.

용사 하라의 아들은 야생 염소 얼굴을 한 할머니를 찾았다. 보니 문이 닫혀 있고 그녀는 없었다. 할머니는 매미 소리를 냈다. 그때 그는 그녀를 잡았다. 야생 염소 얼굴을 한 할머니를 자신의 손바닥에 앉히고 다른 손바닥으로 찰싹 때렸다. 할머니의 흔적은 온데간데없었다.

주루크가 말을 타고 집으로 질주했다. 한참을 달려 저녁에 천막집에 도착했다. 말을 묶고 문으로 다가가 귀를 기울였다.

"이 케이크는 오늘 한 것이고 이것은 내일 할 것이야." 어머니의 목소리가 들렸다.

주루크는 버터가 발린 양의 방광을 오르코를 통해 던졌다.

"아이고, 당신은 우리의 구세주군요. 나에 대해 잊지 않았다니 감사합니다. 버터를 바른 양의 방광을 주신 이는 누구신지요? 떠난 나의 아들인가, 아니면 용사 하라의 땅에 사는 사람입니까?" 노파가 물었다.

주루크는 천막집으로 들어갔다. 아들을 본 어머니는 너무 기뻐서 죽을 지경이었다.

"아들아, 이렇게 오랫동안 어디에 있었느냐?"

"머나먼 땅에 있었어요." 그는 대답했다. "저는 검은 악마를 죽였어요. 어머니, 저와 함께 가세요. 제가 지혜와 검으로 얻은 천막집에서 살아요."

어머니는 천막집을 정리했다. 날이 저물자 새로운 장소에 도착했다.

그들은 편안하고 행복하게 살았다. 어느 날 주루크가 사냥터로 떠나면서 어머니에게 말했다.

"어머니, 보그자틴 회색 산으로 가지 마세요. 집에 계세요."

"알았다, 얘야. 나는 너의 아버지의 죽음을 잊지 않았단다."

주루크는 사냥터에서 오랫동안 돌아오지 않았다.

"그 아이에게 무슨 일이 생긴 건 아닐까?" 그녀는 여러 번 자문했다.

견딜 수가 없었다. 그녀는 담비 외투의 두 옷자락을 걷어 올리고 보그자틴 회색 산으로 달려갔다. 올라가 보니 산 중턱에 검은 악마가 보였다. 검은 악마의 몸은 길의 왼편에 누워 있고 머리는 오른편에 있었다.

"아이고, 이런 불행이 있다니." 그는 소리쳤다 "나를 데리고 가. 만약 너에게 아이가 없다면 나는 너의 아들이 될 것이고, 만약 너에게 형제가 없다면 너의 형제가 되어 줄게."

"저리 가, 나에게서 떨어져, 괴물아." 그녀는 절망스럽게 소리쳤다.

"이봐, 만약 네가 남편이 없다면 난 기꺼이 남편이 되어 줄 거야."

"무슨 말이야?" 주루크의 어머니는 묻고서 검은 악마에게 달려갔다.

"만약 네가 남편이 없다면," 머리가 반복했다. "내가 기꺼이 남편이 되어 주겠다고. 나를 몸 쪽으로 끌고 가줘. 집으로 가. 말린 토끼 담즙과 말린 율모기를 들고 이리로 가지고 와. 토끼 담즙은 입에 넣어 주고 율모기는 내 목이 잘려 나간 자리에 놓아 줘."

주루크의 어머니는 검은 악마가 부탁한 것을 모두 가지고 와서 토끼 담즙은 입에다 넣어 주고 율모기는 목이 잘려 나간 부분에 놓아 주었다.

"산 정상으로 올라가." 검은 악마가 부탁했다. "그리고 '땅은 치시, 하늘은 루시' 하고 큰 소리로 외쳐."

그녀는 산 정상으로 올라가 소리쳤다.

"땅은 치시, 하늘은 루시."

땅이 진동하고 하늘에서는 붉은 비가 내렸다. 검은 악마의 몸을 누르고 있던 황소만 한 돌은 두 동강이 나고 하늘로 날아갔다.

"아, 살아 있다는 게 얼마나 좋으냐." 검은 악마가 소리쳤다.

검은 악마는 주루크의 어머니를 풀잎처럼 잡고 오른쪽

무릎에 앉힌 다음 왼쪽 뺨에 키스를 하고 왼쪽 무릎에 앉히고 오른쪽 뺨에 키스를 했으며 가슴팍에 끌어안고는 입술에 키스를 했다.

여러 날이 지났다. 바르-사르(12월)가 되었다. 설날에 주루크의 어머니는 남자아이를 낳았다.

"아이를 어디다 놓죠?" 그녀는 검은 악마에게 물었다.

"그 아이를 검은 황소 가죽에 싸서, 주루크가 사냥에서 돌아오는 길에 던져라."

그녀는 그렇게 했다. 아이를 검은 황소 가죽에 싸서 길에 놓았다.

주루크가 사냥에서 돌아오면서 아이가 우는 듯한 소리를 들었다. 그는 더 가까이 다가가 갓난아이를 보았다.

'정말 나는 너처럼 날개가 없었을까?' 주루크는 생각했다. '정말 나는 지팡이가 없었던 것일까? 정말 나는 아궁이에 혼자 있었던 것일까? 아이야, 너는 나의 동생이구나.' 그는 그 아이를 데리고 갔다.

"어머니, 이제 저는 더 높이 날고 더 멀리 갈 수 있는 날개와 지팡이가 있습니다. 당신에게는 즐거움이 있군요." 주루크는 기뻐하며 말했다.

어머니는 갓난아이를 떨리는 손으로 받아 안고 말했다.

"내가 너의 동생의 목소리를 듣는 순간부터 내 가슴에서 젖이 나왔단다. 아마도 그 젖은 달라이-라마가 보내 주신 듯싶구나."

주루크가 집에서 떠나고 검은 악마는 어머니에게 말했다. "너와 내가 두려움에 떨지 않기 위해 주루크를 제거하자."

"어떻게 그렇게 할 수 있어요?"

"아프다고 말해. 주루크는 물을 거야. 검은 낙타의 신장과 심장을 얻어 오라고 해. 검은 낙타는 황소개구리 옆에 있어, 거기로 가는 건 99년이 걸려. 그 낙타가 트림하면 주위에 땅이 불타고 산 정상이 아래로 떨어져 나가며 기슭의 물이 빠져나가고 스텝의 금잔디를 따라 파도가 넘실거리지. 가면 주루크는 살아서 돌아오지 못할 거야."

용사 하라의 아들은 사냥터에서 돌아왔다.

"어머니," 그가 말했다. "수확물을 가지고 가세요. 저 늑대처럼 배고파요."

"아이고, 내 아들아, 있는 그대로 모두 남겨 두어라. 네가 갔을 때 나에게 죽음이 왔단다."

"어머니, 무슨 일이세요? 명령만 하세요. 모두 구해 올게요."

"아들아, 검은 낙타의 신장과 심장을 구해 오너라."

"길을 가르쳐 주세요, 제 말은 늘 대기하고 있으니까요."

"검은 낙타는 땅을 진동시키는 황소개구리 근처에서 방목되고 있단다. 그리로 가는 길은 바람의 거인에 의해서 오래전부터 다듬어져 있단다. 걸어서 가거라. 99년이 걸릴 것이다."

주루크는 안장에 올랐고 어머니는 눈도 깜박하지 않았다. 장남의 흔적이 사라졌다. 말은 달리고 발굽 아래의 왕국은 순식간에 지나가고 있었다. 말이 달려가자 14년은 순식간에 지나갔다. 7일 동안 달려가서 8일째 되는 날 검은 낙타 등에 올라탔다.

검은 낙타가 트림을 하자 주위의 땅이 불타고 산 정상은 아래로 내려갔으며 물은 기슭 밖으로 넘치고 스텝의 금잔디를 따라 물결이 넘실거렸다. 검은 낙타는 등에 사람이 탄 것을 느끼고 입으로 공기를 들이마시기 시작했다. 주루크는 말고삐를 쥐고 검은 낙타의 머리로 가까이 가지 않게 했다. 분노한 괴물은 기력을 잃었다.

주루크가 검으로 때리자 검은 낙타는 숨을 멈췄다. 주루크는 신장과 심장을 꺼내 획득물을 안장 뒤의 끈에 묶고 되돌아갔다.

말을 묶자 어머니가 그를 맞이하러 나왔다.

"나의 아들아," 그녀가 말했다. "너는 또 여정을 떠났구나. 나의 병은 감쪽같이 사라졌다. 하사르와 바사르에게 그것들을 던져 주어라."

"알았습니다, 어머니, 다만 어머니가 살아서 건강하면 된 겁니다." 그는 말하고 검은 낙타의 신장과 심장을 개들에게 던져 주었다.

다시 주루크는 사냥터로 떠났고 다시 애기부들 숲에서 검은 악마가 기어 나왔다.

"뭔가 다른 것을 생각해야 해." 그가 말했다.

"이제 주루크를 어디로 보내지?"

"하늘이 땅과 만나는 대양 기슭, 부서진 소나무 꼭대기에 아주 작은 새가 살고 있어. 그 새는 노래 부르면서 황금 둥지에 알을 낳아. 거기에 가는 사람은 돌아올 수 없어. 아프다고 말해. 주루크에게 작은 새의 황금 알을 가져다 달라고 해."

검은 악마는 강에 있는 애기부들로 갔다. 주루크가 집에 돌아왔다.

"어머니," 그가 부탁했다. "안장 끝에서 제가 잡은 사냥물을 가지고 오세요."

"아들아, 들어 올릴 힘이 없구나, 뼈 마디마디가 아프고 말라 가고 있어. 내 심장은 말을 듣지 않는구나."

"어머니, 말씀하세요, 지시해 주시면 무엇이든지 가지고 오겠습니다."

"아들아, 내 말을 잘 들어라. 하늘이 땅과 만나는 거기에, 대양의 기슭에 부서진 소나무가 있다. 그 소나무 꼭대기에 작은 새가 있는데 노래를 하고 황금 알을 둥지에 낳는다. 나는 작은 새의 황금 알을 먹어야 건강해질 거야."

주루크는 말을 탔다. 어머니는 눈도 깜박하지 않았고 그의 흔적은 사라졌다. 말이 달리고 발굽에서 왕국이 순식간에 지나갔다. 달리자 14년은 순식간에 지나갔다. 7일째 되는 날에 대양의 기슭에 말이 당도했다.

용사 하라의 아들은 부서진 소나무를 발견했고 그 나무의 꼭대기에서는 작은 새가 노래하고 있었다. 말은 한 번에 도약을 했고 주루크는 황금 알을 잡기 위해 손을 뻗었다. 그러나 황금 알을 잡지 못하고 황금 깃털을 잡았다. 작은 새가 소리치자 괴물의 아이들이 앞다투어 올라와서 붉은 돌을 그에게 던졌다. 작은 새가 황금 알을 잡고 둥지에서 저 멀리 날아가기 위해 날개를 치자 주루크는 말을 타고 그 새에게로 뛰어올라 그 새의 날개를 잡았다. 작은 새가 소리쳤고 황금 알은 바다로 떨어졌다.

그때 용사 하라의 아들은 붉은 돌에 맞았다. 그의 누비 외투의 앞자락은 무릎에 붙었고 뒷자락은 무릎 아래에 붙었으며 말은 더 지쳤고 그는 수척해졌다.

그때 주루크는 활과 화살을 만들었다. 아침부터 겨냥해

서 화살을 정오에 쏘았다. 기슭에서 대구가 헤엄치면서 그에게 말했다.

“청년이여, 왜 기슭에 앉아서 화살로 물을 괴롭히고 있는가? 나에게서 뭘 원하는가?”

“제가 물가에 앉아 있지 않기 위해, 화살로 물을 괴롭히지 않기 위해서는 대양의 바닥에서 작은 새의 황금 알을 꺼내 주셔야 합니다.”

대구가 바다를 오랫동안 뒤져서 셋째 날 새벽에 파도가 황금 알을 기슭으로 굴려 보냈다. 대구는 꼬리를 흔들며 대양으로 떠났다. 그는 황금 알을 잡아서 바람처럼 어머니에게로 갔다.

주루크는 말을 타고 달렸다. 어머니는 보그쟈틴 회색 산에서 길을 보고 있었다.

“아마도 너의 아들이 오는 듯하군.” 검은 악마가 말했다.

그녀도 보고 말했다.

“용사 하라의 아들의 눈은 멀고 그의 지혜는 빛을 잃었고 주루크의 말은 노쇠해졌고 그 자신도 지쳤어요. 그를 두려워 마세요. 당신의 힘이 지금은 더 세니까.”

“아냐, 나는 애기부들 속에 있는 게 더 나을 거야.” 검은 악마가 말하고 강으로 서둘러 갔다.

주루크가 다가오자 어머니가 말했다.

"황금 알은 신비하구나. 아들아, 네가 그 알을 만지자 내 병이 감쪽같이 사라졌다."

"어머니가 살아서 건강한 것을 보니 기쁩니다. 여정으로 조금 피곤해서 누워서 잠을 청하고 싶습니다."

"버터케이크를 먹고 쿠미스를 마셔라." 주루크는 먹고 마신 다음 검은담비 모피로 몸을 감싸고 침대에 누워 잠을 잤다. 어머니는 아들이 잠자는 소리를 듣고는 강으로 가서 검은 악마를 찾아서 말했다.

"주루크의 말은 노쇠했어. 그는 이미 용사가 아니며 불쌍하고 지쳐 버렸어. 용사 하라의 자식의 주요 핏줄을 끊어요."

검은 악마는 얼굴을 구기고 붉은 솔개가 되어 주루크에게 날아가서 그를 세 번 붉은 머리로 감아 그 위에 올라탔다.

"어머니, 어머니, 제 위에 어떤 더러운 것이 앉아 있는지 봐 주세요."

"다리로 밀어내고 자거라." 그녀가 대답했다.

주루크는 검은 악마를 올려서 다리로 밀어냈다.

"어머니, 어머니, 작은 새의 황금 알을 저에게 주세요."

"황소 싸움에 염소가 개입해야 했어. 알 때가 되었구나. 독수리들이 싸우고 까마귀는 날개를 얻었지." 그렇게 말하고 그녀는 천막집에서 나갔다.

검은 악마는 용사 하라의 아들을 잡고 그를 들쳐 메고 무릎으로 그의 주요 척추를 눌렀다.

"알다리야, 나의 형제여," 주루크가 소리쳤다. "나에게 작은 새의 황금 알을 다오."

주루크는 황금 알을 삼키고 다시 용사가 되었다. 명검을 잡고 이쪽에서 저쪽으로 휘두르자 검은 악마에게 죽음이 찾아왔다.

형제들은 99로코티[35] 깊이의 구멍을 파고 그 안에 검은 악마의 몸을 던졌다.

"악독한 어머니를 어떻게 하지?" 주루크가 물었다.

"하사르와 바사르에게 먹이로 주자." 알다리야가 대답했다.

"아니야, 정숙하지 못한 아내를 어떻게 벌하는지, 그녀에게 가르쳐 주자."

"그러자." 알다리야가 동의했다.

그들은 어머니를 꼬리 쪽에 얼굴을 두고 말 머리 쪽으로 뒤통수가 오게 해서 노쇠한 암말에 태우고 그녀의 다리를 잡아당겨 검은 악마의 머리를 손에다 주고 말 꼬리를 잘라

---

35) 이 단위는 단어 뜻으로 보면 팔꿈치를 의미한다. 그러므로 팔꿈치까지의 길이를 뜻하는 것으로 46~56센티미터를 가리킨다.

스텝에 풀어 놓았다.

형제는 계속해서 살았다. 알다리야는 날마다가 아니라 시시각각 자라고 성장했다. 어느 날 그가 말했다.

"주루크, 신부를 찾아야 할 때가 되지 않았어?"

"알라치 칸에게는 안잔이라는 딸이 있어." 주루크가 대답했다. "그녀의 땋은 머리는 자랐고 두 손의 가장 작은 손가락에 네 개씩 반지가 끼어져 있고 그녀의 모자는 모자챙이 두 개로 갈려 있으며 비스듬해."

용사 하라의 아들은 알다리야의 화살을 가지고 자신의 화살을 그에게 남겨 두었다.

"둘을 봐. 만약 화살이 검게 변하면 나의 뼈를 찾아."

형은 말을 타고 입에 담뱃대를 물고 천막집 주변에 연기를 내뿜고 알라치 칸의 영지에서 첫 번째 공기를 내뿜었다.

말의 다리를 묶었다. 말은 걸으면서 풀을 뜯었고 바람이 불어 이마 길기가 나부꼈고 은빛 발굽으로 땅을 두드리고 있었다.

주루크는 은색 투구를 오른쪽 관자놀이로 움직이고 오른쪽 무릎을 꿇고 왼쪽 무릎을 살짝 구부려 나무 아래 그늘에 앉았다.

어디선가 알라치 칸이 나타났다.

"너는 어디서 왔느냐?" 그가 물었다.

"나는 주루크이며 용사 하라의 아들입니다. 저의 아버지는 눈으로 본 것, 귀로 들은 것은 그 어느 것도 놓치지 않습니다. 말 떼를 찾아서 여기로 왔습니다. 하룻밤을 묵고 싶은데 알라치 칸이 허락하실지 모르겠습니다."

"체스를 두자. 이기면 미녀 안잔을 너에게 주마." 그들은 체스를 두기 위해 앉았다. 7일 밤낮을 체스를 두었다.

"체크메이트요." 8일째 되는 날 아침에 알라치 칸이 소리쳤다. 주루크는 앞으로 나갔다. 알라치 칸은 체크메이트를 선언했고 그의 가슴을 주먹으로 치며 하인들에게 지시했다.

"지하에 그를 처넣어라."

하인들은 용사 하라의 아들을 지하에 던졌다. 알다리야는 형의 화살이 검게 변한 것을 보았다. 그는 말을 타고 알라치 칸에게로 달려갔다. 잠도 자지 않고 쉬지 않고 갔으며 궁전에 도착했을 때 말은 뼈와 가죽만 남을 정도로 야위었다. 대퇴부에는 활을 매달 수 있으나 눈구멍은 까치들이 둥지를 틀 수 있을 정도가 되었다.

알다리야는 말에서 내려 오른 다리를 굽히고 왼 다리를 구부리고서 나무 아래 그늘에 앉았다. 어디선지 알라치 칸이 나타났다.

"청년이여, 어디서 와서 어디로 가느냐?"

"저는 주루크의 동생입니다. 그는 용사 하라의 아들이죠.

고기로 고기를 잡기 위해, 피를 피로 갚기 위해 왔습니다."

"궁전으로 가서 체스를 두자. 그런 다음 일을 진행하자."

"갑시다." 알다리야가 동의했다.

체스를 시작했다. 체스는 무승부였다. 체스판에 체스 말이 놓이고 두 번째 판이 시작되었다. 일곱 걸음씩 옮겼으며 여덟 번째에 알다리야가 알라치 칸에게 체크메이트를 선언했다.

알라치 칸은 말했다.

"잠깐, 너와 나는 그 어떤 협상도 하지 않았다."

"알라치 칸이여, 농담을 집어치우시오. 모든 사람이 체스와 알치크[36] 게임은 그런 식으로 하지 않는다는 것을 압니다."

알다리야는 알라치 칸의 누비 외투의 깃을 왼손으로 잡았다.

"말해, 우리 형은 어디 있지? 말하지 않으면 너의 등에 채찍질을 세 대 가할 것이다."

"알다리야," 알라치 칸은 그에게 애원했다. "나를 죽이지 마, 너의 형은 여기, 지하에 있어."

"지하의 문을 열어, 그리고 나의 형을 데리러 기어 들어

---

36) 양의 복사뼈로 하는 게임으로 몽골족 아이들에게 널리 퍼져 있다.

가."

"내가 문을 열겠지만 바닥까지는 딸의 땋은 머리만이 닿을 수 있어."

"딸을 불러." 알다리야가 지시했다.

"안잔, 나의 딸아, 나에게 오렴." 알라치 칸이 소리쳤다.

안잔이 아버지에게로 들어와서 땋은 머리를 지하로 내려 보냈다. 그리고 형제는 상봉했다.

7일의 일곱 배가 되는 날, 49일 동안 그들은 칸의 궁전에서 연회를 열었다. 주루크는 미녀 안잔을 아내로 맞았다. 모든 술을 마셨고 재차 성관계를 가졌으며 집으로 갔다. 안잔과 형제는 행복하게 살았다.

여기서 이야기가 끝나지만 곧 아닐 수도 있다. 어느 날 주루크는 이웃 마을로 갔고 알다리야는 쉬려고 침대에 누워서 보았다. 천막집에 빛이 돌아다녔다. 신부가 나오자 빛이 사라졌다. 첫날 알다리야는 이것에 의미를 부여하지 않았다. 둘째 날에 생각을 하게 되고 셋째 날에 기이한 빛에 대해 형에게 말했다.

"무슨 의미가 있을까?" 주루크가 놀라워했다.

"여기에 뭔가 안 좋은 일이 일어나고 있어. 안잔에게 물어봐야 해." 알다리야가 충고했다. 그녀가 천막집으로 들어왔고 주루크는 그녀에게 말했다.

"기이한 빛이 무엇이오?"

"저는 모릅니다." 안잔이 대답했다.

"말해, 너는 알고 있어. 나는 말을 반복하지 않는다."

"알다리야가 나가면 말하겠어요."

동생은 문을 닫고 나갔고 그녀는 말했다.

"왼쪽 구석에, 떠오르는 해의 주춧대 옆에 센-준이라는 왕국이 있어요. 이 왕국에는 늙은 턱수염 차간 칸이 살고 있어요. 그에게는 딸 쿠지-브랄이 있어요. 그녀와 나는 자매가 되었고 서로서로에게 맹세했어요. 빛으로 감싸고 제일 먼저 시집을 가게 된 사람에게 오자고 말이에요. 바로 그것은 그녀이며 그녀가 온 것이에요."

"안잔, 왜 즉시 이에 대해 이야기하지 않았소?"

"왜냐하면 그녀는 저녁마다 올 것이기 때문이에요. 그녀는 알다리야의 얼굴을 보지 못하도록 낮에는 살 수 없게 되었어요."

"그녀는 그의 아내가 되어야 하오." 주루크가 말했다.

형제는 말을 타고 떠오르는 해를 향해 달려갔다. 전령이 왕국 전역을 돌아다니며 턱수염 차간 칸이 세 번의 경기에서 승리자가 나오면 딸을 내어주겠노라 했다는 소식을 알렸다. 그들은 그곳에 도착했다.

형제는 이리저리 말 경주에 대해 서민들에게 묻기 시작

했다. 그들은 인간이 아직 가 보지 않은 바다 기슭의 사과나무에 세 개의 사과가 자라고 있다고 들었다. 사과를 가지고 돌아오는 사람이 승리자가 되는 것이다.

말 경주가 시작되었다. 알다리야는 마지막으로 달려갔고 다른 사람보다 7일을 먼저 달려서 도착했다.

"이겼다, 이겼어." 사람들이 소리쳤다.

둘째 날에 수소 아홉 쌍을 묶은 이륜마차를 타고 머리가 스물다섯 개 달린 악마가 도착했다. 그는 '시르, 시르'라고 소리쳤고 비가 내렸다. '부르, 부르'라고 소리치자 눈이 내렸다.

"나에게 자신의 힘을 시험하기 원하는 인간은 어디에 있느냐? 용기 있는 자는 나와라." 악마가 거만하게 굴었다.

"나요." 알다리야가 말하고 앞으로 나섰다.

"삐쩍 마른 자네, 네가 그렇게 생각한다면 나는 너를 양의 뿔에 찔러 넣어 줄 테다."

"자랑하다 큰 코 다치지나 말아라." 알다리야가 대답했다.

악마는 위협했고 알다리야는 옆으로 피해서 괴물의 머리 열 개를 베었다. 악마는 비틀거렸지만 쓰러지지는 않았다. 숨을 가다듬고 아까보다 더욱더 화를 내며 알다리야에게 덤벼들었다. 그들은 오랫동안 싸웠다. 산은 언덕이 되고 무성한 숲은 헐벗은 그루터기들이 튀어나와 있는 곳으로 변했다.

알다리야는 악마를 잡고 들쳐 메고는 떨어뜨리고 괴물의 어깨가 땅에 흔적을 남길 정도로 눌렀다.

"바로 이것들이 스물다섯 개의 머리다." 알다리야는 말하고 그 머리들을 턱수염 차간 칸의 발아래에 던졌다.

셋째 날에 여러 지역에서 50명의 칸과 귀족들의 아들들이 왔다.

"금잔디를 베러 가서 멈춰 서 있는 구름을 치고 화살이 스스로 돌아오도록 활을 쏘는 사람이 승리자다." 전령이 공포했다.

칸과 귀족의 아들들이 화살을 쏘았다. 그들은 금잔디를 베러 갔고 서 있는 구름을 치러 갔지만 그 누구의 화살도 쏜 사람에게로 돌아오지 않았다.

알다리야의 차례가 되었다. 첫 번째 화살은 금잔디를 잘랐고, 두 번째 화살은 서 있는 구름을 쳤으며 세 번째 화살은 스스로 그에게로 돌아왔다.

"세 번의 경쟁에서" 턱수염 차간 칸이 말했다. "당신이 승리자가 되었다. 알다리야, 쿠지-브랄을 너의 천막집으로 데리고 갈 자격이 있다. 나의 딸이 아버지의 천막집을 아쉬워하지 않도록 너는 무엇을 해야 하지?"

"올해 갓 태어난 새끼들을 키우도록 저에게 주십시오."

"좋아." 턱수염 차간 칸은 동의했다. "요구한 것을 가져라."

형제의 카라반은 길을 떠났고 말들이 경계의 울음을 울었고 소들이 음매 하고 울었으며 양들이 매애 하고 울었으며 낙타들이 울부짖었고 어미들은 아이들을 향해 울기 시작했다. 이 모든 것이 카라반을 뒤따랐다.

왕국도 비고 궁전도 비었다. 그러나 왕좌에는 늙은 턱수염 차간 칸이 앉아 있었다. 그는 그의 시선이 희미해질 때까지 카라반을 쳐다보았다.

세 가지 기이한 이야기

옛날 옛적에 있었던 일이다. 헤에체-메르겐이라는 궁사가 살고 있었다. 어느 날 그는 한 번도 가지 않았던 곳으로 사냥을 떠났다. 그리고 바로 거기서 아름다운 호수를 보았다. 하얀 연꽃이 호숫가를 따라 자라고 있었고 바람은 호수의 물을 건드리지 않았다. 그런데 갑자기 세 마리의 백조가 호수 위에서 원을 그리고 있었다. 백조들은 눈처럼 하얗고 순수했으며 머리만 청동처럼 노랬다. 용감한 궁사는 놀라며 풀 속에 엎드려 기다리며 새들을 지켜보았다.

그런데 백조들이 날개를 저으며 하얀 백조 옷을 벗어 던지자 기슭으로 새벽처럼 부드러운 빛을 발하는 아름답고 날씬한 아가씨들이 나타났다. 젊은 궁사는 숨을 멈췄다. 아가씨들은 은쟁반에 옥구슬 구르듯 웃으며 목욕하기 위해 달려갔다. 헤에체-메르겐은 눈을 떼지 않고 그들을 주시했다. 그들이 헤엄치는 곳에는 물이 빛났다.

순간 궁사는 기이함을 느끼고 백조들의 옷 중 하나를 숨겼다.

목욕을 다한 미녀들은 물에서 나왔다. 그들의 몸에 있는 물방울이 진주처럼 빛났다. 자신의 백조 옷을 건드리자마자

두 명의 미녀가 다시 백조로 변했다.

그러나 세 번째 아가씨는 자신의 옷이 보이지 않아 기슭으로 달려서 사방을 찾아다녔다. 친구들이 경계의 고함을 치며 그녀 위에서 날아다녔다. 그들은 그녀 없이 저 멀리 날아가려 하지 않았다. 그러나 그들은 백조 옷을 찾을 수 없었다. 그때 친구들이 음악 같은 목소리로 말했다.

"안녕, 미안해."

그러자 바람이 작별 인사를 전했다.

"누이여, 어쩌면 이것이 너의 운명일지도."

아가씨는 천천히 무성한 풀을 따라 걸었다. 그녀의 가슴에서 안타까운 낮은 비명이 터져 나왔다.

"나의 백조 옷을 찾거나 주는 사람이 만약 가난한 사람이라면 그를 부자로 만들어 줄 텐데, 그가 흉하거나 약하다면 그를 강한 사람으로 만들어 주고 진기한 물건을 가져다주고 힘든 전투에서 그의 조력자가 되어 줄 텐데."

젊은 궁사는 땅에서 벌떡 일어나 부드럽게 말했다.

"아가씨, 나에게 오세요. 바로 이것이 당신 옷입니다. 당신의 새하얀 의복입니다."

아가씨는 청년을 보고 나서 떨었지만 아름다운 눈을 피하지 않고 조용히 말했다.

"나의 형제여, 좋은 일을 하세요, 저의 옷을 돌려주세요.

당신이 바라는 것을 모두 드리겠어요. 믿어 주세요."

"당신은 무엇을 줄 수 있습니까?" 즐거운 궁사가 대답했다. "저는 아무것도 필요 없어요. 지금 저는 당신이 필요해요. 나와 갑시다. 나의 아내가 되어 주세요."

미녀는 궁사의 아내가 되었다. 그들은 둘이 살기로 결정했다. 메르겐의 아내에 대한 소문은 스텝에 퍼졌다. 눈부신 미녀에 대해 칸도 곧 듣게 되었다. 차르킨 칸은 질투가 많고 소심하며 교활했다. 그는 서둘러 궁사의 아내를 보러 달려갔다. 보고 나서 그녀가 세상에서 제일 아름답다고 확신하게 되었다. 그녀의 몸에서 부드럽고 빛나는 빛이 뿜어져 나왔다. 그녀의 눈은 깊으며 빛나고 맑았다. 그녀는 호르무스타[서른세 분의 텡그리(하늘신, 천신)의 수장]의 딸처럼 아름다웠다.

배가 나온 칸은 말을 타고 터벅터벅 집으로 왔다. 현인들을 서둘러 소집했다. 그는 모든 현인들에게 독한 아르자를 대접했다. 모든 용사들에게 독한 호르자를 대접했다. 기름진 고기를 모든 손님들에게 내놓았다. 그리고 그들 모두에게 궁사 아내에 대해 말했다.

"잠을 잘 수 없을 정도로 아름답더군. 그녀를 보았을 때 내 가슴이 불타올랐어. 그녀의 몸은 부드러운 빛을 발해. 그녀를 가질 수 있는 방법을 알려 주시오."

"빼앗아야 합니다." 현인이 말했다.

"궁사를 죽여야 합니다." 용사가 말했다.

"궁사를 내쫓고 그녀를 취해야 합니다." 노란 얼굴의 무뚝뚝한 사위가 목에 힘을 주며 말했다.

제일 어른인 조언자는 칸의 오른편에 앉아 있었다. 제일 어른인 조언자는 눈을 찌푸리며 말했다.

"거대한 강이며 바다인 강은 멀리멀리 흘러갑니다. 강이란 곳에는 세 마리의 새끼를 둔 어미 호랑이가 살고 있죠. 세상에서 이 호랑이보다 더 사나운 짐승은 없습니다. 이 호랑이에게 궁사를 보내 호랑이의 젖을 한 항아리 가지고 오라고 명령하십시오. 그러면 우리 땅에 봄이 오기 전에 그의 아내는 당신 것이 될 것입니다."

"아주 현명한 생각이오." 모두들 입을 모아 말했다.

"아주 현명한 생각이오." 소심한 칸이 맞장구를 쳤다. 그는 아픈 척하며 궁사를 불렀다.

"들어라, 메르겐, 내가 중병에 걸렸다. 암호랑이의 젖만이 나를 치유할 수 있다. 이 암호랑이는 자신의 새끼를 거대한 강, 머나먼 강에서 키우고 있다. 너 외에는 그 누구도 젖을 가지고 올 수 없을 것이다. 여기 있는 현인들이 네가 가야 한다고 결정한 일이다. 서둘러 가서 영험한 젖을 가지고 오너라."

그리고 위선자인 칸은 괴로워하기 시작했다.

용감한 궁사 헤예체-메르겐은 집으로 돌아왔다. 멀고 위험한 길을 떠나려 했다. 몸이 긴 적갈색 말에 안장을 올렸다. 갑옷을 걸치고 위에 누비 외투를 입었다. 왼편에 검은 강철로 만든 길고 무거운 검을 메고 오른편에 하얀 강철로 만든 날카롭고 짧은 칼을 멨다.

"어디로 가시는지 말씀해 주세요." 그의 아내가 남편이 먼 길을 가려 하는 것을 보고 물었다.

"우리 현명한 칸이 중병에 걸렸어. 암호랑이 젖만이 그를 낫게 할 수 있어. 이 암호랑이는 거대한 강, 머나먼 곳에 있는 강에서 새끼들을 키우고 있다는군. 나는 그 암호랑이 젖을 가지고 오라는 임무를 맡았어. 바로 이것이 내가 머나먼 강으로 가려는 이유야."

"그럼 제가 인사로 드리는 노란 줄무늬 실크 스카프를 가지고 가세요. 암호랑이가 가까이 다가오면 이 스카프를 꺼내 보여 주세요. 언젠가 그 암호랑이는 저의 가축이었어요. 암호랑이는 이 스카프를 단번에 알아볼 것이고 순순히 당신이 영험한 젖을 한 항아리 짜 가는 걸 허락할 거예요. 안녕히 다녀오세요."

헤예체-메르겐은 몸이 긴 자신의 말을 타고 거대한 강으로 달려갔다. 밤낮으로 쉬지 않고 달렸다. 날짜가 얼마나 지났는지 알 수 없었다. 그러자 바로 앞에 거대한 바다 같은 강이 나타났다. 암호랑이는 저 멀리서 말을 타고 질주하는 궁사를 알아보고 사납게 울면서 달려왔다. 그러나 그가 가진 노란 줄무늬 스카프를 보고서 당황해하며 멈춰 서서 조심스럽게 물었다.

"훌륭한 용사여, 이 물건을 어디서 얻었는지 말하라."

"이것은 태양 같은 나의 아내의 스카프다." 궁사가 대답했다.

"용감한 용사여, 그런데 왜 너는 나에게 왔느냐?"

"우리 현명한 칸이 중병에 걸렸다. 너의 젖만이 그를 낫게 할 수 있다."

"만약 그렇다면 말에서 빨리 내려 나의 젖을 한 항아리 가지고 가거라."

궁사는 호랑이의 젖을 짰다.

"암호랑이야, 잘 지내." 작별 인사를 했다. 그리고 호랑이 젖을 가지고 고향으로 돌아갔다.

"궁사야, 조심해서 잘 가." 암호랑이도 뒤에서 소리쳤다. "너의 일이 잘되길 빌며 너의 말이 건강하길 빈다."

악독하고 소심한 칸은 궁사가 젖을 가지고 온 것에 놀랐다. 그러나 약에 기뻐하는 척했다. 그는 그것을 마시겠다고 말했다.

용감한 궁사 헤예체-메르겐은 집으로 돌아가서 예전처럼 자신의 아름다운 아내와 편안하게 살았다.

그러나 칸은 다시 충고를 받기 위해 현인들을 모았다. 다시 메르겐을 어디로 보내야 할지 현인들이 생각했다.

다시 제일 연장자인 현인이 다른 사람들에게 말했다.

"우리는 그를 확실한 죽음의 장소로 보냈습니다. 그러나 그는 강에서 아무 탈 없이 돌아올 수 있었습니다. 우리는 그를 어떻게 처리해야 하는지 생각할 수 없습니다. 술주정뱅이, 사기꾼, 도둑 들을 모아서 그들에게 독주와 고기를 주어 넉넉하게 대접하고 그가 돌아오지 못하도록 어디로 보내면 좋을지 사기꾼들에게 물어보아야 합니다."

"당신 말이 맞습니다." 현인들이 큰 소리로 대답했다.

술주정뱅이, 사기꾼과 도둑 들이 모였다. 그들은 독주를 실컷 대접받았다. 최고 연장자인 자문가가 그들에게 질문을 던졌다.

"이봐, 용감한 게으름뱅이들, 너희 중에 누가 교활하냐? 누가 쉶은 궁사를 죽일 방법을 가르쳐 줄 것인가? 그가 돌아오지 못하도록 어디로 보내는 것이 좋을까?"

절름발이에다 등이 굽은 술주정뱅이가 일어났다. 그는 아르자를 한 잔 마시고 혀 꼬부라진 소리로 천천히 말했다.

"궁사 메르겐을 어디로 보내야 하는지 알고 있습니다. 형체도 색도 없고, 있는 장소도 모르는 물건을 가지고 오라고 명령하십시오. 저 멀리, 황량하고 알려지지 않고 어두운 나라에서 그것을 찾으라고 지시하십시오. 그러면 용감한 궁사 헤예체-메르겐은 우리나라에 결코 나타나지 못할 것입니다."

"좋은 의견이다." 현인들이 대답하며 소리쳤다.

"좋은 의견이다." 소심한 칸도 시인했다.

그리고 다시 그는 심하게 아픈 척을 했다. 그는 다시 궁사를 불러 그에게 말했다.

"이봐, 메르겐, 나는 중병에 걸렸다. 나를 치료할 수 있는 건 이상한 물건이야. 이 물건은 형체도, 색도, 있는 장소도 몰라. 알려지지 않은 멀고 황량한 나라에서 그것을 찾아야 해. 메르겐, 그것을 가져올 수 있다고 믿겠다. 잘 다녀와, 몸 조심하고."

"칸님, 제가 무엇을 찾아와야 합니까?"

"토 달지 말라. 입 다물라고 했다. 너는 반드시 찾아야 한다. 어서 서둘러."

메르겐 뒤에서 열두 개의 문이 닫혔다.

풀이 죽은 어두운 얼굴로 궁사는 집으로 돌아왔다. 밤낮으로 쉬지 않고 내내 앉아서 지혜를 모았다. 그러나 궁사는 생각할 수 없었다. 몸이 긴 자신의 말에 안장을 올렸다.

"어디로 가세요?" 그의 아내가 물었다.

"우리 현명한 칸님이 다시 아프오. 이상한 물건만 그를 치유할 수 있어. 이 물건은 형체도, 색도 없고 있는 장소도 몰라. 그것을 알려지지 않고 머나먼 황량한 나라에서 찾아야 한대. 칸이 그것을 찾으라고 나를 보냈어. 지금 나는 얼마나 가야 할지 모르겠어."

"말을 타고 가는 것보다 걸어가는 것이 더 좋아요. 이 공을 쫓아가세요." 아내는 메르겐에게 노란 공처럼 생긴 가느다란 실크 실뭉치를 맡겼다.

궁사가 땅에 이 공을 던지자 그 공은 알려지지 않은 나라로 굴러갔다. 용감한 메르겐은 공을 쫓아 달려갔다. 밤낮으로 쉬지 않고 갔다. 얼마나 지났는지 알 수 없었다. 그러나 공은 내내 굴러갔고 실은 끝없이 나왔다. 용사는 인내심이 많은 사람이었다. 어느 날 메르겐은 어두운 숲으로 들어갔다. 이 숲을 따라 한 달 동안 다녔다. 실이 끝이 났다. 더 이상 갈 곳이 없었다. 그곳에서 메르겐은 작은 집을 보았다. '아마노 이 집으로 들어가야 할 것 같군.' 궁사는 생각하고 용감하게 문을 두드렸다.

아름다운 아가씨가 문을 열어 주었다.

"들어오세요, 착한 용사님, 잘 오셨어요."

그녀는 그에게 고기를 주었다. 궁사는 그 고기를 먹었다.

그녀는 두꺼운 펠트를 깔았고 메르겐은 쉬기 위해 누웠다.

아침에 여자는 갑자기 궁사의 손에서 밝게 빛을 발하는 황금 빗을 보았다. 그녀는 물었다.

"이것을 어디에서 얻었어요?"

"이 빗은 나의 태양 같은 아내의 것이오." 메르겐이 대답했다. "내가 길을 떠나기 전에 그녀가 작별 인사를 하면서 이것을 주었소."

"나는 당신의 아름다운 아내의 언니예요. 당신은 왜 미리 나에게 빗을 보여 주지 않았나요? 당신은 어디로 가시는 거죠? 어디로 가고 있는 겁니까? 할 수 있는 한 꼭 돕겠습니다."

"우리 현명한 칸이 중병에 걸렸어요." 궁사가 대답했다. "이상한 물건만이 그를 낫게 할 수 있어요. 이 물건은 형체도 색도 없고, 있는 장소도 몰라요. 알려지지 않은 멀고 황량한 나라에서 찾아야 해요. 당신 동생이 나에게 노란 공을 주었어요. 이 공이 당신 집 문으로 나를 인도했어요."

"아닙니다. 저는 알려지지 않은 나라는 몰라요. 아마도 큰언니가 알고 있을 거예요."

그리고 그녀는 메르겐에게 새로운 공을 맡겼다.

"실이 큰언니에게로 가는 길을 가르쳐 줄 거예요."

그리고 다시 메르겐은 노란 공을 따라 달렸다. 숲에서 나왔다. 스텝을 오랫동안 걸었다. 다시 커다랗고 무성한 숲으로 들어갔다. 실이 한 집에서, 문 바로 앞에서 끝났다.

아름다운 여자가 궁사에게 문을 열어 주었다. 그리고 이전과 같은 일이 반복되었고 메르겐은 모든 것을 설명했다.

"아니요. 저는 알려지지 않은 나라를 몰라요." 궁사는 대답을 들었다. "그러나 지금 날개 있는 존재들에게 물어볼게요. 그들이 알지도 몰라요."

그녀는 황금 뿔을 불었다. 108번을 고르게 구슬픈 음을 냈고 72번 즐거운 음을 냈다. 파리에 이르기까지 모든 날개 있는 것들이 그녀의 집으로 날아들었다.

"들어 봐, 도처에 있는 나의 충직한 하인들아." 그녀가 소리쳤다. "너희 중에 누가 형체도 없고 색도 없으며 장소도 알려지지 않은 물건을 알고 있느냐? 알려지지 않은 어두운 나라로 가는 길을 너희 중에 누가 알고 있느냐?"

그러나 모두들 침묵했다. 그 누구도 몰랐다. 모두들 멀리 날아가 버렸다.

그녀는 다시 뿔을 불어서 물속에 사는 존재들, 기어 다니는 존재들을 불렀다. 거북이, 뱀, 물고기, 개구리 들이 모두 그녀에게 달려왔다. 그러나 그들 중 그 누구도 알려지지 않은 나라에 대해 듣지 못했다. 모두들 멀리 떠났다. 뚱뚱하고 강철 같은 집게발을 가진 무거운 게만이 남았다. 이 게는 모든 게들 위에 있는 칸이었다.

"게야, 네가 알고 있는 것을 어서 말해 다오."

"아마도 제가 알고 있는 것이 아닐지도 모르지만 알려지지 않은 것을 제가 알고 있을 수도 있습니다." 그가 대답했다.

"현명한 게야, 알려지지 않은 것을 어서 말해 다오."

게가 말한 것은 이랬다.

"만약 정오에 걸어가면 한 달 뒤에 외부의 바다로 가는 길이 열릴 것입니다. 그런 다음 서쪽 기슭을 따라 교차로까지 한 달 동안 걸어가십시오. 그러면 외부의 바다 저쪽에 무성한 숲이 있을 겁니다. 숲에는 길이 구불구불 나 있고 그 길에는 바큇자국이 있습니다. 숲의 가장 무성한 곳으로 이 흔적들이 나 있습니다. 이 흔적을 따라 곧장 걸어가야 합니다. 얼마나 가는지는 모릅니다."

그리고 게는 호수로 갔다.

헤예체-메르겐은 게가 말한 곳으로 갔다. 외부의 바다 저쪽에는 무성한 숲이 보였다. 숲길에서 바퀴 자국을 보았다. 이 흔적으로 따라 걷고 또 걸었다. 그러나 숲은 더욱더 어두워지고 하늘도 전혀 보이지 않았다. 궁사는 멈춰서 생각했다. '어떻게 해야 하지? 무엇을 해야 하지? 어디로 또 가야 하는 걸까?' 갑자기 바큇자국은 어딘가로 사라졌다. 그때 용감한 궁사는 집을 보았다. 이 집에는 아무도 없었지만 여기에 사람이 살고 있다는 것을 알 수 있었다. 메르겐은 구멍에 숨어서 참을성 있게 기다렸다. 갑자기 어딘가에서 나는 마차 소리를 들었다.

아름답고 당당한 용사가 집으로 다가왔다. 그는 가장 좋은 옷을 입고 있었다. 가장 좋은 무기를 가지고 있었다. 그가 집으로 들어와 무기를 벗고 앉았다. 그리고 메르겐이 들릴 정도로 크게 소리쳤다.

"어이, 무르자, 먹을 것과 마실 것을 갖다줘."

얼룩덜룩한 노란 식탁보가 순식간에 그의 앞에 펼쳐졌고 식탁보 위에는 용사 열두 명이 먹을 수 있을 정도의 음식과 음료수가 차려졌다. 아름다운 용사는 실컷 먹고 마셨다. 그리고 소리쳤다.

"어이, 무르자, 빨리 전부 치워."

그러자 식탁보는 즉시 접어지고 순식간에 사라졌다. 그리고 당당한 용사는 무기를 메고 다시 어둡고 무성한 숲으로 날려갔다.

'이 무슨 기이한 일이야? 그는 어떤 사람이지? 음식을 주는 무르자는 누구지?' 궁사 헤예체-메르겐은 앉아서 생각했다. '이 무르자와 인사를 나눠 봐야겠어.' 그리고 집으로 용감히 들어가서 무기를 벗고 앉았다.

"어이, 무르자, 음식과 마실 것을 줘."

얼룩덜룩한 노란 식탁보가 순식간에 그의 앞에 차려지고 식탁보 위에는 용사 열두 명이 먹을 정도의 음식과 음료수가 나타났다. 재치 있는 궁사는 먹고 마시기 시작했으며 소리쳤다.

"어이, 무르자, 나와서 앉아서 먹어."

갑자기 기름진 고기가 사라졌다. 이것은 무르자가 먹고 있는 것이었다. 무르자는 다 먹고 궁사에게 말했다.

"저는 많은 세월 동안 주인을 먹였지만 나에게 한 번도 먹으라고 한 사람이 없어요. 그런데 당신은 첫날 나를 대접하는군요. 착한 궁사님, 저의 주인이 되어 주시겠습니까?"

"그래, 내가 너를 찾아 온 세상을 돌아다녔다. 너는 형체도 색도, 있는 장소도 모르는 그 이상한 물건이구나. 착한 무르자야, 너의 주인이 되겠다."

"당신의 하인이 되겠습니다." 그가 대답했다.

그리고 그들은 함께 숲에서 바다로 나왔다. 곧 아름다운 용사가 머리에 흰 얼룩이 있는 검은 말 여덟 마리가 매어진 마차를 타고 맞은편에서 오고 있었다. 아마도 또 먹으러 오는 듯했다. 그는 무르자가 이미 그의 것이 아니라는 것을 알지 못했다.

그러나 용감한 궁사는 외부의 바다를 무르자와 함께 건

넜고 스텝을 따라 곧장 집으로 향해 갔다. 어느 날 그들은 낡은 졸룸을 보았다. 그 안에는 백발이 성성한 나이 든 수행자가 있었다. 그는 기도를 외우며 열심히 절을 했다.

"안녕하세요, 수행자 노인." 메르겐이 크게 소리쳤다. "하룻밤을 묵을 수 있을까요?"

"당신은 누구요? 어디서 왔소? 여기에서는 한 번도 본 적이 없는데." 노인이 말했다. "묵고 가시오, 그러나 당신에게 줄 음식이 없소."

"음식은 필요 없습니다." 궁사가 대답했다. "제 음식은 제가 가지고 다녀요."

"그럼 머무르시오." 노인이 대답하고 다시 기도하기 시작했다. 저녁에 수행자 노인은 저녁 식사를 했다. 나물, 뿌리, 딸기 한 줌이 식사 전부였다.

"궁사님, 저는 당신을 대접할 수 없어요." 노인이 조용히 말했다. "조금이라도 제가 당신에게 음식을 주려면 제 기도와 제 절을 줄여야 할 때에 제가 먹던 것을 조금 모을 수 있어요."

메르겐이 그때 말했다.

"이봐, 무르자, 음식과 마실 것을 줘."

그러자 얼룩덜룩한 노란 식탁보가 순식간에 그의 앞에 펼쳐지고 식탁보에는 용사 열두 명이 먹을 수 있을 정도로 많은 음식과 음료수가 차려졌다.

"노인장, 앉으세요, 저와 함께 드세요. 무르자도 앉아서 셋이서 같이 저녁 식사를 하자."

노인은 놀랐지만 어쨌든 먹기 시작했다. 식사를 하고 일어났을 때 궁사가 말했다.

"이봐, 무르자, 빨리 치워."

그러자 식탁보가 즉시 말리고 순식간에 사라졌다. 그러자 노인은 말했다.

"용감한 궁사님, 이 물건을 파세요."

"아닙니다, 노인장, 절대 팔 물건이 아닙니다."

노인은 밤새 메르겐에게 부탁했다. 값진 물건을 주겠다고 약속했다. 아침에 그를 졸룸에서 데리고 나와 말했다.

"내가 자네에게 주겠다는 것을 보게."

노인은 3아르신[37]에 달하는 색색의 실크 스카프를 꺼내어 세 번 흔들며 소리쳤다.

"궁전아, 나타나라."

그러자 거대하고 태양처럼 빛나는 궁전이 나타났는데 지붕이 거의 하늘까지 닿았다. 진주와 산호가 그 벽을 장식했다. 그런 궁전은 본 적이 없었다.

---

37) 러시아 길이 단위. 1아르신은 71.12센티미터다.

노인이 말했다.

"이걸 자네에게 주겠네. 그러니 자네 물건을 나에게 빨리 주게."

"안 됩니다, 노인장, 무르자를 바꿀 수 없습니다."

그러자 무르자는 메르겐에게 귓속말로 속삭였다.

"걱정 말고 용감하게 바꾸세요. 궁전은 당신 것이 되고 저는 당신에게 도망갈 테니."

"좋습니다, 그렇게 하겠습니다." 궁사가 노인에게 말했다. 실크 스카프를 가지고 그에게 무르자를 남겨두었다. 실크 스카프를 흔들고 소리쳤다.

"궁전아, 사라져라."

그러자 순식간에 궁전이 아무 일도 없었다는 듯 사라졌다. 그리고 헤예체-메르겐은 떠났다.

산과 분지, 스텝과 숲을 오랫동안 걸었다. 그의 주머니에 마법의 스카프가 들어 있었다.

'지금 나의 친구, 마법사 무르자는 어디에 있지?' 메르겐이 생각했다.

"주인님, 두려워 마세요, 저는 당신과 함께 가고 있어요." 무르자가 대답했다.

걷고 또 걸어가자 포페레치노예 바다가 그들이 가는 길에 놓여 있었다. 그들은 매우 오랫동안 돌아가야 했다. 그때 그들은 기슭 옆에 배가 있는 것을 보았다. 아마도 군인들, 연대가 배를 타고 가고 있는 듯했다.

"군인 여러분, 저를 태워 주세요. 포페레치노예 바다를 건너야 해요."

"걱정 말고 타시오." 군인들이 그에게 말했다.

배가 떠났고 군인들은 식사를 시작했다.

"당신 음식을 저에게도 주세요." 궁사가 부탁했다.

"이런 교활한 인간을 봤나." 군인 하나가 대답했다. "처음에 배에 태워 달라고 하고 그다음엔 또 먹여 달라니. 우리에게 여분의 빵은 없어, 아무도 너에게 음식을 가져다주지 않을 거야."

"대신 당신들 모두가 충분히 먹을 정도의 양식이 저에게 있어요."

"거짓말쟁이로구나." 콧수염을 기른 군인이 말했다. 그러자 모두들 웃었으며 심지어 배도 웃는 듯 떨렸다. 그때 그들의 대장이 달려와 궁사에게 말했다.

"만약 할 수 있다면 먹여 봐, 만약 거짓이면 몸조심해. 너의 목에 돌을 묶어 물고기 밥으로 던질 테니."

"좋습니다. 앉으세요, 지금 먹여 드리겠습니다." 용감한 궁사가 대답했다.

군인들은 앉았다. 앉아서 기다렸다. 메르겐은 조용히 말했다.

"무르자, 지금 도와줘, 모든 연대를 먹여 줘."

그러자 얼룩덜룩한 노란 식탁보가 배 전체에 깔렸다. 그리고 그 위에 두 개 연대가 충분히 먹을 정도의 다양한 음식이 차려졌다. 군인들은 생전 처음 먹고 마셨다. 배부른 그들은 앉아서 배를 쓰다듬었다.

"어이, 무르자 빨리 치워," 궁사가 소리쳤다.

그러자 식탁보가 즉시 말리고 순식간에 사라졌다.

"좋은 물건을 가지고 있군." 콧수염 군인이 말했다. "그것을 우리에게 팔았으면 한다. 우리에게 그것이 매우 필요하다."

"이 물건은 팔 수 없습니다." 메르겐이 대답했다.

"그러면 황금 막대기와 바꾸자. 그 지팡이를 땅에 치면 군대가 땅에서 나올 거야. 굵은 끝을 치면 기마부대가 나오고 가느다란 끝을 치면 보병군대가 나와."

"바꾸세요." 무르자가 조용히 말했다. "군대는 당신 것이 되고 저는 그런 다음 당신에게 날려가겠습니다. 걱정 말고 과감히 바꾸세요."

"좋습니다, 그렇게 하죠, 지팡이를 주세요, 무르자를 남겨 두겠습니다."

군인들은 무르자를 가졌다고 기뻐했고 심지어 춤까지 추

었다.

배는 곧 기슭에 닿았다. 군대는 남쪽으로 갔다. 용감한 궁사는 지팡이를 손에 들고 곧장 서쪽으로 갔다. 하루가 갔지만 무르자는 오지 않았다. 둘째 날에도 역시 없었다. 셋째 날에 다시 소리쳤다.

"무르자, 어디에 있니, 대답해."

"걱정 마세요, 나의 주인님, 옆에서 가고 있어요."

"당장 먹을 것을 줘."

그리고 그들은 함께 먹었다. 다시 그들은 날짜를 세지 않고 긴 밤을 세지 않고서 걸어갔다. 계속 앞으로 걸어갔다. 집이 가까웠다.

메르겐은 한밤중에 천막집으로 들어갔다. 정숙한 아내가 남편을 기쁘게 맞이했다. 건강한지, 상처는 없는지 물었다.

"우리 칸은 어때?" 궁사가 아내에게 물었다. "아프셔 아님 건강하셔?"

"그는 아마도 전혀 아픈 곳이 없을 거예요. 당신이 떠나자마자 즉시 나에게 달려와서 그에게 오라고 설득하기 시작했어요. 그때부터 스무 번을 다녀갔어요. 그렇지만 저는 그에게 대답했어요. '나의 용감한 남편이 당신의 특효약을 구하러 갔다.' '도중에 당신 남편은 죽었어,' 칸이 말했어요. '그의 뼈는 이미 오래전에 썩었어.' '살았든, 죽었든,' 제가 칸에게 대답했어요. '저는 결코 당신의 아내가 될 수 없을 거예요.' 이 이후 칸은 저의 가축을 몰수해 갔어요. 저는 굶주렸어요. 마침내 당신이 오셨군요."

"우리 현명한 칸이 어떤 사람인지 알겠군." 메르겐이 말했다. "좋아, 누가 이기나 한번 해 보자."

그리고 곧장 아내와 함께 궁전으로 떠났다. 궁전의 정문에서 멀지 않은 곳에서 마법 스카프를 꺼내 세 번 흔들고 소리쳤다.

"궁전아, 나타나라."

그러자 거대하고 태양처럼 빛나는 궁전이 나타났다. 지붕은 거의 하늘까지 닿았다. 진주와 산호가 그 벽을 장식했다. 그런 다음 황금 지팡이를 땅에 쳤다. 가는 끝을 치니 보병이 나왔다. 굵은 끝을 치니 기마병이 나왔다. 두 개 연대는 나와서 궁전을 호위했다. 그리고 그 자신은 아내와 무르자와 함께 궁전으로 들어갔다.

"내가 일어날 때까지 그 누구도 들여보내지 마라." 그는 경비병에게 지시했다.

아침에 칸의 하인들이 궁전이 서 있는 것을 보았다. 그 궁전의 지붕은 하늘에 거의 닿을 정도였다.

"어떻게 이런 일이, 궁전이 어디서 생긴 거지? 어제만 해도 여기에 아무것도 없었는데. 신이 우리 땅에 강림하신 모양이군. 아님 악한 마법사가 온 것일까?"

하인이 칸에게 속히 모든 것을 알리려고 달려갔다. 칸이 나와 눈을 씻었다. 눈으로 보고 믿을 수 없어서 다시 주먹으로 닦았다. 그러나 그의 앞에 궁전이 번쩍이는 것은 마찬가지였다.

"이 무슨 기이한 일인가?" 놀란 칸이 소리쳤다. "이런 궁전은 한 번도 본 적이 없어. 하인들아, 가서, 저기에 누가 살고 있는지 알아보고 속히 나에게 데리고 오너라."

충직한 두 하인은 황금 궁전으로 달려갔다. 입구에서 무장한 경비병이 그들을 맞이했다.

"누구의 궁전인가?" 칸의 하인들이 소리쳤다. "저기에 누가 살고 있는가? 당신들은 하늘에서 떨어졌소, 땅에서 솟았소? 당신들이 어디서 우리 땅으로 왔는지 말해 보시오."

그러자 경비병들이 그들에게 무섭게 대답했다.

"당신들은 누구며 어디서 왔느냐?"

"우리는 칸의 하인들이다. 저 아름다운 궁전에는 우리 지배자, 우리의 현명한 칸님이 살고 있다."

"당신들의 칸을 알지도 못하고 알고 싶지도 않다. 우리의 주군은 황금 궁전에서 잠자고 계시다. 머리가 붙어 있을 때 물러나라."

하인들은 겁을 먹고 집으로 달려갔다. 모두 칸에게 말하고 칸은 소리쳤다.

"이런 겁쟁이들, 게으름뱅이들, 내가 경비병과 잡담하라고 했어, 주인을 데리고 오라고 했지. 너희 둘에게 각각 50대씩 채찍질을 가할 것이야."

그리고 그는 황금 궁전으로 뛰어난 용사 두 명을 보냈다. 경비병들은 그들을 들여보내 주지 않고 어디서 왔는지 물었다.

"우리는 위대한 칸의 전령들이다." 용사들이 말했다. "우리는 너희와 잡담하러 온 것이 아니라 너희 주인을 데리고 가려고 왔다."

그들은 경비병들과 문 쪽으로 다가가려고 실랑이를 벌였다. 그때 경비병 중 하나가 용사를 잡고 피가 튈 정도로 이마를 쳤다. 용사들은 코를 잡고 도망쳤다. 그들은 칸에게 가서 엎드려서 큰 소리로 외쳐 댔다.

"한 악한이 우리를 죽일 뻔했습니다. 더 이상 그리로 가시 않겠습니다."

그때 위대한 칸은 말했다.

"군대를 보내야겠군."

칸이 33개 연대의 군인을 이끌고 궁전으로 갔다. 칸은 궁전을 서른세 겹으로 둘러쌌다. 그는 이리저리 걸어 다니며 소리쳤다.

"어이, 궁전의 주인, 힘이 있다면 나와, 태양이 있을 때 나와, 내가 너에게 무례한 게 뭔지 가르쳐 줄 테니."

용감한 궁사 헤예체-메르겐이 나와서 말했다.

"칸이여, 왜 그런 군대를 이끌고 왔느냐. 나는 너의 적이 아니다. 나는 싸우길 원하지 않는다. 나는 너와 전쟁을 벌이지 않을 것이다. 믿어라."

"그렇지만 나는 쳐들어갈 거고 너를 죽일 것이다." 거만한 칸이 소리쳤다.

"만약 그렇다면 몸조심이나 해라."

용감한 궁사는 황금 지팡이를 잡았다. 굵은 끝으로 치자 기마 부대가 나왔다. 가느다란 끝을 치자 보병 부대가 나왔다. 빛을 내는 갑옷과 투구 차림의 병사들은 자신들의 검을 꺼냈다.

"칸이시여, 무슨 명령을 하실 겁니까?" 궁사에게 물었다.

"악한 군대와 싸워라." 메르겐이 대답했다. "칸을 나에게 데리고 오너라."

전투가 시작되자 33개 연대는 흩어져 스텝 전역으로 달려갔다. 칸은 겁에 질려 소리쳤다.

"너희들 어디로 가는 거야, 어디 가? 나는 너희의 주군이며 너희의 현명한 칸이시다."

그때 철의 군대가 그에게 다가갔다.

"살려 줘, 살려 줘." 칸이 메르겐에게 소리쳤다.

"칸을 건드리지 말고 이리로 데리고 오너라." 궁사가 지시했다.

칸은 메르겐에게 달려가서 그에게 절을 하고 말했다.

"자비를 베푸세요. 저를 살려 주세요."

"저는 당신을 죽일 의사가 전혀 없습니다. 당신이 나와 싸우기를 원했던 겁니다. 이제 먹을 것을 먹고 쉽시다."

"어이, 무르자, 먹을 것과 마실 것을 내와."

그러자 얼룩덜룩한 노란 식탁보가 궁사 앞에 펼쳐졌다. 그 식탁보 위에 여기 군대 전체가 먹고 마시기에 충분할 정도의 다양한 음식이 차려졌다.

칸은 놀랐지만 어쨌든 먹기 시작했다.

"나는 들었습니다," 궁사가 칸에게 말했다. "당신 땅에 궁사 헤예체-메르겐이 살고 있다고요. 용감한 궁사인 그는 지금 어디에 있습니까?"

"헤예체-메르겐은 오래전에 죽었습니다." 칸이 대답했다. "그가 정해진 기간에 돌아오지 않아서 우리는 그가 도중에 죽었다는 결론을 내렸지요."

"그 궁사가 어디로 떠났나요?"

"사냥하러 갔는데 오지 않았습니다."

"칸이여, 나는 당신을 죽이고 싶지 않습니다. 그러나 당신은 파렴치한이고 거짓말쟁이입니다. 당신의 머리를 베어야겠군요. 나는 헤예체-메르겐입니다. 이제 저를 알아보시겠습니까?"

"그렇군, 나의 뛰어난 궁사, 너를 알아보겠다."

"당신은 알려지지 않은 나라에 형체도 없고 색도 없고 있는 장소도 모르는 이상한 물건을 당신을 위해 가지고 오라고 저를 보냈습니다. 착한 무르자가 우리를 먹이는 존재이며 바로 그 물건입니다. 보시다시피, 저는 당신을 믿음과 정의로써 섬겼습니다. 그런데 당신은 이때 나의 아내를 가지려고 했습니다. 그래요, 당신은 죽어 마땅합니다. 그러나 저는 당신에게 생명을 선물할 겁니다. 다른 땅으로 가십시오."

칸은 절을 하고 남쪽으로 달려갔다. 그리고 이 나라에서 더 이상 그를 본 사람이 없었다.

용감한 궁사 헤예체-메르겐은 예전처럼 아름다운 아내와 살았다.

팔천 살의 노인 남질 크라스니 이야기

옛날 옛적에 팔천 살 먹은 남질 크라스니가 칠천 살 먹은 아내 도딘 루치와 살았다. 이미 오래전에 그의 가축은 셀 수 없을 정도가 되었다. 남질 크라스니의 집은 위쪽으로 높이 솟았고 땅에 깊이 박혀 있었다. 하늘부터 지붕까지 총 세 손가락만큼 차이가 났다. 그 집은 황금 소나무로 지어졌다. 문에는 호랑이와 살쾡이가 이빨을 드러냈고 상인방에는 앵무새가 있으며 천장에는 입을 벌린 가리디 칸이 그려져 있으며 네 구석에는 빛나는 해와 달이 그려져 있다. 각각의 문 옆에는 복숭아나무가 심어져 있다. 나무들은 하늘을 의지해 다시 아래로 자라고 있다. 돔브라처럼 잎에서 음이 흘러나왔다. 짐승들이 이 음악을 듣고 지상에서 춤을 추며 하늘에서는 새들이 춤을 춘다.

남질 크라스니에게는 모든 것이 순조로웠지만 단 하나의 슬픔은 아이가 없다는 것이었다. 부부는 수천 년 동안 슬퍼했다.

웬일인지 남질 크라스니는 짙은 적갈색 명마를 타고 은자 주긴을 만나러 갔다.

그는 도착해서 말을 문 오른편에 세워 두고 왼편에서 문

안으로 들어가서 문설주 오른편에 무릎을 꿇었다.

은자 주긴이 물었다.

"아들아, 왜 그러느냐? 배가 고픈 것이냐, 옷이 찢어졌느냐? 왜 왔느냐?"

"저의 집에는 먹을 것도 충분하고 옷도 질깁니다. 나의 슬픔은 아내와 저에게 아이가 없다는 것입니다. 우리는 슬픕니다. 아내와 아이를 갖길 원합니다."

"절대 안 된다." 은자가 그에게 대답했다.

"왜입니까?" 남질 크라스니가 슬프게 물었다.

그러자 은자는 단호하게 말했다.

"절대 안 된다."

팔천 살 노인이 슬픔 때문에 무릎까지 땅속으로 들어갔다.

은자는 단호했으며 똑같이 '절대 안 된다'는 말만 되풀이했다.

"왜입니까?" 남질 크라스니는 슬픔에 소리쳤고 허리까지 땅속으로 들어갔다.

"절대 안 된다." 은자는 단호하게 반복했다.

"왜 절대 안 된다는 겁니까?" 남질 크라스니는 화가 나서 절의 행자 차지가 만들어 준 하얀 뼈로 만든 손잡이가 달린 튼튼한 칼을 잡고 주긴의 목에 갖다 대었다.

"아들아, 진정해라." 은자는 빌었다. "무엇을 해야 하는지 너에게 전부 말하겠다."

"말해."

"말을 타고 하루를 달려가면 하늘이 땅과 만나는 그곳에서, 태양이 지는 그쪽에서 눈먼 검은 낙타의 첫 번째 어금니를 뽑아라."

남질 크라스니는 만 번 절을 하고 나왔다.

그는 말을 타고 1년 걸릴 거리를 한 달 만에 날아갔고 한 달 걸릴 길을 하루 만에 달려갔고 하루 걸릴 길을 한 시간 걸릴 정도로 빨리 달렸다. 도달할 때까지 눈도 깜박거리지 않았다. 노인은 거대한 낙타가 있는 곳에 다다라 채찍으로 낙타의 입속을 겨냥했다. 낙타는 알아차리고 입을 벌렸다.

노인은 오른쪽 어금니를 뽑아 깨끗하고 하얀 수건에 싸서 주머니에 넣고 돌아서 달려갔다. 곧 주긴에게 도착했다.

주긴이 물었다.

"낙타 어금니를 구했느냐?"

"구했습니다." 노인은 대답했다.

"그럼 너의 아내는 이미 아들을 낳았으니 그녀에게 서둘러 가라, 집으로 돌아가서 3일 동안 나가지 말고 아들을 안고 집에 있어라. 너의 아들은 두 마리의 뱀이 훔쳐 가서 죽이려고 할 것이다."

노인은 아무런 대답도 하지 않았고 피곤함도 느끼지 못했으며 말에 올라타고 집으로 왔다. 아내는 아이를 낳았다. 가슴은 황금색이며 등은 은색이었다. 노인은 아들을 안고 이틀을 누워 있었다. 세 번의 밤을 지냈다. 세 번째 날에 누워 있는 것이 피곤해서 다리가 부었다. 일어나서 나가 보그쟈틴 회색 산으로 올라가 둘러보았다.

그러는 사이 아들을 두 마리의 뱀이 잡아서 끌고 갔다. 노파는 아들을 잃어버려 입구에서 쓰러져 움직이지 않고 누워 있었다. 노인은 천막집에 들어와 노파를 보고 약을 먹이고 치료했다. 그런 다음 말을 타고 쉬지 않고 뱀의 흔적을 따라 달렸다. 뱀을 공격할 생각으로 흔적을 따라갔지만 그 흔적은 25일 전에 풍뎅이가 지나간 자리였다.

그렇게 해서 노인은 뱀을 공격하지 못했다. 산으로 갔다. 정상까지는 멀었다. 그는 말이 정상을 넘기를 바랐다. 그러나 짙은 적갈색 말은 말했다.

"당신은 무엇을 하고 있습니까? 나를 불쌍히 여겨 주십시오. 저는 더 이상 갈 수 없어요. 당신은 은자에게 갈 때 나를 타고 갔고 그에게서 낙타에게로 달려갔으며 낙타에게서 다시 은자에게로 은자에게서 집으로 그리고 지금은 바로 저 산으로 달려가고 있습니다. 정상으로 나를 내몰기보다 저에게서 안장을 내려 저의 등을 쉬게 해 주세요. 정말 당신은 제가 풀을 실컷 먹게 하지 않을 작정입니까? 저는 더 이상 달릴 수 없어요."

노인이 고통스러운 눈물을 흘렸다. 그는 집으로 돌아가야 했다.

그의 아들은 산 정상에 있었다.

'강철 팔과 강철 다리가 있다면 얼마나 좋을까.' 그는 생각했다. 계속 생각하다가 잠이 들었다. 깨어나 보니 그가 생각했던 모든 것이 실현되어 있었다. 산에서 소년이 기어서 내려오고 바다까지 이르렀다. 소년은 기슭에 누워 쉬고 있었다. 쉬고 일어나 바다로 들어가 한쪽 기슭에서 다른 쪽 기슭으로 건넜다. 기슭에서 멀지 않은 곳, 바다의 저쪽을 따라, 마른 땅과 진흙 사이에 그는 피곤해서 쓰러져 오랫동안 누워 있었다.

두 마리의 뱀이 도망자를 쫓아가고 있었으며 소년이 바다로 들어가고 나간 흔적을 살피고 있었지만 찾지 못했다.

"나간 흔적이 없어." 그들이 말했다. "물에 빠진 것이 분명해."

뱀들이 꼬리로 바다를 쳤다. 세 번 치자 바닷물이 말랐다. 도망자는 없었다. 뱀들은 오던 길을 돌아갔다. 소년은 일어나 집으로 갔다.

그가 왔다. 애기부들로 만든 낮고 더러우며 초라한 천막집이 서 있었다. 천막집 안에는 백발의 노인과 노파가 있었다.

"이봐요, 노인장, 제가 멀리서 와서 상태가 좋지 않으며 배가 고파요. 당신 집에서 쉬어도 될까요?" 그가 물었다.

"들어와, 들어와. 나의 아들도 너처럼 어딘가에서 고통을 당하고 굶주리고 있겠지." 노인이 말했다.

청년은 윗도리를 벗고 불 앞에서 흔들었다.

"엄마, 등을 긁어 주세요." 그가 청했다.

노파는 그의 등을 긁어 주었고 오른쪽 어깨에 있는 모반을 알아보고 소리쳤다. 노인도 모반을 보고 아들에게 달려들었다.

노인들은 너무 사랑해서 아들을 자기들 사이에 눕히고 잤다. 아침에 깨어 보니 애기부들 천막집은 예전의 아름다운 궁전으로 변했다.

집에는 행복이 찾아왔다. 부모는 온갖 고초 속에 아들을 얻었다. 평생 그들은 행복하게 살았다.

세 형제

옛날에 노인과 노파가 살았다. 그들에게는 노란 개와 갈색 암말이 있었다. 암말은 하루에 세 번, 아침, 점심, 저녁에 새끼를 낳았다.

어느 날 노파가 노인에게 말했다.

"만약 제가 어미 자궁에서 바로 나온 새끼 말고기를 먹는다면 젊어질 거예요. 암말의 배를 가릅시다."

"만약 우리가 암말을 죽인다면 그다음엔 어떻게 하려고 해?"

그러나 노파는 고집을 꺾지 않았다.

"젊어지고 싶어요." 그리고 암말을 데리러 노란 개를 보냈다.

개는 암말에게로 달려갔다. 암말은 그 개에게 물었다.

"왜 온 거야?"

"너를 데리고 오래, 너를 죽이려고 해. 나는 너를 돕기로 했어. 내가 너를 묶어 갈 끈을 불에 그슬려 약하게 해 놓을 거야."

개는 암말을 끌고 왔다. 노인과 노파는 잠시 생각하더니 칼을 갈았다. 노파가 말했다.

"개야, 끈을 가지고 와."

노란 개는 끈을 불에 그슬려서 가지고 왔다. 갈색 암말을 묶어서 자르려는 찰나, 암말은 달렸고 노인과 노파를 내던지고 도망갔다. 일이 실패했다.

얼마 지나서 노파는 다시 노인에게 말했다.

"이봐요, 나는 말 새끼를 먹으면 곧 젊어질 거예요." 그리고 노파는 암말을 죽이자는 데 동의할 때까지 노인을 괴롭혔다. 다시 노파는 개를 보냈다. 개는 암말에게 달려갔다.

"왜 왔어?"

"다시 너를 데리고 오라고 해, 너를 죽일 생각이야." 개가 말했다. "다시 나는 끈을 불에 그슬려 놓을 거야."

개가 암말과 함께 왔다. 노인들은 암말을 쓰러뜨렸다.

"개야, 끈을 가지고 와." 그들이 지시했다.

개는 끈을 불에 그슬려 가지고 왔다. 노인과 노파는 암말을 묶어서 죽이려고 했다. 그렇게 되지 않았다. 다시 암말은 둘을 쳤다. 노인은 어떤 언덕 너머에 떨어졌고 노파는 다른 쪽 언덕으로 던져졌다. 그리고 암말은 도망쳤다.

이틀이 지나서야 겨우 노인들은 집으로 올 수 있었다.

노파는 오랫동안 잠잠히 있다가 다시 주장했다.

"나는 새끼 말을 먹으면 젊어질 거예요. 암말을 죽입시다." 그녀는 그렇게 말하고 암말을 데리러 노란 개를 보냈다. 개가 암말에게 왔다.

"왜 온 거야?"

"주인들이 너를 원해."

"나를 어떻게 하려는 거야?"

"너를 죽이려고 해." 개가 대답했다.

"다시 끈을 불에 그슬려." 암말이 부탁했다.

"좋아, 그렇게 할 거야." 개가 동의하고 암말을 데리고 왔다.

노인들은 둘이서 암말을 쓰러뜨렸다.

"끈을 가지고 와." 개에게 말했다.

개는 탄 끈을 주었다. 끈으로 암말을 더 강하게 묶고 죽이려고 하자 암말은 노인과 노파를 강 너머로 던지고 도망쳤다. 암말은 더 이상 예전 장소로 돌아오지 않았다.

암말은 계속 도망쳐서 어느 무서운 칸의 마구간으로 달려왔다. 들어 보니 누군가가 구슬프게 울고 있었다. 암말이 그리로 가서 보니 보드카를 증류하는 구멍 안에 던져진 갓 태어난 사내아기 셋이 누워 있었다.

칸은 아버지를 전쟁터로 쫓아 보내고 어머니는 굶주림과 추위로 죽게 했다. 암말은 소년을 등에 태우고 악한 칸에게서 멀리 도망쳤다.

암말은 계속 달려서 커다란 무성한 숲에 도착했다. 거기에다 암말은 풀로 집을 짓고 자신의 젖으로 아이들을 먹였다.

소년들은 그녀 곁에서 성장할 때까지 살았다. 암말은 아침, 점심, 저녁에 새끼를 낳았다. 암말은 온 땅 주위에 곧 말무리를 만들었다. 어느 날 암말은 세 소년에게 말했다.

"너희는 여기에 머물러라, 나는 계속 가서 어딘가에서 새끼를 낳을 거야."

암말은 커다란 산으로 들어가서 거기서 머물렀다. 아침, 점심, 저녁에 새끼를 낳고 또 하나의 커다란 말무리를 만들었다. 그 말무리는 다시 온 땅 곳곳을 채웠다. 암말은 세 소년이 있는 집으로 돌아가 그들에게 말했다.

"두 번째 말무리를 몰아라."

세 소년은 옷을 입고 말을 타고 말무리를 몰았다. 3년 후에 그들은 다른 말무리로까지 달려갔다. 말무리를 몬 지 또 3년이 흘렀다. 집으로 몰아갔을 때 또 3년이 흘렀다. 말무리를 집으로 몰아가 양육자인 암말과 함께 행복하게 살았다.

어느 날 암말은 그들에게 말했다.

"우리는 작별해야 해. 나는 늙었어."

암말은 말을 마치고 검은 구름으로 몸을 감쌌다. 구름이 하늘로 날아갈 때 세 소년 중 막내가 울기 시작했다. 갑자기 구름이 땅으로 내려왔고 거기서 암말이 나와 물었다.

"너는 왜 우느냐? 너의 형은 바로 저기서 음식을 하고 있단다. 그에게로 가거라."

막내는 형에게로 달려갔다. 다시 암말은 검은 구름으로 감싸고 백조처럼 소리치고 하늘로 올라갔다. 다시 세 형제 중 막내가 그녀를 그리워하며 울었다. 다시 암말이 그에게로 내려올 때까지 슬프게 울었다.

"너는 왜 우느냐?" 암말이 물었다.

"나에게 이름을 주지 않았어요, 이름이 없는 아이로 남겨두셨어요." 막내가 대답했다.

"푸른 유리 같은 언덕에서 자란 코코데 무드리[38]가 너의 이름이다."

암말은 막내에게 이름을 주고 구름으로 몸을 감싸고 올라가서 하늘로 떠났다.

세 형제는 땅 위에 같이 남았다. 그들은 집을 지었는데 하늘에 세 손가락 정도 떨어지게 집을 지었다. 집을 온갖 장식으로 꾸몄다. 문에는 호랑이와 곰이 응시하고 있었다. 상인방에는 까마귀와 매가 서로서로 싸우고 있었다. 위 상인방에는 앵무새가 있었다. 집의 창문은 불꽃 같은 유리로 되어 있었다. 문 앞에는 복숭아나무가 자라고 있었으며 그 꼭

---

38) '현명한 코코데'라는 의미다.

대기는 하늘에 닿아 있었다. 그 가지들은 아래로 뻗어 내려와 기이한 소리를 내는데 마치 야외음악당이 노래를 하고 파이프 연주를 하는 듯했다. 모든 것이 이런 소리를 내며 하늘에서는 새들이 춤을 추고 땅에서는 짐승들이 춤을 추었다. 이런 아름다운 나무가 문 앞에 있었다. 집의 오른편에는 원기왕성한 말들이 무리지어 있고 왼편에는 윤기가 흐르는 말무리가 있었다. 집 뒤편에는 혈기가 왕성한 말들이 무리를 이루고 있었다. 집 앞에는 빨리 달리는 말들이 무리를 이루고 있었다. 집 옆에는 회색 산 보그자틴이 있고 그 정상에는 하얀 구름이 걸려 있었다.

그렇게 세 형제는 살았다.

어느 날 막내가 형들에게 말했다.

"우리는 이대로 살 건가요? 아내를 찾읍시다."

코코데 무드리는 회청색 말에 안장을 얹으라고 지시했다. 코코데 무드리의 말 돌보는 하인은 고삐를 가지고 시원한 연못이 땅에서 솟아오르는 초원으로 회청색 말을 데리러 갔다.

말을 쉽게 쓰러뜨리기 위해 고운 모래가 있었다. 말이 발길질을 하지 않도록 그는 솜으로 만든 올가미 밧줄로 묶었다.

코코데 무드리의 말은 길을 떠날 채비를 했다. 좋은 몸은 천골에 어울리며 강인한 몸은 귀에 어울리며 빠른 몸은 눈에 어울리며 쾌활한 몸은 네 개의 황금 찻잔에 어울린다. 말은 준비되어 있다.

코코데 무드리가 옷을 입을 때다.

그는 솜씨 좋은 장인이 만든 열 가지 색으로 장식된 하얀 옷을 걸쳤다. 그 옷은 그에게 장갑처럼 딱 맞았다. 그는 이마에 술이 달린 닐빙이라는 모자를 썼다. 그 모자는 장갑처럼 딱 맞았다. 그는 네 살짜리 말 다섯 마리의 가죽으로 만든 허리띠 류딩을 둘렀다. 그 허리띠는 장갑처럼 딱 맞았다. 삑삑 소리가 나는 빨간 장화를 신었다. 그 장화는 그에게 장갑처럼 딱 맞았다. 그는 좋은 무기를 들었다.

코코데 무드리가 말을 타기 위해 집에서 나가자 말은 하늘에 닿을 정도로 뛰어올랐고 그의 주인이 기다리는 이전 자리로 돌아왔다. 그런 다음 오른쪽에서 왼쪽으로 집을 돌며 주인과 함께 길을 떠났다. 그는 활에서 쏘아 올린 화살처럼 날아서 무더운 여름날의 열기처럼 사라졌다.

코코데 무드리가 날리며 저 멀리서 제비인지, 파리만 한 뭔가를 보았다. 좀 더 가까이 다가가 고리가 없는 하얀 문이 있는 천막집 앞에 있는 것을 보았다. 그는 말에서 내려 손에 은색 고삐를 들고 안으로 들어가서 오른쪽 쇠창살 옆에 앉았다. 왼쪽 쇠창살 옆에서는 노파가 앉아 음식을 준비하고 있었다. 노파 앞에는 미녀가 고개를 돌려 머리를 빗고 있었다. 그녀의 아름다움이 빛을 발할 때면 대양의 물고기를 한 마리까지 셀 수 있을 정도였다. 그녀의 얼굴이 빛을 발할 때 말무리를 지킬 수 있으며 그녀의 눈이 빛날 때 밤에 글씨를 쓸 수 있을 정도다. 그에게 노파가 소리쳤다.

"이봐, 길을 잃은 황소야, 달아오른 얼굴과 뜨거운 눈빛을 하고 있는 너는 누구며 어디서 왔느냐?"

코코데 무드리는 조용히 대답했다.

"나는 길을 잃은 황소가 아닙니다. 저의 눈은 불타오르지도 않고 얼굴이 뜨겁게 달아올라 있지도 않습니다. 저는 서민의 아들입니다." 그는 그렇게 말하고 입을 다물었다. 조용히 있다가 말했다.

"당신 주인은 어디에 계십니까?"

"말무리에게로 갔다." 노파가 그에게 대답했다.

그때 코코데 무드리가 천막집에서 나갔다. 미녀는 그를 뒤따라 나왔다. 그녀는 나와서 그에게 케이크를 세 개 주었는데 한 마디 말도 하지 않고 한 번도 쳐다보지 않았다. 코코데 무드리는 말을 타고 아가씨 쪽으로 돌아보지도 않고 앞으로 갔다. 그는 다시 스텝을 날아다녔다.

비가 서쪽에서 왔고 동쪽에서 눈이 왔다.

갑자기 코코데 무드리를 마주 보고 머리가 열다섯 개 달린 검은 악마가 걸어왔다.

"하, 하, 하. 바로 여기에 형편없는 놈이 가고 있군." 악마가 말을 했다. 그의 뒤에는 세 살짜리 소만 한 초라하고 노란 개가 달려갔다. 그 개는 달리면서 양만 한 크기의 돌을 물어서 그들에게 던지고 있었다. 코코데 무드리는 그 개에게 케이크 하나를 던졌다. 개는 그 케이크를 잡아서 먹고 다시 짖지 않고 앞으로 달려갔다. 다시 코코데 무드리는 그 개에게 케이크를 던졌다. 다시 그 개는 먹어 치웠다. 세 번째 케이크를 던졌다. 세 번째도 먹어 치웠다. 개는 그에게 다가와서 말 쪽으로 팔짝팔짝 뛰더니 꼬리쳤다.

그러는 사이 머리 열다섯 개 달린 검은 악마는 생각했다. '온 땅에 나와 나의 두 형제를 이길 수 있을 인간은 단 한 명도 없어. 나의 개는 왜 그에게 애교를 부리는 거지?' 악마는 청년에게 다가가 말했다.

"이봐, 길을 잃은 황소야, 달아오른 얼굴과 뜨거운 눈빛을 하고 있는 너는 누구냐?"

그러자 청년은 그에게 대답했다.

"나는 길을 잃은 황소가 아니다. 나의 눈은 불타오르지도 않고 나의 얼굴이 뜨겁게 달아올라 있지도 않아. 나는 서민의 아들이다. 너는 머리가 많지만 판단력이 부족하구나."

코코데 무드리가 즉시 악마의 열 개의 머리를 치자 그것들은 뒤로 넘어갔고 그는 다섯 머리와 싸우기 시작했다. 그들은 자두나무가 작은 가지처럼 흩날릴 정도로 싸웠다. 그들은 대양이 얕아져 물웅덩이가 될 정도로 싸웠다. 산이 분지가 되고 분지가 산이 될 정도로 싸웠다.

그들은 49일을 싸웠다.

악마는 청년을 때려서 죽일 뻔했다.

"너의 고통, 슬픔, 불행을 말해 봐." 악마가 말하고 청년 위에 앉았다. "나의 심장이 떨리고 너를 죽이고 싶어."

"나는 불행에 대해 침묵할 것이다. 만약 작별 인사로 나의 아버지가 나에게 보여 준 기이한 것을 보고 싶다면 보아라." 코코데 무드리는 말했다.

악마는 그를 풀어 주었다. 그때 그는 말했다.

"더 강하게 앉아, 더 세게 쥐어."

악마는 좀 더 강하게 잡아서 더 단단하게 앉았다. 청년은 그를 한 번 밀치더니 악마를 저지했다. 또 한 번 밀쳤다. 악마는 하마터면 떨어질 뻔했다. 세 번째 밀쳤다. 악마는 뒤집어져서 저 멀리 날아갔다. 청년은 즉시 악마를 잡아서 땅에 던졌다. 악마는 땅속으로 450센티미터가량 들어갔다. 그때 코코데 무드리는 황소 머리만 한 크기의 담뱃대에 불을 붙이고 앉아서 담배를 피웠다. 담뱃대 속의 연기가 끓었다.

악마는 청년에게로 절뚝거리며 걸었다. 눈을 다치고 손

은 망가졌고 화살에 맞은 솔개처럼 한쪽 다리도 잃었다.

"악마야, 어디로 가느냐?" 청년이 그에게 물으면서 미소 지었다.

"이 강물은 써, 나는 저 멀리 있는 강물을 마시러 가." 악마가 침통한 목소리로 대답했다.

그들은 서로서로를 노려보며 황소처럼 옆구리를 부딪치며 머리를 들어 올리고 낙타들처럼 서로서로에게 갔다. 양들처럼 잡고 싸웠으며 다시 49일 동안 싸웠다. 청년은 자신의 가느다란 대퇴부 위에서 악마를 팔천 번이나 흔들었다. 다시 청년은 악마를 팔천 번을 흔들었고 숨을 쉬지 못하는 악마를 땅에 던졌다. 악마의 주요 혈관에서 검은 피가 솟아오르며 150센티미터가량의 땅을 덮었다. 그는 악마를 죽이고 그의 뼈를 작게 조각낸 다음 그의 고기를 조각조각 내어 일곱 개의 강물을 하나로 흘려보내서 거기에 악마를 던졌다. 그런 다음 코코데는 말을 타고 멀리 달려갔다.

도중에 그는 다시 고리가 없는 하얀 문이 있는 천막집을 만났다. 그는 그 천막으로 다가가 서둘러 손에 은색 고삐를 들고 들어갔다. 오른쪽 벽 옆에 앉았다. 다시 미녀를 보았다. 그녀의 아름다움이 빛날 때 밤에 산에서 삼나무를 셀 수 있을 정도였다. 왼편에 악한 노파가 앉아서 소리쳤다.

"이봐, 길을 잃은 황소야, 달아오른 얼굴과 뜨거운 눈빛을 하고 있는 너는 누구며 어디서 왔느냐?"

"나의 눈에는 불이 없고 나의 얼굴은 불타오르지 않았습니다." 코코데 무드리가 말하고 물었다. "그런데 당신 주인은 어디에 있습니까?"

"말무리에게로 갔다."

코코데 무드리는 나왔고 미녀는 그 뒤를 따랐다. 그녀는 그에게 케이크를 세 개 주었다. 그는 그것들을 들고 옆 주머니에 넣고 말을 타고 달렸다. 더욱더 강하게 예전과 같은 비가 내렸고 더욱더 강하게 예전과 같은 눈이 내렸으며 첫 번째 악마보다 더욱더 무서운 머리 스물다섯 개 달린 검은 악마가 움직이고 있었다. 그 뒤를 낙타만 한 노란 개가 황소만 한 돌을 물어 던지고 있었다. 청년은 그 개에게 케이크를 던졌다. 개는 먹어 치우고 계속 달렸다. 청년은 다른 케이크를 던졌다. 개는 먹어 치우고 다시 달렸다. 세 번째 케이크를 던졌다. 개는 먹어 치우고 그에게 달려와서 폴짝폴짝 뛰더니 애교를 부렸다.

악마는 생각했다. '나의 개가 왜 낯선 사람한테 애교를 부리지?' 악마는 청년에게 다가가 말했다.

"이봐, 길을 잃은 황소야, 달아오른 얼굴과 뜨거운 눈빛을 하고 있는 너는 누구냐?"

"나의 눈은 불타지 않고 얼굴도 달아오르지 않았으며 나는 길을 잃은 황소도 아니야, 너는 침착하게 말하고 있지만 동요하고 있구나."

코코데 무드리는 악마를 치고 그의 열 개의 머리를 자르고 열다섯 개의 머리와 싸우기 시작했다.

그들은 산이 분지가 되고 분지가 산이 될 정도로 싸웠다. 그들은 숲이 마르고 지푸라기 더미가 될 때까지 싸웠다. 그들은 대양이 말라 물웅덩이가 되며 물웅덩이가 대양이 될 때까지 싸웠다. 그들은 49일 동안 싸웠다. 악마는 청년을 완전히 제압했으며 그를 땅에 던졌다.

"죽기 전에 너의 불행에 대해 이야기해." 악마가 말하고 자기는 청년 위에 앉아 있었다.

"잠깐만, 악마야. 아버지가 나에게 가르쳐 준 싸움의 열두 가지 기술보다 더 좋은 것을 봐, 마지막으로 내가 가진 것을 배워."

"보여 줘." 악마가 지시했다.

"좀 더 강하게 앉아, 더 세게 쥐어."

악마가 잡고 세세 앉아 있었다. 청년은 한 번 그를 밀쳤다. 악마는 겨우 지탱했다. 다시 밀쳤다. 악마는 겨우 떨어지지 않았다. 세 번째 밀쳤다. 악마는 뒤집어졌고 청년에게서 날아갔다. 청년은 일어나 몸을 흔들며 웃었다.

코코데 무드리는 자신의 회청색 말을 그늘에 세워 두고

자신도 앉았다. 황소 머리만 한 담뱃대에서 연기를 내뿜었다. 보니 악마가 다리를 절름거리며 걷고 있었다. 한쪽 옷자락은 찢어지고 눈은 다쳤으며 손은 돌아가고 다리는 망가졌다.

“악마야, 어디 가니?” 청년이 그에게 물었다.

“이 강의 물은 써, 나는 저 멀리 있는 강물을 마시러 간다.” 악마가 화를 내며 대답했다.

악마와 코코데 무드리는 두 마리의 황소처럼 곧 서로를 향해 옆으로 걸어갔다. 낙타처럼 서로서로 노려보았다. 양들처럼 서로 잡았다. 큰 소음이 일었고 주변에 벼락같은 소리가 났다. 청년이 악마를 자신의 가느다란 대퇴부 위에서 팔천 번을 흔들었고 말없이 그를 칠천 번 눌렀으며 그를 한 번에 땅속으로 400센티미터 가량 집어넣었다. 동맥에서 흘러나온 악마의 검은 피가 강을 이루었다.

그때 코코데 무드리는 말했다.

“만약 정말로 네가 용사라면 일어나라, 만약 그럴 힘이 없다면 죽이겠다.”

“나는 그럴 힘이 없어, 죽여라.” 악마가 대답했다.

청년은 악마를 죽여 그의 뼈를 부러뜨리고 그의 살점을 조각내어 일곱 개의 강을 하나로 합쳐서 거기에 던졌다.

다시 코코데 무드리는 자신의 회청색 말을 타고 앞으로

갔다. 뭔가 저 멀리 보이는 것이 있었다. 그리로 갔다. 고리가 없는 하얀 문이 있는 천막집이 있었다. 다가가 기어 들어가서 고삐를 쥐고 그 안으로 들어갔다. 들어가서 앉았다. 왼편에 늙은 노파가 앉아 있었고 그 앞에 아가씨가 있었다. 그녀의 아름다움이 빛을 발할 때 스텝에 있는 모든 티끌을 셀 수 있을 정도였다. 노파가 소리쳤다.

"이봐, 길을 잃은 황소야, 달아오른 얼굴과 뜨거운 눈빛을 하고 있는 너는 누구냐?"

코코데 무드리가 대답했다.

"내 얼굴에 열기도 없고 눈에는 불이 없으며 나는 길을 잃은 황소가 아니오." 그는 말하고 앉았다. 잠시 앉아 있다가 물었다. "당신 주인은 어디로 갔소?"

"말무리가 있는 곳에 갔어." 노파가 대답했다.

코코데 무드리가 떠나려 하자 미녀가 그에게 양 다리를 세 개 주었다. 청년은 그것을 받아 들었다. 앞으로 달렸다.

가다가 비가 오고 눈이 내렸다. 서른다섯 개의 머리가 달린 검은 악마가 청년을 향해 곧장 달려왔다. 그의 목소리 하나는 하늘에서 울렸고 다른 하나는 땅에서 들려왔다. 그는 하나의 어금니로 땅을 갈고 다른 어금니로 하늘을 갈았다. 코끼리만 한 개가 그 뒤를 따라 달렸다. 가면서 낙타만 한 크기의 돌을 던졌다. 짖으며 달려오고 달려오면서 짖었다. 코코데 무드리는 개에게 양 다리 하나를 던졌다. 개는 짖는 것을 멈추고 다리를 먹고 계속 달렸다. 다시 코코데 무드리는 양 다리 하나를 던졌다. 개는 다시 먹어 치웠다. 세 번째 다리를 던졌다. 개는 먹어 치우고 그에게 애교를 부렸다. 악마는 도무지 이해가 되지 않았다. '나의 개가 왜 낯선 이에게 애교를 부리지?' 악마는 다가가 청년에게 물었다.

"이봐, 길을 잃은 황소야, 달아오른 얼굴과 뜨거운 눈빛을 하고 있는 너는 누구냐?"

코코데 무드리가 대답했다.

"나의 눈에도, 얼굴에도 불이 없고 나는 길을 잃은 황소도 아냐. 너는 힘이 있지만 이해력이 부족하고 건강해도 바보로구나."

코코데 무드리는 열 개의 머리를 쳐서 사방으로 날려 보냈고 남은 스물다섯 개의 머리와 싸우기 시작했다.

그들은 산이 분지가 되고 분지가 산이 되도록 싸웠다. 그들은 대양이 말라 물웅덩이가 되고 물웅덩이가 대양이 될 정도로 싸웠다. 그들은 자두나무 숲이 말라서 새로운 나무가 자라도록 싸웠다. 49일을 싸웠다. 악마는 청년을 겨우 제압했다. 제압하고서 말했다.

"죽기 전에 청년은 항상 세 가지 슬픈 일을 기억하지. 너에게는 어떤 것이 있는지 말해. 심장이 뛰니 내가 너를 죽이고 너의 생명을 끝내고 싶구나. 절의 행자 치다가 만든 접이식 칼이 너의 목에 있다."

청년이 그에게 대답했다.

"아버지가 나에게 가르쳐 준 20가지 싸움 기교를 보는 것이 좋을걸."

악마는 동의했다.

"더 강하게 조여, 더 단단하게 앉아." 청년이 말하고 악마를 밀쳤다. 악마는 겨우 지탱했다. 청년은 또 한 번 그를 밀쳤다. 악마는 겨우 떨어지지 않았다. 다시 밀쳤다. 악마는 그에게서 거꾸로 굴렀다. 청년은 땅에서 벌떡 일어나 악마를 잡고 일격에 땅속으로 450센티미터 정도 집어넣었다.

"악마야, 어때? 너에게 남은 기교가 있느냐?"

"아니." 악마가 대답했다. "너는 나를 능가했고 이겼다. 이제 죽여라."

코코데 무드리는 제일 연장자인 악마를 죽여 그의 집으로 보냈다. 그는 가서 악마의 악한 어머니도 죽이고 아내를 데리고 갔다. 가축은 유목하러 보내고 다음과 같이 지시했다.

"나의 긴 흔적을 따라가거라, 흔적이 교차하는 곳에서 점심 식사를 해라, 흔적이 주변에 있을 곳에서 하룻밤을 지새워라."

코코데 무드리는 중간 악마의 집으로 갔다. 그의 어머니를 죽이고 아내도 데리고 갔다. 가축을 방목하게 하고 다시 자신의 긴 흔적을 따라가라고 지시했다.

막내 악마의 집으로 가서 일을 빨리 해치웠다.

이제 코코데 무드리는 자신의 고향으로 달렸다. 그리고 말의 입이 귀까지 닿도록, 그의 뼈까지 채찍이 닿을 정도로 달렸다. 말의 눈에서 불꽃이 튀었고 귀에서 불이 뿜어져 나왔으며 코에서 콧김이 훅훅 나왔다.

그는 달리고 또 달려서 집에 도착해 들어갔다. 형들과 인사를 나눴다. 조금 후 포로로 데려온 아내들도 도착했다. 셋 다 미녀였다. 그때 코코데 무드리는 제일 큰 악마의 아내를 큰형에게 주고 중간 악마의 아내를 둘째 형에게 주고 자신은 막내 악마의 아내를 취했다.

그렇게 형제들은 기뻐하며 살았다.

어느 날 밤 큰형, 차가다 무드리가 마당으로 나왔다. 보니 주변이 어둠이고 밤이었으며 코코데 무드리의 창문에 이상한 빛이 반짝였다. '무슨 빛이지?' 큰형이 생각하며 코코데 무드리의 집으로 서둘러 들어가 코코데 무드리의 아내의 얼굴이 빛을 발하는 것을 보았다.

차가다 무드리는 울라다 무드리에게 달려가 말했다.

"우리 코코데 무드리의 아내의 얼굴이 이상한 빛을 발하고 있었어. 그는 가장 좋은 아내를 골라 가졌어. 우리를 속였어. 그의 아내를 빼앗자."

울라다 무드리가 말했다.

"아닙니다. 형이 틀렸습니다. 만약 동생이 우리에게 우리의 아름다운 아내들을 찾아 주지 않았다면 우리가 그들을 어디서 얻어 올 수 있었겠습니까?"

여러 날이 흘렀다. 어느 날 밤 다시 차가다 무드리가 기이한 빛을 보고 다시 울라다 무드리에게로 달려갔다.

"일어나서, 봐 봐, 코코데 무드리의 집에 알 수 없는 빛이 빛나고 있어." 그는 숨을 쉬고 겨우 계속 말했다. "걔네 집 현관에 큰 낫을 두 개 꽂아 두자, 그런 다음 가죽을 땅에 질질 끌고 소리치자. '일어나 봐, 코코데 무드리, 일어나, 너의 갈색 말을 누가 훔쳐 갔어.' 그런 다음 도망가자. 코코데 무드리는 벌떡 일어날 테고 낫에 발을 잘릴 거야. 그러면 우리는 그의 아내를 가지는 거지."

형제들은 문에 날카로운 낫을 꽂아 두고 뛰어가며 소리쳤다.

"코코데 무드리, 나와 봐. 누군가가 너의 애마를 훔쳐 갔어."

코코데 무드리는 벌떡 일어났고 그의 아내는 그를 내보내지 않으려 다리를 잡고 키스를 했다.

형제들이 소리쳤다.

"너의 갈색 말을 도둑맞았어. 빨리 일어나. 너의 하녀가 너를 꼭 쥐고 있구나, 이 불행한 겁쟁이야."

코코데 무드리는 아내를 밀치고 집에서 나가다 두 다리를 날카로운 낫에 잘렸다. 코코데 무드리는 쓰러진 풀처럼 땅에 굴렀다.

형제들은 코코데 무드리에게 초라한 천막집을 지어 주고 그를 거기에 두었다. 자신들은 가축과 천막집을 가지고 유목을 떠났다.

날이 지났다.

코코데 무드리가 언젠가 식사를 준비하는데 갑자기 밖에서 누군가가 문을 두드렸다. 코코데 무드리가 문을 열었다. 그의 앞에는 한 사람이 서 있었다.

"무슨 일이세요?"

"나의 형들은 코코데 무드리의 형제들이 동생에게 어떻게 했는지를 듣고 나의 두 눈을 찔렀소." 방문객이 대답했다.

"그럼 이리로 들어오세요, 불행한 일을 겪었으니 친하게 지냅시다." 다리 없는 코코데 무드리가 말했다.

그들 둘이서 죽을 쑤어 먹고 잠자리에 누웠다. 다음 날 저녁에 다시 누군가가 문을 두드렸다.

"거기 누구요?" 그들이 물었다.

"나의 형들이 코코데 무드리의 형제들이 동생의 다리를 절단한 것을 듣고는 나의 팔을 잘랐어요." 방문객이 말했다.

"이리 오시오, 친구 합시다." 눈멀고 다리 없는 사람들이 초대했다.

그렇게 셋이서, 눈멀고 다리 없고 손이 없는 사람들은 친하게 지냈다.

어느 날 그들은 천신 호르무스타가 딸을 시집보낸다는 소식을 들었다.

"신부를 데리러 항해해 갑시다. 그녀를 데리고 옵시다." 친구들은 결정했다.

이야기된 것은 이루어진다.

다리 없는 이는 눈먼 이의 위에 올라타고 손이 없는 이가 그들을 이끌었다. 그렇게 그들은 숲으로 가서 나무를 베어 배를 만들었으며 셋이서 배를 타고 그물을 치며 하늘로 항해했다.

위로 항해해 갔을 때 천신의 딸은 신랑의 집으로 가는 배를 타고 그들 옆을 지나갔다. 코코데 무드리가 손수건을 잡고 소리쳤다.

"이 손수건이 당신 것입니까?"

아가씨는 손수건을 잡으려고 손을 뻗었지만 코코데 무드

리는 그녀의 손을 잡고 배를 자기 쪽으로 잡아당겼다. 배가 하늘에서 아래로 항해했고 그녀 뒤를 따라 안개가 날아 내려왔다.

세 친구는 집으로 왔다. 다시 코코데 무드리는 눈먼 이에게 올라타고 팔 없는 이의 인도로 사냥하러 갔다. 사냥은 잘 되었다. 그들은 토끼들, 여우들을 집으로 가지고 왔고 천신 호르무스타의 딸에게 음식을 준비하라고 지시했다. 그렇게 같이 살았다.

언젠가 한번 세 친구들은 사냥하러 떠났고 아가씨는 천막집 위로 가서 사방을 보았다. 갑자기 사람이 없는 돌 골짜기에서 연기가 올라왔다. 아가씨는 그리로 달려갔다. 보니 낡은 천막집에서 연기가 나오고 있었다. 그 천막집에는 악마 노부부가 살고 있었다. 할머니는 앉아서 머리를 빗고 있었다.

"아가씨, 아가씨, 뭘 그리 수줍어하느냐? 들어와." 노파가 말했다.

아가씨는 들어갔다. 노파는 죽을 들어 아가씨를 대접했다. 아가씨는 마치 죽을 다 먹은 듯했지만 사실은 소매에 숨겼다. 그런 다음 노파는 누워서 말했다.

"아가야, 내 머리를 빗겨 줘."

아가씨가 노파의 머리를 빗겨 줄 때 할머니는 송곳으로

아가씨의 옷자락에 구멍을 내고 거기에 재를 뿌리고 말했다.

"고마워, 아가씨, 이제 불을 들고 집으로 가."

아가씨는 뜨거운 석탄을 옷자락에 놓고 떠났다. 악마의 천막집에서 집으로 가는 도중에 아가씨는 구멍을 통해 재를 드레스 속으로 털었다. 그렇게 자신의 흔적을 남겼다.

악마의 할머니는 그것이 필요했다. 그 할머니는 외눈박이였고 그녀의 눈은 움푹 들어가 있었으며 노랗고 뒤통수에 달려 있었다.

노파는 아가씨의 흔적을 따라 달렸다. 천막집으로 들어가니 아가씨는 잠들어 있었다. 노파는 아가씨의 피를 빨아먹고 집으로 갔다. 아가씨는 겨우 살았고 아파서 약해졌다.

세 사냥꾼이 집으로 돌아와서 아가씨에게 물었다.

"왜 이렇게 말랐어요?"

"저는 마르지 않았어요." 아가씨가 대답하고 약해진 상태로 누워서 울었다.

어느 정도 시간이 흘러 친구들은 다시 사냥을 떠났다. 노파는 언제 어디서든 나타났다. 노파는 천막집의 아가씨에게 와서 피를 빨아먹고 집으로 갔다.

사냥꾼들이 돌아와서 아가씨를 보고 놀라며 서로 말했다.

"그녀는 왜 이렇게 마르는 거지?"

다음번에 눈먼 이와 다리 없는 이가 사냥터로 가고 손 없는 이가 아가씨를 주시하며 숨어 있었다. 사냥꾼들의 모습이 사라지자 손 없는 이는 늙고 노란색을 띠며 구리보다 더 빨간 코를 한 노파가 와서 아가씨의 피를 빠는 것을 보았다. 손 없는 이는 소리치며 그녀를 내쫓았다. 곧 나머지 사람들도 돌아왔다. 손 없는 이는 그들에게 말했다.

"어떤 마녀가 이리로 와서 아가씨의 피를 빨았어."

그때 눈먼 이는 문 뒤에 서고 다리 없는 이는 문의 상인방에 누워 있고 손 없는 이는 가죽 밑에 숨었다. 노파가 왔다. 그녀는 둘러보았다. 그녀의 손과 발에는 염소의 혈관이 있었다. 코는 동보다 더 빨갛고, 외눈은 뒤통수에 있었다. 그녀는 천막집으로 몰래 숨어들더니 속삭였다.

"아가씨, 아가씨, 집에 누가 있어?"

"아니요." 아가씨가 대답했다.

"바로 말해." 노파가 지시했다.

아가씨는 더 이상 대답할 힘도 없었다. 노파는 노인 뒤를 따라 걸었고 그를 데리고 왔다. 그들은 함께 피를 빨았다.

세 친구는 그때 그들에게 달려들었다. 그들은 노파를 잡았지만 노인은 도망쳤다. 그들은 노파를 잡아 때렸다.

"아가씨를 예전 그대로 돌려놔, 돌려놓으란 말이야." 때리며 말했다.

노파는 빌었다. 그녀는 아가씨를 삼키더니 도로 돌려놓았다. 아가씨는 예전 그대로 돌아왔다. 친구들은 놀랐다. 그들은 외눈박이 노파에게 다가갔다.

"그의 시력을 돌려놔." 그들이 요구했다.

노파는 그를 삼키고 그를 아름다운 눈이 있는 청년으로 돌려놓았다. 그러자 그들은 손 없는 이를 그녀에게 주었다. 그녀는 그를 삼키고 손 있는 청년으로 돌려놓았다.

그때 코코데 무드리는 친구들에게 말했다.

"만약 노파가 나를 삼키고 놓아주지 않는다면 그녀를 작은 조각으로 잘라서 잘게 다져 나를 해방시켜 줘."

노파는 코코데 무드리를 삼키고 말했다.

"말한 대로 죽이고 잘라 봐, 나는 그를 내보내지 않을 거야."

두 친구는 노파를 잘게 잘라서 찾고 찾았지만 피곤해졌다. 그러나 코코데 무드리는 찾지 못했다. 그들은 슬퍼하면서 쉬려고 앉아 있었다. 갑자기 참새가 담뱃대 위에서 짹짹거렸다.

"짹, 짹, 짹. 새끼손가락에서 찾아, 새끼손가락에서 찾아."

그들은 새끼손가락에서 찾기 시작했고 찾았다. 코코데

무드리는 건강했으며 양반다리하고 앉아 담배를 피우고 있었다.

친구들은 그렇게 건강하게 변했으며 천신 호르무스타에게 딸을 돌려보내 주기로 결정했다. 그들은 그녀를 탈것에 태워 보내고 셋이서 눈이 닿는 곳으로 갔다.

계속 걸으니 길이 세 갈래로 갈라지는 곳까지 이르렀다. 친구들은 작별 인사를 나눴다. 각자의 길을 갔다.

코코데 무드리는 걷고 계속 걸어서 자기 형제들의 집까지 왔다. 그는 그때 집시로 가장했다. 그는 집에 들어갔다. 천막집에서는 고기를 끓이고 있었다. 형제들은 코코데 무드리의 아내를 평범한 하녀로 만들었다.

냄비에서 고기가 다 끓자, 코코데 무드리는 방해하려고 다가가 좋은 조각을 꺼내 말했다.

"내가 처음 꺼낸 고기는 불 옆에 앉은 사람이 먹을 것이오." 그러면서 좋은 고기를 자신의 아내에게 주었다.

그녀는 고기를 들고 나와 마당에 앉았다. 그녀의 얼굴은 붉어졌다. 차가다 무드리의 딸이 이를 보고 엄마에게 물었다.

"왜, 어떻게 하녀가 고기를 먹어요? 그녀의 얼굴은 왜 붉어졌어요?"

그러자 어머니는 대답했다.

"그녀가 한 번도 집시를 본 적이 없기 때문이란다."

여자들은 누구나 홍조가 있고 싶어 한다. 그들은 '집시'에게 고기를 달라고 부탁하고는 저녁이 올 때까지 계속 먹었다. 그들은 코코데 무드리가 자도록 마당에 잠자리를 깔아주었고 그의 아내를 멀리 쫓아냈다.

코코데 무드리는 밤에 자신의 아내에게 말했다. 그들은 서로를 포옹했으며 새벽이 될 때까지 그는 그녀에게 그들의 모험에 대해 모두 말해 주었다.

아침이 오자 차가다 무드리의 아내는 소리쳤다.

"일어나, 하녀야, 굴뚝을 열어."

그러나 하녀는 누워서 일어나지 않았다.

그때 차가다 무드리의 아내가 벌떡 일어나 채찍을 잡고 밖으로 달려 나갔지만 아무것도 하지 못하고 돌아와야 했다. 하녀는 집시와 앉아 있었고 집시는 그녀를 안고 있었다.

그들은 차를 끓이고 차를 마시러 오라고 코코데 무드리를 불렀다. 코코데 무드리는 차를 마시고 천막집 앞에 두꺼운 흰색 펠트를 깔고 그 위에 형제들을 앉혔으며 그들에게 활을 나눠 주고 자신도 하나를 들고 말했다.

"우리 중에 죄가 있는 사람의 화살은 돌아와 바로 그의 심장을 맞힐 것입니다. 만약 죄가 없다면 화살은 도로 날아와 그의 오른쪽 옷자락을 맞힐 것입니다."

형제들은 화살을 쏘았다.

차가다 무드리의 화살은 돌아와 그의 심장에 바로 꽂혔다. 울라다 무드리의 화살 역시 날아와 자신의 심장에 떨어졌다. 그러나 코코데 무드리의 화살은 돌아와 그의 오른쪽 옷자락을 맞혔다.

그때 코코데 무드리는 두 형수에게 말했다.

"당신들은 무엇을 가지기를 원하십니까? 칠백 마리 암말의 꼬리와 갈기를 가지겠습니까? 아니면 암말의 발굽입니까?"

형수들은 '꼬리와 갈기로 끈과 고삐를 만들자'라고 결정했다. 그리고 대답했다.

"갈기와 꼬리를 가지겠어요."

"좋습니다. 당신들 뜻대로 될 것입니다."

코코데 무드리는 칠백 마리의 암말을 몰고 형수들을 갈기와 꼬리에 묶어서 스텝으로 내쫓았다.

그 이후 코코데 무드리는 아내와 행복하게 살았다.

사냥꾼 이예스티르

옛날 옛적에 노부부가 살았다. 그들에게는 아홉 명의 아들이 있었다. 막내의 이름은 사냥꾼 이예스티르였다. 어느 날 노부부는 아들들에게 신붓감을 찾아 주러 길을 떠났다. 그들은 도중에 멋진 하얀 천막집을 만났다. 그들은 그 천막으로 들어가서 여덟 명의 미녀를 보았다. 노인들은 아가씨들을 아들들에게 중매하고 허락을 받아냈다.

노란 머리의 뱀이 그들의 결혼식에 왔다. 형제 중 맏이가 뱀의 혀를 받았다. 왜냐하면 어린 시절에 뱀의 침이 그의 입속에 들어왔기 때문이다.

"나는 집으로 돌아갈 거야. 당신 연회가 끝날 때 오늘 나에게 막내를 보내 줘. 만약 보내지 않는다면 당신 모두를 죽일 거야."

맏이는 동생들에게 말했다.

"사랑하는 동생들아, 우리 모두는 우리 막내를 매우 사랑하고 있어서 그와 결코 헤어질 수 없다. 뱀의 힘에 맞서 마지막 숨을 거둘 때까지 보호하면서 모두 함께 죽는 것이 더 나아."

"안 돼." 이예스티르가 말했다. "우리는 악하고 독이 있는 뱀의 적수가 안 돼. 그 뱀은 매우 힘세고 꾀가 많고 재빨라. 그 뱀은 우리보다 더 힘센 청년을 여러 명 포로로 잡고 있어. 그들은 그에게 아무런 짓도 못 해. 복종하고 있는 거야. 그리고 그 뱀과 겨룰 수 있는지에 대해 생각하는 것은 의미가 없어, 살던 대로 살아, 나는 혼자 그 뱀에게로 갈 거야. 예전에 사랑했던 것처럼 나를 사랑해 줘. 나도 내가 어디에 있든 형들을 항상 사랑하고 존경할 거야. 나는 형들을 위해 목숨을 바칠 준비가 되어 있어."

이예스티르가 떠났다.

그는 거대한 구멍으로 다가갔다. 그 구멍으로 내려갔다. 거기에서 준수한 청년이 그를 맞아 물었다. 그가 주인에게 오도록 명령을 받은 것인지.

이예스티르는 그렇다고 대답했다.

청년은 이예스티르를 데리고 갔다. 뱀은 이예스티르를 다음과 같은 말로 맞았다.

"자신의 부를 자랑하는 당신들의 칸의 미인 딸을 나에게 데리고 와라. 만약 데리고 오지 못하거나 도망친다면 나는 너를 찾아낼 것이다. 하늘이라도 올라가고 땅이라도 파. 내 소원을 이행하라. 네가 원하는 모든 것을 요구해, 들어줄 테다."

이예스티르는 그에게 말을 달라고 요청했고 부자 칸이

사는 방향으로 갔다. 낮인지 밤인지도 모른 채 계속 길을 갔다.

갑자기 그는 사람이 앉아서 풀을 빨아 먹는 것을 보았다. 이예스티르는 그에게 물었다.

"불행한 인간이여, 왜 풀을 빨아 먹고 있는 것이냐?"

그가 대답했다.

"나는 불행하지 않고 행복하다. 나는 아홉 형제들 중 막내 이예스티르가 칸의 딸을 뱀에게 가져다주어야 한다는 얘기를 들었다. 나는 그를 도울 준비가 되어 있다."

"나를 위해 일하겠다는 말이군." 이예스티르가 말했다.

그들은 함께 길을 떠났다.

갑자기 그들은 어떤 사람이 두 개의 바닷물을 입안으로 빨아들이는 것을 보았다.

"불행한 이여, 당신은 왜 입에다 그만큼의 물을 집어넣고 있는가?" 이예스티르가 물었다.

"아니다, 나는 불행하지 않고 행복하다. 나는 아홉 형제들 중 막내인 이예스티르가 뱀에게 칸의 딸을 데려다주어야 한다는 얘기를 들었다. 나는 그를 도울 준비가 되어 있다."

"나를 위해 일하겠다는 거군요." 이예스티르가 말했다.

모두 계속 길을 가다가 칸의 궁전에 도착했다.

칸의 궁전에서는 연회가 열렸다. 칸은 이제 막 죽인 말의 뼈가 70년 동안 놓여 있었던 것처럼 만들 수 있는 사람에게 딸을 주겠다고 모인 사람들에게 공포했다.

그때 풀을 빨았던 사람이 마치 뼈가 70년 내내 놓여 있었던 것처럼 그렇게 뼈를 빨았다.

이예스티르는 돌아가려 했지만 칸은 주변에 불을 지폈다. 그때 바닷물을 입에 모았던 그 사람이 모든 물을 토해 내고 불을 껐다. 그들은 돌아갔다.

도중에 그들은 여우를 만났고 이예스티르는 여우를 죽이려 했다. 그러나 여우는 그에게 말했다.

"너에게 더 값진 것이 무엇이냐? 도움이 되는 말이냐? 아니면 손바닥만 한 나의 가죽이냐?"

"너의 가죽은 무엇에 맞겠느냐, 충고해 주는 것이 더 좋다." 이예스티르가 대답했다.

"칸의 딸을 두고 가라, 그녀 대신에 나를 좋은 옷으로 치장을 하고 뱀에게 데려다 다오."

말한 대로 행해졌다.

이예스티르는 여우에게 칸의 딸처럼 옷을 입히고 뱀의 구멍으로 데리고 갔다.

뱀은 기뻐하며 사냥꾼의 모든 소원을 들어주겠다고 약속했다.

이예스티르는 뱀의 영혼이 보관된 상자를 요구했다.

뱀은 우는 소리를 했지만 자신의 말을 물릴 수 없어서 상자를 내주었다.

이예스티르는 뱀의 영혼, 뱀을 죽이고 부모에게로 돌아가 칸의 딸과 결혼했고 자신의 동행자들을 자기 곁에 남겨두었다. 그들은 의형제를 맺었고 함께 살았다.

새와 동물의 말을 알아듣는 청년

어느 날 59명의 청년이 모였다. 그들은 말을 타고 한 청년을 데리러 갔다.

밤이 왔다. 그들은 침대에서 청년을 일으켜 세우고 말했다.

"말에 타, 우리와 가자."

"아," 청년이 대답했다. "나의 형과 동생들, 나는 싫다네. 너희는 집집마다 돌아다니는 것이 더 나아."

"창피하구나, 창피해. 아직 어린애 같다니." 그들은 그를 비난했다.

"할 수 없군. 59명이 바란다면 가야겠지."

청년은 말을 탔고 60명 모두 길을 떠났다. 그들은 조금 가다가 한 곁으로 가서 잠자리에 누웠다. 그리고 아침에 일어나서 보고는 눈을 믿지 못했다. 편편한 스텝에서 잤는데 일어나 보니 주변에는 언덕들이 있었다.

"무슨 일이지?" 그들은 놀라워했다. 그러나 자세히 보니 주변에 커다란 뱀이 누워 꼬리를 입에 물고 반지처럼 몸을 오므리고 있는 것 같았으며 그 반지의 출구는 없었다.

처음에 청년들은 놀랐다. 보고 있자니 그들의 공포는 공연한 일이었다. 뱀은 하나씩 그들을 바깥쪽으로 내보냈다. 입에서 꼬리를 빼내고 한 청년이 지나가고 다시 꼬리를 물고 다시 내보냈다. 그렇게 하나씩 그들은 뱀의 반지에서 나왔다.

한 사람, 60번째 청년만 남았다. 뱀은 그의 말을 내보냈지만 그 청년은 내보내지 않았다.

59명의 청년들이 자신의 친구를 계속 기다리다가 기다리지 못하고 떠나 버렸다.

뱀이 머리를 청년 쪽으로 돌려 혀를 내밀었는데 혀가 떨고 있었다.

"나의 혀를 핥아 줘." 뱀이 그에게 말했다.

청년은 뱀의 혀를 핥았다. 뱀은 만족해하며 얌전해져서 다가가 등을 내밀었다.

"위에 앉아. 가자. 네가 좋은 사람이고 용감한 사람인지 볼 거야. 나의 적에게 너를 데리고 갈 거야. 그는 나의 아내를 끌고 갔어." 뱀이 말했다.

뱀은 적의 소굴로 기어 들어가 청년에게 말했다.

"여기 숨어, 나의 적인 뱀이 자신의 굴로 기어 들어오면 그를 두 동강 내." 뱀이 그렇게 말하고 저쪽으로 비켰다.

청년은 풀 속에 숨었다. 누워 움직이지 않았다. 조금 지나서 그는 휘파람 소리와 바스락거리는 소리를 들었다. 뱀이 굴로 기어 들어오고 있었다. 머리가 굴로 들어오자, 청년은 베어서 죽였다.

포로로 잡힌 뱀의 아내는 굴에서 나왔다. 그녀의 남편은 그 자리에 있었다. 그들은 기뻐했다.

"손님으로 맞이하자." 그들은 초대했다.

뱀들은 청년을 자기 집으로 데리고 갔다. 거기에는 깃털 이불, 매트리스, 담요가 깔려 있었고 은과 금이 넘치게 있었다. 그들은 그를 진수성찬으로 대접하고 음식을 가져다주었다. 주연을 베풀고 물었다.

"너는 무엇을 선물로 받고 싶으냐? 무엇이든 골라라. 원하는 것이 은이라면 은을 가지고 금이라면 금을 가져라."

"나는 아무것도 필요 없어." 청년이 대답했다. "나의 집에 침대가 있어. 금, 은? 내가 그것을 어디에 두겠어? 나는 필요 없으니 아무나 줘. 나는 혼자 살고 있어. 부모님은 돌아가셨고 누이와 형제들도 없어. 나를 집으로 데려다주는 게 좋겠어."

뱀들은 청년을 배웅하고 길을 가르쳐 주었으며 다시 한 번 감사 인사를 하고 그와 작별 인사를 나눴다.

집에서 멀리 떨어지지 않은 곳에서 청년은 두 마리의 말을 보았다. 그리고 갑자기 그들의 대화를 알아들었다. 안장이 얹어져 있는 한 마리의 말은 안장이 채워지지 않은 다른 말에게 말했다.

"안장이 나의 등을 피가 나도록 갈아 대고 있어. 만약 누군가가 나를 타면 참을 수가 없어. 사람들이 너를 잡으면 너는 안장을 얹고 걷게 될 거야."

안장이 없는 말이 대답했다.

"내가 죽은 척하면 나에게 안장을 얹지 않을 거야. 내가 둘러볼 때 너는 앞으로 뛰어가. 나는 죽은 것처럼 누워 있을 거야."

청년은 더 가까이 갔다. 안장이 채워진 말이 그를 보면서 숨어 있었고 안장이 없는 말은 쓰러져 죽은 것처럼 누워 있었다.

청년은 말의 잔꾀에 미소를 짓고 다가가 '죽은 것'을 보고 말을 건드리지 않고 지나갔다.

청년은 이전처럼 혼자 자신의 집에 살게 되었다. 그러나 곧 많지 않은 말무리를 데리고 와서 이웃 딸과 결혼했다. 그렇게 살았다. 다만 그의 아내가 지나치게 욕심이 많고 인색하고 질투심이 많았다.

어느 날 청년은 쥐가 젖이 든 우유 통 왼편에 앉아 있는 것을 보았다. 젖 쪽으로 몸을 뻗어 먹으려고 했다. 다른 쥐가 이것을 보았고 아내도 말했다.

"여보, 여보, 조심해요. 젖에 빠져요, 가라앉는단 말이에요."

남편은 말을 듣지 않고 젖을 마셨다. 마시고 마시다가 우유 통에 풍덩 빠졌다.

쥐가 울고 있었다. 그 쥐는 왔다 갔다 하며 애통해하고 있었다. 그러나 청년은 쥐의 대화를 알아듣고 웃으며 쥐를 젖에서 꺼내 풀어 주었다. 쥐들은 청년에게 감사 인사를 하고 그의 행복을 빌었다.

"평생 네가 생각하지 못했던 모든 것이 이루어지길 바랄게. 항상 행복하고 평안하길."

청년은 쥐들을 바라보며 정신없이 웃었다. 청년의 아내는 왜 남편이 즐거워하는지 이해하지 못할 것이다. 모든 것은 그에게 평안을 주지 못하고 있었다. 그녀는 그를 아주 괴롭혔다. 그가 모든 짐승과 새들의 말을 알아듣는다고 어떻게 말할 수 있겠는가? 그런 건 말로 할 수 없는 거야. 사람들이 이해하지 못하고 비웃으며 쳐다보며 때릴 테지.

그러나 아내는 완강했다.

"말해, 말해요. 당신은 뭔가 비밀을 가지고 있는 게 분명해요. 그 비밀 때문에 우리는 부자가 될 수도 있지 않겠어요? 말해요. 당신 아내가 실크와 벨벳을 입고 활보할 수도 있지 않겠어요?"

어떻게 하지? 그는 아내를 달래기로 결심했다.

"갈 거야." 그가 말했다. "말무리로 말이야, 더 약하고 더 늙은 말들을 골라서 죽여 고기는 놔두고 가죽을 팔자. 드레스를 사 줄게."

그는 말을 타고 말무리로 다가가서 말들을 골랐다. 들어보니 1년생 말 새끼가 늙은 암말의 귀에 대고 말했다.

"주인이 와서 우리를 죽이려고 해요. 그는 분별없는 인간이에요. 아내가 그를 추궁하지 않도록 자기의 막돼먹은 아내를 가르치는 것이 더 나을 텐데."

청년은 와서 아내에게 심하게 화를 냈다.

"참아, 묻지도 말고 싫어하지도 마, 괴롭히지도 말고." 그는 말했다.

그렇게 그때까지 편안하고 행복하게 살았다. 사람들과도 동물들과도 잘 지냈다. 좋은 것 외에는 동물들에게서 아무것도 보지 못했다. 동물들은 좋은 사람들을 좋아한다.

왜 올빼미는 콧구멍이 없을까

새들의 황제는 독수리이고 황제의 부인은 수리부엉이다. 시간이 생겨날 때 황제의 부인은 황제에게 말했다.

"모든 새들을 모아서 코를 묶고 제가 그들의 등에 타고 새끼를 낳을 거예요."

독수리는 그녀의 의지대로 이행해 모든 새들을 모아 코에 구멍을 내서 그들을 묶었다. 세어 보니 올빼미가 보이지 않았다. 올빼미가 말을 듣지 않은 것 때문에 화가 난 황제는 두 번이나 올빼미를 잡으러 전령을 보냈다. 황제의 엄격한 명령에 따라 올빼미는 전령과 함께 황제에게 나타났다.

"왜 너는 그렇게 오랫동안 지체했느냐?" 화가 난 황제가 물었다.

"당신은 흐린 날씨에 날 수 있는 날개를 저에게 주지 않으셨어요. 당신은 밝은 낮에도 볼 수 있는 눈을 저에게 주지 않으셨어요. 그래서 저는 필요한 곳에서 시간을 보내면서 주변에 무슨 일이 일어나는지 관찰합니다." 올빼미가 말했다.

"너는 무엇을 관찰하느냐?" 독수리 황제가 물었다.

"저는 지상에 죽은 자가 많은지 산 자가 많은지를 관찰하고 있었습니다.”

“누가 더 많아 보이느냐?” 독수리가 물었다.

“만약 잠자는 이들을 죽은 자로 안다면 죽은 자들이 더 많아 보일 것입니다.” 대답이 잇달았다.

“또 무엇을 관찰하느냐?” 독수리가 물었다.

“저는 어떤 나무가 많은지, 누워 있는 나무인지, 자라는 나무인지를 관찰하고 있습니다.”

“어떤 나무가 더 많아 보이느냐?” 독수리가 물었다.

“만약 부패한 나무를 누워 있는 나무로 생각한다면 누워 있는 나무가 더 많아 보입니다.” 대답이 잇달았다.

“또 무엇을 관찰하느냐?” 독수리가 물었다.

“저는 낮이 더 많은지, 밤이 더 많은지를 관찰하고 있습니다.”

“무엇이 더 많아 보이느냐?” 독수리가 물었다.

“만약 흐린 날을 밤으로 간주한다면 밤이 더 많아 보일 것입니다.” 답이 잇달았다.

“또 무엇을 관찰했느냐?” 독수리가 물었다.

“지상에 여자가 더 많은지, 남자가 더 많은지를 관찰했습니다.”

“누가 더 많아 보이느냐?” 독수리가 물었다.

“만약 여자의 힘에 눌려 있는 남자를 여자로 안다면 여자가 더 많아 보일 것입니다." 답이 잇달았다.

독수리 황제는 올빼미의 암시를 알아채고서 즉시 모든 새들을 자유롭게 풀어 주었다.

그때부터 수리부엉이는 물 위를 미끄러지면서 다닌다.

그러므로 올빼미는 콧구멍이 없다.

용감한 사자

토끼 한 마리가 스텝을 달리며 물을 먹으려 했다. 토끼는 멈춰 서서 사방을 둘러보더니 멀지 않은 곳에 우물이 있는 것을 보았다. 토끼가 우물로 달려서 다가가 아래를 보다 겁이 나서 우물에서 떨어져 눈 닿는 곳으로 달려갔다. 여우가 토끼 맞은편에서 왔다.

"친구야, 어딜 그렇게 빨리 달려가니?" 여우가 물었다.

"어, 나는 우물 바닥에서 무시무시한 짐승을 보았어. 일그러진 얼굴, 긴 귀를 가지고 있는데 튀어나오려 했어."

여우는 토끼 말을 믿고서 겁이 나서 그와 함께 도망쳤다. 그들은 옆도 보지 않고 달려갔다. 그들 맞은편에 곰이 오고 있었다.

도망자들이 곰에게 그들이 놀란 것에 대해 이야기하자 곰 역시 겁이 나서 그들과 함께 우물에서 멀리 도망쳤다. 도중에 다른 짐승들도 만나 합류했다. 여기서 일이 끝났으면 좋겠지만 사자를 만났다. 짐승들은 공포에 떨며 멈췄다.

"무슨 일이야?" 사납게 사자가 으르렁거렸다.

짐승들은 우물에 살고 있는 괴물에 대해 앞다투어 이야기했다.

사자는 믿지 못하고 제 눈으로 사실을 확인하러 갈 것이라고 말했다.

짐승들은 공포에 떨며 그를 바라보았고 불을 보듯 뻔한 죽음의 길을 가지 말라고 애원했다.

"겁쟁이들." 사자가 으르렁거리며 그들에게 함께 가자고 명령했다.

짐승들은 겁이 났다. 돌아가자니 무섭고 사자를 화나게 하는 것도 두려웠다.

짐승들은 두려움에 서로서로 꽉 잡고서 그를 따라갔다. 공포는 그들을 하나가 되게 했다. 그들은 우물에 다가갔다.

"근데, 여기 어디에 괴물이 있는 거야? 나오게 해 봐." 사자가 말하고 동물들에게 돌아서서 멸시하듯 말했다.

"어이 너희, 겁쟁이. 만약 괴물이 있다면 오래전에 튀어 달아났거나 너희를 쫓아왔을 거야."

짐승들은 힘을 냈고 사자는 우물 모서리로 다가갔다. 사자가 보면서 사납게 으르렁거렸다.

짐승들은 뒤로 숨었다. 사자는 우물 바닥에서 무서운 얼굴을 한 털 많은 괴물이 그를 분노 어린 시선으로 보면서 위로 튀어 오르려고 하는 것을 보았다.

사자의 으르렁거림은 더욱더 거세졌다. 그러나 '우물'의 짐승은 물러나지 않았다.

동물들은 이러지도 못하고 저러지도 못한 채 서 있었다.

사자는 자신의 꼬리를 양옆으로 치면서 발로 땅을 파고 긴 갈기를 흔들었다.

그러나 괴물도 그에 지지 않았다. 마치 사자를 흉내 내면서 똑같이 하는 듯했다.

자존심이 강한 사자는 토끼처럼 물에 비친 자신의 잔영을 괴물로 알고 참을 수 없었다. 사자는 우물로 뛰어들었고 거기서 죽음을 맞이했다.

모기가 애처롭게 노래하는 이유

아주 오래전의 일이다. 지상에 짐승들이 막 나타나고 있을 때였다. 그때 무서운 칸인 뱀이 지배하고 있었다. 칸은 누구의 고기가 세상에서 더 달콤한지 알고 싶었다(그는 즐거운 일을 생각했다).

어느 날 그는 모기를 불렀다. 모기는 뱀 칸의 무서운 눈 앞에 서 있었다. 칸은 모기에게 말했다.

"너는 뱀들이 지금 모기를 먹길 원하느냐?"

모기는 겁에 질려 놓아 달라 간청했다. 그러자 뱀 칸은 모기에게 명령했다.

"전 세계를 돌아다니며 모든 살아 있는 존재의 피를 먹어 보고 어떤 고기가 더 달콤한지 나에게 보고해라." 그리고 모기를 놓아주었다.

모기는 오랫동안 날았다. 모기는 전 세계를 날아다녔다. 차례로 맛을 보았다. 돌아갈 시간이 되었다. 모기는 무서운 지배자에게로 날아가고 있었다. 도중에 모기는 제비를 만났다. 서로 인사를 주고받았다. 그들은 앉아서 이야기를 나눴다. 제비는 모기에게 어디에서 왔으며 어디로 가는지, 좋은 걸 보았는지를 물었다. 모기는 전 세계를 돌아다니며 살아 있는 모든 존재의 피를 맛보았다고 자랑했다.

"누구의 피가 더 달아?" 제비가 물었다.

"세상에서 가장 단 피는," 모기가 대답했다. "인간의 피야. 이에 대해 나는 뱀 칸에게 보고하려 해. 그러면 그는 인간을 먹을 것이고 우리를 가만히 내버려둘 거야."

"너는 그 많은 사람들의 피를 마셨어?"

"응, 거의 모든 사람의 피를."

"그래, 혀를 보여 줘." 제비가 말했다.

모기는 혀를 내밀었다. 그러자 제비는 빨리 몸을 구부려 모기의 혀를 뽑아 먹어 치웠다.

모기는 뱀 칸에게로 날아갔다. 무서운 칸은 직접 그를 맞이했다. 그는 모기에게 물었지만 모기는 혀가 없어서 아무런 말도 할 수 없이 그저 애처롭게 앵앵거렸다. 뱀 칸은 모기가 혀를 잃은 것을 보고 놀랐다. 그가 모기의 말을 알아들으려고 해도 소용이 없었다.

칸은 모기가 앵앵거리는 소리를 듣다가 결국 모기가 "개구리들, 개구리들"이라고 앵앵거리며 말한다고 결론을 내렸다.

그러므로 그때부터 뱀들은 개구리를 먹고 모기들에게는 혀 대신에 침이 생겼다. 때문에 모기들은 그렇게 애처롭게 앵앵거리는 것이다.

마상

인도의 한 여자가 아이 대신에 무서운 괴물 마상을 세상에 낳았다. 황소의 뿔과 긴 소꼬리를 달고 있는 인간이었다. 아버지는 그를 보자마자 정신을 잃으며 말했다.

“이 괴물이 아니래도 들이받힌 사람은 많아, 나는 이 괴물을 죽일 거야.”

그러자 마상이 말했다.

“저를 죽이지 마세요, 당신은 그에 대한 보답을 받을 거예요.”

“그럼, 살아라.” 아버지가 말했다. “그러나 나의 눈앞에서만 사라져라.”

마상은 멀리 떠났고 무성한 숲속으로 들어갔다.

숲에서 그는 검은 가죽의 사람과 마주쳤다. 마상은 그에게 물었다.

“너는 누구냐?”

“나,” 그가 대답했다. “검은 인간이야, 수풀이 나를 낳아서 나를 이데르라고 불러. 나는 어디든 너를 따를 거야.”

그들 둘은 거기서 초록 인간과 마주쳤다. 그들은 그에게 물었다.

"넌 누구냐?"

"나," 그가 그들에게 대답했다. "초록 인간이야, 풀이 나를 낳아서 내 이름은 게게르야. 나는 너희와 함께 갈 거야."

그들 셋이서 애기부들에게로 와서 거기서 하얀 사람과 만났다. 그들은 그에게 물었다.

"너는 누구냐?"

"나," 그가 말했다. "하얀 사람이고 애기부들이 나를 낳아서 이름이 아데르라고 해. 그리고 나는 당신들과 갈 거야."

그들은 넷이서 계속 걸어갔으며 산에 다가가 골짜기에서 커다란 오두막을 보았다. 거기에는 여러 가지 음식과 음료가 있었다. 그들은 이 모든 것이 누구의 것인지 묻지도 않고 배불리 먹고 마시고 오두막에 머물렀다.

매일 그들 중 셋은 사냥을 떠나고 하나는 오두막을 청소하고 음식을 준비했다.

첫날 오두막에 숲의 사람 이데르가 남았다. 그가 고기를 준비하는데 갑자기 어떤 노파가 계단을 놓고 들어왔다.

"거기 누구세요?" 그가 소리쳤고 그의 무릎에도 오지 않는 노파를 보았다. 그녀의 등에는 사과만 한 작은 보따리가 있었다.

"오," 노파가 말했다. "한 사람이 있었네. 당신은 고기를 끓이고 우유도 있네. 나에게 조금 주시오. 나는 크지 않으니 조금이면 돼요."

노파는 먹고 떠났지만 우유와 고기가 사라졌다. 숲의 사람은 음식이 사라진 것이 창피해졌다. 그는 나머지 사람들이 어떤 말을 할지 두려웠다. 그는 마당으로 나가 두 마리 말의 발굽을 보았다. 그는 그것들을 들어 올려서 동굴 근처에다 흔적으로 남기고 화살을 던졌다.

사냥꾼들은 집으로 와서 물었다.

"우리 고기와 우유는 어디에 있어?"

숲의 사람은 그들에게 대답했다.

"백 명의 기마병이 이리로 쳐들어와 고기와 우유를 가지고 갔어. 그리고 나를 죽기 일보 직전까지 때렸어. 직접 봐 봐."

그들은 마당으로 나가서 말의 흔적들과 화살을 보고 말했다.

"그래, 맞아, 맞아."

다음 날 오두막에 풀의 사람이 남았고 그와 똑같은 일을 겪었다. 그는 두 개의 소 발굽을 발견하고 그것들을 집 근처에 흔적으로 남기고 나머지 사람들에게 말했다.

"몸집이 좋은 백 명의 사람들이 사나운 소를 데리고 와서 음식을 앗아 갔어."

셋째 날에 하얀 사람이 남았고 그도 더 좋진 않았다. 그는 노새 발굽의 흔적을 남기고 말했다.

"백 명의 사람들이 사나운 노새를 몰고 와서 우리 음식을 가지고 갔어."

넷째 날에 집에 마상이 음식을 준비하려고 남았다.

노파가 와서 말했다.

"오, 한 사람이 있군. 나에게 고기와 우유를 줘."

그러자 마상이 생각했다. '옳다구나, 이 노파가 왔던 거군. 만약 내가 그녀 말대로 한다면 이것 때문이라고 누가 알겠는가?' 그는 그녀에게 말했다.

"할머니, 고기를 맛보기 전에 저에게 물을 가져다주세요."

그는 그녀에게 바닥이 닳은 물통을 주었다. 노파는 그것을 들었다. 그가 그녀를 지켜보니 그녀는 그의 눈앞에서 하늘에 닿을 때까지 점점 자랐다.

그녀는 물을 오랫동안 펐지만 통은 텅 비어 있었다. 그녀가 물을 풀 때 마상은 노파의 보따리를 뒤졌다.

그는 거기서 밧줄 한 가닥, 철 냄비, 집게를 꺼내서 인피로 된 썩은 밧줄로, 나무로 된 망치와 집게로 바꿔 놓았다.

노파는 돌아와서 말했다.

"아무리 해도 너의 물통으로 물을 퍼 올릴 수 없어. 네가 나를 먹이고 싶지 않다면 우리 중에 누가 더 힘이 센지 시험해 보자."

노파는 마상을 썩은 밧줄로 묶었고 그는 그것을 힘도 들이지 않고 끊었다. 그리고 마상은 노파를 한 가닥의 밧줄로 묶었다. 그녀는 그것을 끊을 수 없었다.

"이번 것은 네가 더 세다." 그녀가 말했다. "그럼 이제 집게로 집는 것을 하자." 그녀는 그를 집게로 집었지만 소용이 없었다. 그러나 그는 집어서 커다란 고깃덩어리를 그녀의 가슴에서 집어 꺼냈다. 그녀는 고통으로 신음소리를 냈다.

"그럼, 젊은이, 너는 무거운 손을 가졌군."

노파가 마상을 망치로 때리려고 하자 망치는 손잡이에서 벗어나 날아갔고 마상은 온전하고 멀쩡하게 있었다. 그런 다음 마상은 자신의 망치를 들고 처음에 벌겋게 될 때까지 달궜으며 그것으로 노파를 두드렸고 그녀는 피가 나도록 화상을 입었다. 그녀는 크게 소리 지르더니 도망쳤다.

세 친구들은 돌아와 말했다.

"근데, 마상, 너는 혼이 난 것 같군."

그러자 그는 그들에게 대답했다.

"당신들은 겁쟁이에, 거짓말쟁이예요. 나는 노파와 마땅히 해야 할 계산을 했죠. 그녀의 흔적을 따라갑시다."

그들은 피의 흔적을 따라갔고 그 흔적은 무서운 돌 동굴로, 어두운 구멍으로 그들을 인도했다. 더미 사이의 바닥에

금, 동이 있고 갑주와 검 사이에 노파가 피를 흘리며 누워 있었다.

"보세요." 마상이 말했다. "이곳이 어둠의 왕국입니다. 그러나 누가 저기로 내려가서 보물을 가지고 올 수 있겠어요?"

모두 하나같이 거절하며 말했다.

"우리는 가지 않을 거요. 노파는 마법사가 틀림없어."

그때 마상 자신이 심연으로 내려가 자신의 동행자들에게 물건을 나눠 주었다. 그들은 그런 보물에 눈이 멀었고 서로서로 말했다.

"만약 우리가 마상을 위로 끌어내면 그가 모든 부를 가질 거야. 획득물을 가지고 여기서 가는 것이 더 좋겠어. 마상은 저기서 죽게 내버려 두자."

"배은망덕한 배신자들," 마상이 소리쳤다. "나는 여기서 죽게 될 거야."

그는 주위에서 먹을 것을 찾았지만 나무껍질 외에 아무것도 찾지 못했다. 마상은 기름진 흙에 그것을 심고 말했다.

"만약 내가 진짜 마상이라면 이 나무껍질에서 세 그루의 키가 큰 나무가 자라야 해."

이 말과 함께 마상은 노파의 시체 주위에 누워 마녀를 건드리는 순간부터 많은 세월이 흐를 동안 잠들어 있었다.

그가 깨어났을 때 구멍의 입구까지 세 그루의 키가 큰 나무가 자라서 그것을 타고 기어 올라갔다.

즉시 그는 예전에 살던 오두막으로 갔지만 오두막은 텅 비어 있었다.

그는 자신의 철로 된 활과 화살을 들고 자신의 예전 동행자들을 찾기로 결심했다. 그들은 집을 짓고 결혼도 했다.

"당신 남편들은 어디에 있어요?" 마상이 그들의 아내에게 물었다.

"우리 남편들은 사냥 나갔어요." 아내들이 대답했다.

마상은 다시 그들을 찾으러 갔다.

그들은 곧 돌아와 그를 보고 나뭇잎처럼 떨며 말했다.

"네, 우리가 나쁜 짓을 했어요, 마상이 우리를 곧 죽일 거예요."

그들은 그에게 다가가서 땅에 엎드려 절을 하고 말했다.

"당신은 착하고 우리는 나쁩니다. 우리를 죽이지 마세요. 우리의 집, 아내, 아이들, 우리 재산을 가지시고 우리만 죽이지 마세요."

마상이 대답했다.

"솔직히 말해서 당신들은 악한 일을 했어요. 그러나 좋아요, 당신의 재산을 가지고 예전처럼 사세요, 나는 아버지에게 감사 인사를 하러 갈 겁니다."

그는 말하고 앞으로 나아갔다. 친구들은 슬픈 얼굴로 그의 뒤를 보며 말했다.

"그는 너무 착한 사람이야, 흉측한 몸속에 저런 영혼을 숨겨 두다니. 만약 우리가 그처럼 했다면 좋았을걸."

마상은 낯선 나라에 왔다. 도중에 그는 우물을 만났고 갑자기 우물에서 멋진 아가씨가 나타났다. 그녀가 어디를 걷든 걸음마다 발아래에서 아름다운 꽃들이 피었다.

마상은 아가씨를 쫓아갔으며 의지와 상관없이 그녀를 따라 뭔가가 그를 이끌었다.

그는 아가씨와 함께 땅의 수호자 후르무스타에게로 갔다. 후르무스타는 그에게 말했다.

"오랫동안 너를 기다렸다. 잘 왔다. 매일 우리는 우리 땅을 차지하려는 훔누스의 군대와 싸우고 있다. 내일 너는 우리 전투를 지켜보고 내일모레 우리 편이 될 것이다. 하얀 군대는 후르무스타의 군대이며 검은 부대는 훔누스의 부대다."

훔누스의 검은 부대가 하얀 군대를 이기기 시작한 세 번째 날에 마상은 자신의 화살을 겨눠 훔누스의 눈 한쪽을 맞혔다. 그 때문에 그는 고통을 호소하며 뛰어 도망갈 정도의 부상을 입었고 그의 군대는 그와 함께 갔다.

후르무스타는 그때 마상에게 말했다.

"너는 좋은 일을 했다. 이제 가서 또 한 가지 일을 해 보도록 하라. 좁은 오솔길을 따라 훔누스의 동굴까지 가거라. 두려워 말고 그 속으로 들어가 말하라. '나는 의사이며 사람들을 치료합니다.' 그러면 너를 훔누스 칸에게로 데려가서 눈에서 화살을 빼내도록 할 것이다. 너는 화살을 잡고 일곱 개의 곡물 씨앗을 하늘로 던지고 화살을 눈 속으로 더 깊이 넣어라."

마상은 잠시 방황하다가 마침내 동굴에 이르렀고 문을 두드렸다. 거기서 후소나라는 노파가 나왔고 입에서 불길을 뿜으며 그녀는 물었다.

"너는 무엇을 할 수 있느냐?"

"저는 의사이며 사람들을 치료할 수 있습니다." 마상이 대답했다.

노파는 그를 집 안으로 들여보냈다. 그는 칸의 상처를 둘러보고 화살을 흔들었다.

"나는 이미 편안해졌다." 칸이 말했다.

그때 마상은 화살을 상처 한가운데로 찔러 넣고 하늘로 씨앗을 던졌다. 곧 사슬이 소리를 냈다. 마상은 그것들을 잡았다. 곧 후소나는 철 망치로 그의 가슴을 쳤다. 맞아서 일곱 개의 별이 나타났지만 마상은 공중으로 사슬을 타고 올라갔다.

"오," 마상은 말했다. "이제 나는 죽는구나, 아버지에게 감사하다는 말도 할 수 없겠군."

"너는 훔누스 칸을 죽였으니 자랑스러운 아들이다. 너와 너의 아버지에게 포상을 하겠다. 아가씨를 데려가고 그와 함께 아버지에게 가거라. 한 백 년 지날 때까지 그녀와 살아라."

이때 아가씨가 마상에게로 다가와 그의 손을 잡고 말했다.

"저는 당신을 따를 것입니다."

그들은 그의 아버지에게 왔고 아가씨는 말했다.

"내가 무엇을 할지 알아보세요."

그녀가 오른손을 흔들자 금과 동이 떨어졌고 왼손을 흔들자 음식과 음료가 나왔다. 그런 다음 그녀가 아버지 오두막을 크게 둘러 돌아다니니 즐거움이 가득한 과일 나무 숲이 생겨나고 초원이 펼쳐지고 꽃들이 피어나며 샘이 솟아올랐다. 그런 다음 그녀는 마상에게 말했다.

"저는 당신의 아내가 되고 싶습니다." 그리고 뿔과 소의 꼬리를 만지자 그들은 곧 떨어졌다.

"봐요," 그녀가 말했다. "이제 당신은 아버지를 기쁘게 해 드릴 거예요."

그렇게 그들은 셋이서 한 백 년을 살았고 평화롭고 행복하게 살았다.

해 설

칼미크족에 대하여

2010년 인구조사에 따르면 칼미크 인구는 183,372명이다. 언어는 칼미크어와 러시아어를 사용한다. 기본 종교는 티베트 불교이며 스님을 겔룽이라 부른다.

칼미크족은 서몽골족인 오이라트족으로 12세기 무렵에 예니세이강 상류 지역에서 반수렵, 반목축 생활을 하다가 칭기즈 칸에게 정복당했다. 중국 원나라의 국운이 다하자 세력을 키워 15세기에 전 몽골을 지배하기도 했다. 1757년 청나라에 의해 멸망하고 오이라트 연맹은 흩어졌는데 일부는 17세기 초 중앙아시아에서 니즈니 볼가와 북 코카서스로 이주했으며 유목 생활을 하는 민족으로 동쪽과 서쪽으로 떠돌다가 18세기에 러시아 제국에 흡수되었다.

칼미크라는 명칭은 터키어로 '뒤처진'이라는 의미다. 이는 오이라트족이 이슬람을 받아들이지 않자 터키인들이 비하하는 말로 부르던 것이었다. 러시아 공식 문서에는 칼미크인들이 16세기 말부터 나타나기 시작해서 16세기 말부터 칼미크인들이 자신들을 그렇게 부르기 시작했다고 한다.

1935년에 칼미크 소비에트 사회주의자치공화국이 형성되었지만 2차 세계대전 당시 독일을 도왔다는 이유로 1943년에 칼미크인들은 시베리아, 중앙아시아, 카자흐스탄, 알타이로 강제 이주되었다. 이때 칼미크인 1/3 이상이 죽었으며 물질문화와 정신문화가 상당 부분 훼손되었다. 1957년~1958년에 자치주가 부활되었고 칼미크인 대부분 예전에 살던 곳으로 돌아왔다. 1990년에 칼미크 공화국은 자주권을 선언했으며 1994년부터 칼미크 공화국이 되었다.

칼미크인들은 대가족을 형성하며 유아 사망률이 높고 어른이 되면 부모와 떨어져 살았다. 또 이들은 전통적으로 유목민이었기 때문에 소, 말, 양, 염소, 낙타 들을 방목하여 살아간다. 그러므로 목축업에 관계된 우유, 고기, 카스피해에서 잡은 생선에 관계된 생산품이 음식의 주를 이룬다.

칼미크 음식은 유목민족의 잔재가 남아 있어서 다양하지는 않다. 기본적인 음식은 우유이며 우유를 가공해서 먹는 것이 보통이다.

칼미크 설화의 특징

칼미크어로 민담은 '툴'이라고 하며 민담 구연자는 '툴치'라고 부른다. 칼미크 민담은 골스툰스키 교수를 포함한 러시아와 독일 학자들이 채록하기 시작했다. 칼미크 민담은 위에서 이야기한 것처럼 몽골과 연관이 있으며 주위에 그리스정교, 이슬람교가 지배적인 국가들이 있음에도 불교를 믿는 민족으로 한민족과 유사한 세계관을 드러내는 경우를 볼 수 있다.

우선 칼미크 설화에서는 다른 민족의 설화에서도 나타나듯이 성직자에 대한 희화화가 드러나며 승려인 겔룽이 탐욕스럽고 어리석은 인물로 등장한다. 또한 왕을 가리키는 칸의 명칭이 사용되는 등 자신들의 문화에 등장하는 명칭들을 사용한다. 티베트 불교를 믿기 때문에 달라이 라마라든지 불교의 정신적 스승인 인물들이 주인공을 돕는 현자나 조력자로 등장하기도 한다. 또 칼미크는 '장가르'라는 유명한 구비전승 영웅서사시를 보유하고 있다. 이렇게 이 세상을 구원해 줄 영웅을 기다리며 구전해 온 노래가 있듯이 이 민담에서도 다양한 영웅들의 활약을 볼 수 있다.

본 민담에서는 최대한 그들의 문화를 드러내는 명칭들을 살리고자 했다. 이런 노력은 사라져 가는 소수민족의 문화를 보존하고자 하는 노력의 일환이며 이로써 그들의 문화를 이해하는 데 도움을 주고자 했다. 여기에는 가옥, 음식, 옷에 관한 정보가 있어서 그들의 의식주가 어땠는지, 그리고 어떤 세계관을 가지고 있었는지를 알 수 있다.

옮긴이에 대해

박미령은 현재 한국외국어대학교에서 '그림책' 관련 프로젝트를 수행하고 있으며 역서로는 공동으로 번역·출간한 ≪러시아 여성의 눈≫, ≪러시아 추리 작가 10인 단편선≫이 있다. 논문으로는 <지배 이데올로기와 영웅서사시 브일리나>, <Comparative Analysis of Korean Folktale *The wonderful Serpent Bridegroom* and Russian *The Feather of Finist the Falcon of the Type Cupid and Psyche*>, <소비에트 제국 이데올로기의 토착화를 위한 아동문학의 역할 : 20~30년대 그림책과 포토몽타주를 중심으로> 등이 있다.

칼미크인 이야기

작자 미상
옮긴이 박미령
펴낸이 박영률

초판 1쇄 펴낸날 2019년 8월 25일

지식을만드는지식
02880 서울시 성북구 성북로 5-11 (성북동1가 35-38)
전화 (02) 7474 001, 팩스 (02) 736 5047
출판등록 2007년 8월 17일 제313-2007-000166호
전자우편 zmanz@commbooks.com
홈페이지 www.commbooks.com

ZMANZ
5-11, Seongbuk-ro, Seongbuk-gu, Seoul, 02880, KOREA
phone 82 2 7474 001, fax 82 2 736 5047
e-mail zmanz@commbooks.com
homepage www.commbooks.com

ISBN 979-11-288-3118-8
979-11-288-3119-5(큰글씨책)
979-11-288-3120-1(PDF 전자책)
책값은 뒤표지에 있습니다.